大夏教育文存

萧承慎卷

主　　编　杜成宪
本卷主编　王耀祖

华东师范大学出版社

《大夏教育文存》编委会、顾问名单

编委会
顾问　孙培青　陈桂生
主任　袁振国
委员　叶　澜　钟启泉　陈玉琨　丁　钢
　　　任友群　汪海萍　范国睿　阎光才

萧承慎教授(1905—1970)

前言

一

1951年10月华东师范大学建校时，也成立了教育系，这是华东师范大学教育学科之源。当时教育系的教师来自大夏大学、复旦大学、圣约翰大学、光华大学、沪江大学等高校教育系科，汇聚了一批享誉全国的著名学者，堪为当时中国教育理论界代表。如：国民政府在20世纪40年代曾实施部聘教授制度，先后评聘两批，各二三十人，集中了当时中国学术界各个学科的顶尖学者。两批部聘教授里均只有一位教育学教授，分别是孟宪承、常道直，后来都在华东师范大学教育系任教，孟宪承还为华东师范大学建校校长；抗日战争期间，国民政府出于"抗战建国"、保证中学师资培养的考虑，建立了六所师范学院，其中五所附设于大学，一所独立设置，独立设置的即为建于湖南蓝田的国立师范学院，院长为廖世承，后来成为华东师范大学副校长、上海师范学院（后为上海师范大学）院长；中国第一代社会学家、奠定中国社会事业研究的基础的言心哲，曾为复旦大学社会学系系主任，后转入华东师范大学教育系从事翻译工作；华东师范大学成立后教育系第一任系主任曹孚，后为支持中央政府成立中央教育科学研究所和人民教育出版社奉调入京；主持撰写新中国第一本《教育学》、后出任华东师范大学校长的刘佛年……就是他们，共同奠定了中国现、当代教育理论发展的基础，也奠定了华东师范大学教育学科60多年的发展基础。

然而，由于历史的原因，这批著名学者当年藉以成名并影响中国现、当代教育学科发展的代表性成果大多未能流传于世，他们中的很多人及其著作甚至湮没不闻，以至今天的人们对中国教育学科的由来与发展中的诸多重要环节所知不详，尤其是对华东师范大学教育学科对于中国现、当代教育理论和实践发展的重要性知之甚少，而这些成果中的相当部分实际上又可以看成是教育理论和实践中国化探索的代表作。因此，重新研究、整理、出版这些学术成果，对于华东师范大学教育学科的学术传承、对于中国的教育学术传承，都具有十分重要的意义。

二

华东师范大学建校之初，在教育系教师名册上的教授共有27位，包括教育学和心理学两个学科。当时身任复旦大学副教务长的曹孚被任命为教育系主任,但由于工作原因晚一年到职,实际上教育系就有教授28位。除个人信息未详的二位外,建系教授简况见下表。

出生年代	姓名(生卒年)	建校时年岁	学历、学位
1890—1899	赵迺传(1890—1958)	61	大学肄业
	廖世承(1892—1970)	59	博士
	张耀翔(1893—1964)	58	硕士
	高君珊(1893—1964)	58	硕士
	欧元怀(1893—1978)	58	硕士
	孟宪承(1894—1967)	57	硕士
	谢循初(1895—1984)	56	学士
	黄觉民(1897—1956)	54	硕士
	萧孝嵘(1897—1963)	54	博士
	黄敬思(1897—1982)	54	博士
	常道直(1897—1992)	54	硕士
	沈百英(1897—1992)	54	五年制中师
	言心哲(1898—1984)	53	硕士
	陈科美(1898—1998)	53	硕士
	方同源(1899—1999)	52	博士
1900—1909	赵廷为(1900—2001)	51	大学预科
	左任侠(1901—1997)	50	博士
	谭书麟(1903—?)	48	博士
	萧承慎(1905—1970)	46	硕士
	胡寄南(1905—1989)	46	博士
	赵祥麟(1906—2001)	45	硕士
	沈灌群(1908—1989)	43	硕士
	朱有瓛(1909—1994)	42	学士
1910—1919	曹孚(1911—1968)	40	博士
	刘佛年(1914—2001)	37	学士
	张文郁(1915—1990)	36	学士

(本表参考了陈桂生《华东师范大学初期教育学习纪事(1951—1965)》一文)

可见华东师范大学教育系初建、教育学科初创时的教授们,出生于19世纪90年代的15人,20世纪00年代的8人,10年代的3人;60岁以上1人,50—59岁16人,40—49岁7人,40岁以下2人,平均年龄50.73岁,应属春秋旺盛之年。他们绝大部分都有留学国外的经历,有不少美国哥伦比亚大学学生。其中博士8人,硕士11人,学士4人,大学肄业1人,高中2人。他们大体上属于两代学者,即出生在19世纪90年代,成名于20世纪二三十年代的一代(五六十岁),出生在20世纪、于二三十年代完成学业的一代(三四十岁)。对于前一代学者而言,他们大多早已享有声誉且尚未老去;对于后一代学者而言,他们也已崭露头角且年富力强。相比较而言,前一代学者的力量又更为强大。任何一个高等院校教育系,如能拥有这样一支学术队伍都会令人感到自豪!

三

令后人感到敬佩的还在于这些前辈教授们所取得的业绩。试举其代表论之,以观全豹。

1923年,将及而立之年的孟宪承撰文与人讨论教育哲学的取向与方法问题,提出:教育哲学研究是拿现成的哲学体系加于教育,而将教育的事实纳入哲学范畴?还是依据哲学的观点去分析教育过程,批评现实教育进而指出其应有价值?他认为后者才是可取的。理由是:教育哲学是一种应用哲学,应用对象是教育;教育哲学研究导源于实际教育需要,是对现实教育的反思与批评,而其结论也需要经过社会生活的检验。这样就倡导了以实际教育问题为出发点的教育哲学,为中国的教育理念和教育理论的转型,即从以学科为出发点转向以问题为出发点,转向更为关注社会、关注生活、关注儿童,从哲学层面作出了说明。之后,不刻意追求体系化知识,而以问题研究为主、从儿童发展出发思考教育问题成为一时潮流。1933年,孟宪承出版《教育概论》,就破除了从解释教育和教育概念出发的教育学理论体系,而代之以从"儿童的发展"和"社会的适应"为起点的教育学叙述体系。在中国,以儿童发展为教育学理论的起点,其首倡者很可能就是孟宪承。1934年,教育部颁布《师范学校课程标准》,其中的《教育概论》纲目与孟宪承著《教育概论》目录几乎相同。而孟著自1933年出版至1946年的13年里共印行50版,是民国时期发行量最大的教育学教科书之一。可以看出孟宪承教育学思想对中国教育学理论转型、教育学学科建设、课程建设、专业人才培养和理论研究的深刻影响。

1921年，创始于美国、流行于欧美国家的一种新教学组织形式和方法道尔顿制传入中国，因其注重个别需要、自主学习、调和教学矛盾、协调个体与群体等特点，而受到中国教育理论界和中小学界的欢迎，一时间，诸多中小学校纷纷试行道尔顿制，声势浩大。东南大学附中的道尔顿制实验是其中的典范。当时主持东南大学附中实验的正是廖世承。东南大学附中的道尔顿制实验与众不同之处就在于严格按照教育科学实验研究方法与程序要求进行，从实验的提出、实验的设计、实验的实施、实验结果分析各个环节都做得十分规范，保证了实验的信度和效度，在当时独树一帜。尤其是实验设计者是将实验设计为一个与传统的班级授课制进行比较的对比实验，以期验证两种教学组织形式的长短优劣。在实验基础上，廖世承撰写了《东大附中道尔顿制实验报告》，报告依据实验年级各科实验统计数据、实验班与比较班及学生、教师的问卷调查结果，分析了实施道尔顿制的优点与缺点，得出了十分明确的结论：道尔顿制的特色"在自由与合作"，但在中国的现实条件下很难实行；"班级教学虽然有缺点，但也有它的特色"。廖世承和东南大学附中的实验及报告，不仅澄清了人们对道尔顿制传统教学制度的认识，还倡导了以科学研究解决教育问题的风气，树立了科学运用教育研究方法的楷模，尤其是帮助人们正确认识了如何对待和学习国外先进教育经验，深刻影响了中国教育的发展。此外，廖世承参与创办南京高师心理实验室首开心理测验，所著《教育心理学》和《中学教育》，在中国都具有开创性。

1952年曹孚离开复旦大学到任华东师范大学教育系主任，是教育系第一任系主任。1951年，在其博士学位论文基础上撰成的《杜威批判引论》出版。书中，曹孚将杜威教育思想归纳为"生长论"、"进步论"、"无定论"、"智慧论"、"知识论"和"经验论"，逐一进行分析批判。这一分析框架并非人云亦云之说，而是显示出他对杜威教育思想的深刻理解和独到把握，超越了众多杜威教育思想研究者。他当时就指出杜威教育思想的主要缺陷，即片面强调活动中心与学生中心，忽视系统知识的传授和教师的主导作用。对杜威教育思想有深入研究的孟宪承曾称道："曹孚是真正懂得杜威的！"后来，刘佛年在为《曹孚教育论稿》一书所做的序中也评价说："这是我国学者对杜威思想的第一次最系统、最详尽的批判。"曹孚长于理论，每每有独到之论。50年代的中国教育理论和实践界，先是亦步亦趋地照搬苏联教育学，又对包括教育学在内的社会学科大加挞伐，少有人真正思考教育学的中国化和构建中国的教育学问题。曹孚在其一系列论文中提出了自己的主张。他认为，教育学的学科基础包括哲学、国家的教育方针政策、教育工作经验、中国教育遗产和心理学五方面；针对当时否定教育继承性的观点，他提出继承性适用于教育，因为教育既是上层建筑，也是永恒范畴；对教育历史人物评价问题，他批评以唯物主义或唯心主义为标准，从哲学、政治立场出发的评价原则，主张将哲学思想、政治立场和教育主张区别而论，主要依据教育思想来评价教育人物；他认为，即使是资产阶级教育思想也不是一无是处，不能"一棍子打死"，也有可以吸取和改造的。在当时环境下，曹孚之言可谓震聋发聩。

1979年，刘佛年主编的《教育学》（讨论稿）由人民教育出版社正式出版。这是"新时期"全国正式出版的第一本教育学教材。之前，从1962年至1964年曾四度内部印刷使用，四度修改。"文革"中还被作为"大毒草"受到严厉批判。1961年初，刘佛年正式接受中宣部编写文科教材教育学的任务。当年即撰写出讲授提纲，翌年完成讨论稿。虽然这本教育学教材在结构上留下明显的凯洛夫《教育学》痕迹，但也处处体现出作者对建设中国教育学的思考。教材编写体现了对六方面关系的思考和兼顾，即政策与理论、共同规律与特殊规律、阶级观点与历史观点、历史与理论、正面论述与批判、共性与特性。事实上这也可以作为教育研究的一般方法论原则。在教材编写之初，第二部分原拟按德育、智育、体育分章，但牵涉到与学校教学工作的关系，出现重复。经斟酌，决定按学校工作逻辑列章，即分为教学、思想教育、生产劳动、体育卫生等章，由此形成了从探索教育的一般规律到研究学校具体工作的理论逻辑，不失为独特的理论建构。1979年教材出版至1981年的两年间，印数近50万册，就在教材使用势头正好之时，是编者主动商请出版社停止继续印行。但这本教育学教材的历史地位却并未因其辍印而受到影响，因为它起到了重建"新时期"中国的教育学理论和教材体系的启蒙教材作用。

不只是以上几位，华东师范大学教育系的创系教授在各自所从事的研究领域都有开风气之先的贡献。如，常道直对比较教育学科的探索与开拓，萧承慎对教学法和教师历史及理论的独到研究，赵廷为、沈百英对小学各科教学法的深入探讨，沈灌群对中国教育史叙述体系的重新建构，赵祥麟对当代西方教育思想的开创性研究，等等，对各自所在的学科都产生了重要影响而被载入学科发展的史册。还有像欧元怀，苦心经营大夏大学二十多年，造就出一所颇有社会影响的著名私立高等学府，为后来华东师范大学办学创造了重要的空间条件。所有前辈学者们的学术与事业，都值得我们铭记不忘。

四

基于以上认识,我们将此次编纂《大夏教育文存》视为一次重新整理和承继华东师范大学教育学科优良学术传统的重要契机。

我们的宗旨是:保存学粹,延续学脉,光大学术。即,将华东师范大学教育学科历史上最具有代表性的学术精华加以保存,使这些学术成果中所体现的学术传统得以延续,并为更多年轻一代的学生和学者能有机会观览、了解和研究前辈学者的学术、思想和人生,激发起继承和发扬传统的自豪感和使命感。希望通过我们的工作实现我们的宗旨。

就我们的愿望而言,我们很希望能够将华东师范大学教育学科一代代前辈学者的代表作逐步予以整理、刊布,然而工程浩大,可行的方案是分批进行。分批的原则是:依据前辈学者学术成果的代表性、当时代的影响和对后世影响的实际情况。据此,先确定了第一辑入选的11位学者,他们是:孟宪承、廖世承、刘佛年、曹孚、萧承慎、欧元怀、常道直、沈灌群、赵祥麟、赵廷为、沈百英。

《大夏教育文存》实际上是一部华东师范大学建校后曾经在教育学科任教过和任职过的著名学者的代表作选集。所选入的著作以能够代表作者的学术造诣、能够代表著作撰写和出版(发表)时代的学术水平、能够为当下的教育理论建设和教育实践发展提供借鉴为原则。也有一些作品,我们希望能为中国的教育学术事业的历程留下前进的脚步。

《大夏教育文存》入选者一人一卷。所收录的,可以是作者的一部书,也可以是若干部书合为一卷,特殊情况下也可以是代表性论文的选集,还包括由作者担任主编的著述,但必须是学术论著。一般不选译著。每一卷的选文,先由此卷整理者提出方案,再经与文存总主编共同研究商定选文篇目。

每一卷所选入著述,在不改变原著面貌前提下,按照现代出版要求进行整理。整理的内容包括:字词和标点符号的校订,讹误的订正,专用名称(人名、地名、专门术语等)的校订,所引用文献资料的核实及注明出处,等等。

每一卷由整理者撰写出编校前言,内容包括:作者生平、学术贡献、对所选代表作的说明、对所作整理的说明。每一卷后附录作者主要著作目录。

五

编纂《大夏教育文存》的设想是由时任华东师范大学教育科学学院院长的范国睿教授提出的。他认为,作为中国教育学科的一家代表性学府,理应将自己的历史和传统整理清楚,告诉后来者,并使之世世代代传递下去。实现这一愿望的重要载体就是我们的前辈们的代表性著述,我们有责任将前辈的著述整理和保护下来。他报请华东师范大学校长办公会议批准,将此项目立项为"华东师范大学优势学科建设项目",获得资助。还商得华东师范大学出版社支持和资助,立项为出版社重点出版项目。可以说,范国睿教授是《大夏教育文存》的催生人。

承蒙范国睿教授和时任教育科学学院党委书记汪海萍教授的信任,将《大夏教育文存》(第一辑)的编纂交由本人来承担,能与中国现、当代教育史上的这些响亮名字相伴随,自是莫大荣耀之事。要感谢这份信任!

为使整理工作能够顺利进行,我们恳请孙培青、陈桂生两位先生能够担任文存的顾问,得到他们的支持。两位先生与入选文存的多位前辈学者曾是师生,对他们的为人、为学、为师多有了解,确实给了我们很多十分有价值的指点,如第一辑入选名单的确定就是得到了他们的首肯。对两位先生我们要表示诚挚的感谢!

文存选编的团队是由教育学系的部分教师和博士、硕士生所组成。各卷选编、整理工作的承担者分别是:孟宪承卷,屈博、廖世承卷,张晓阳;刘佛年卷,孙丽丽;曹孚卷,穆树航;萧承慎卷,王耀祖;欧元怀卷,蒋纯焦、常国玲;常道直卷,杨来恩;沈灌群卷,宋爽、刘秀春;赵祥麟卷,李娟;赵廷为卷,王伦信、汪海清、龚文浩;沈百英卷,郭红。感谢他们在选编和整理工作中所付出的辛劳和努力!研究生董洪担任项目秘书工作数年,一应大小事务都安排得井然有序,十分感谢!

尤其是要感谢入选文存的前辈学者的家属们!当我们需要了解前辈们的生平经历和事业成就,希望往访家属后人,我们从未受到推阻,得到的往往是意料之外的热心帮助。家属们不仅热情接待我们的访谈,还提供珍贵的手稿、书籍、照片,对我们完成整理工作至关重要。谢谢各位令人尊敬的家属!

感谢华东师范大学出版社对文存出版的大力支持!也感谢资深责任编辑金勇老师的耐心而富有智慧的工作,保证了文存的质量。

感谢所有为我们的工作提供过帮助的人们!

杜成宪

2017年初夏

编校前言

一、

萧承慎(1905—1970),湖北江陵人。1926年考取大夏大学①,1930年毕业于中央大学教育学系,同年10月留学美国②,1932年获美国哥伦比亚大学师范学院硕士学位。1933—1944年在英国伦敦大学皇家学院研究教育理论。曾任中央大学、河南大学教授,国立编译馆编纂,复旦大学教授、教育系主任。建国后历任复旦大学、华东师范大学教授,上海教育学会第一届常务理事兼秘书长。1956年被评为二级教授,1970年"文革"中被迫害致死。

萧承慎先生公开出版、发表的论著主要有《现代中国青年学生烦闷之原因及其救济之方法》(1923—1924)、《分数及记分制度》(1932)、《我国中学校长制度之探讨》(1934)、《莫礼生教学法》(1936)、《师道及师释名》(1943)、《教学之态度》(1944)、《师道征故》(1944)、《中外尊师观念之演变》(1945)、《教学原则简释》(1946)、《教学法基本概念的检讨——新民主主义下的教学法的新基本概念》(1949)、《教学原则的检讨》(1950)、《苏联专家给我的教育》(1954)、《苏联专家娥·芙·杰普莉茨卡娅同志对办理教育学研究班的指导》(1956),参编《教育学讲义(初稿)》(1959)。1940年,先生应湖北教育厅之邀,充任该省国民教育干部讲习班讲师,从素日在大学所授之《普通教学法原理》中撷取三讲,命名为《教师之基本素养三讲》。该讲稿虽未正式出版,但因付诸剞劂,故得以流存,成为其仅有的两种代表著作之一。

限于篇幅,本卷所整理的萧承慎先生成果为其所仅存的两部著作——《教师之基本素养三讲》与《师道征故》。这两部著作代表了其学术研究的两个基本方向——教学法与教师教育。

---

① 《申报》1926年8月19日,第3版。
② 《最近一年赴美学生调查录》,《湖北教育厅公报》第2卷第16期(1931年8月)。按:该表依据卡德路寰球中国学生会的调查,记录最近一年留美学生216人。表中谓萧氏籍贯为浙江恐有误。另刘真主编《留学教育 一中国留学教育史料》(台湾编译馆1980年版,第1875页)亦引有此表。

二、

《教师之基本素养三讲》分三个部分：一、我国教学法之演进；二、教学之基本概念；三、教职之特性及教师之人格。第一部分，作者从教学法一辞的来源谈起，系统阐述了我国教学法的发展史，认为我国古代缺少教育原理有着多方面的原因，具体而言有：1. 我国自古缺乏专史，而关于教学之史料又甚少；2. 古代典籍所载教育史料多系官学、选举、考试之叙述，而于教材与教法则湮没不彰；3. 古代教育家多从大处着眼，不甚注重教学技术的探讨；4. 师承的教育模式和书籍的匮乏，使得教师教授重口授演讲，学生学习重诵读记忆，不甚重视教学技术的理论；5. 古代教育内容囿于儒家经典，重视熟读熟记、勤作勤写；6. 中国古代教育为教训合一，重视变化气质，故"教学原理多只谈到最后的目标及重要的原则，而缺少复杂的、形式的实施之步骤"；而采用西方教育制度以来，因崇尚其教育原理与方法，一味模仿，故对于传统教学原理缺乏探求；7. 中国古代教育着重于情意培养，与以知识为本质而重视教学技术的西方教育完全不同；8. 受儒家经典重视师资修养、学生自动、个性适应等教学原则的影响，后世学者多在此方面作发挥。综上，先生认为中国古代最缺乏"形式的、复杂的教学实施步骤之理论及各科教学之原理与实施"，但于一般教学基本原则则多有探讨，且较为精透，只是散于各家各种著述中。为此，作者分专篇论述了《学记》重视师资、提倡学生自动、适应个性、问答得体、藏息相辅、豫时孙摩等教学原则以及与孔孟之教学原理的互为发明，撮要了历代各家诸如荀子、徐干、胡瑗、程颐、朱熹、王守仁、王筠等人的教学原理思想，概述了私塾的教学过程。此部分，作者引经据典，史论结合，以新式教育的视角，深度挖掘了古代中国较为著名的教育家的教育思想和教育原理，对传统教育作了较为中肯的评价，于旧式教育多有发明。

采用西方教育制度以后，教学法变革较为迅速，对此萧氏作了较为详实的论述与介绍，认为新式教学法之演进可分为六个阶段。第一阶段（采用新式教育制度至《钦定学堂章程》颁布），中西杂糅；第二阶段（至民国肇兴），师范、小学教学法主要为赫尔巴特五段教学法，中学为注入式教学；第三阶段（至1914、1915年），小学教学法由注入式进为启发式，但仍注重"教"而未顾及"学"，中学依旧通用注入式之演讲主义；第四阶段（至1918、1919年），自学辅导与分团教学法输入，始注重"学"，"但教学原则仍以五段为依归"，幼儿教育引进蒙台梭利教学法，中学则渐倾向于启发式之自动主义；第五阶段（至1927年），在教育革新运动的影响下，各种教育法普遍输入，其中设计法与道尔顿制影响最大，心理及教育测验与教学实验亦对教学产生较大的影响;第六阶段(至40年代),本土自创教学法迭兴,影响巨大者有陶行知"教学做合一"、定县平民教育促进会的"组织教育"与廉方教学法,而国外教学法如社会化、德可乐利、莫里森、文纳特卡等教学法亦纷纷介绍或实验开来。纵观各阶段教学法之演进,萧氏指出:"确有不少的进步,但是这种情形都是几个优良的学校成绩与宣传,并非一般现象。"一般现象为何?国联教育考察团的报告——《中国教育之改进》说得非常清楚:小学教学法"概以演讲出之,教师用此法以灌输知识于全级儿童,学生不过为接受知识之人而已。盖中国学校之学生罕有由教师加以问答者,更鲜有令其从事独立之工作者","许多中学之教学方法,应加以彻底的改革。以讲演为唯一的或最好的教学方法……此种观念在中学流毒尤甚"。

第二部分探讨教学之基本概念,萧氏并未阐明教法与教材的关系,或教法概念的历史变迁,而是分析了时人对于教学的三种基本观念:教学是一种经验的或实地的艺业,教学是一种应用科学,教学是一种美术(或作艺术)。对于第一种观点,作者引用米勒《人生教育》之观点,通过分析专业与艺业的区别,指出教职是专业而非艺业,从而确定教学的专业性。1944年,在《教学之态度》一文中,萧氏再次明确指出:"教学是一种专业,而非行业。……行业与专业的区别在前者是遵循已成的例规,由熟练而成技巧,后者则利用原则因事制宜而随机应变。教职(教学职业或教学职务)之应属于专业,是因为教学之事,其所遇的情况甚繁,其动作的范围甚广……必须有多量之自动的能力与独创的思考,审度情势,洞明底蕴,因事制宜,始能完成其任务。"①教学是应用科学抑或美术,作者分别以弗里曼与巴格莱的观点为代表、以我国教育研究为事例,从正反两面作了分析批判,认为"从事实上观察,教学之初步,乃是科学,而教学之极境,确为美术……优良的教学绝非只是循规蹈矩,遵守教育科学的法则,而是在循规蹈矩中又能纵横如意,无心于法则而自合于法则"。从利弊上看,他本人宁倾向于教学是一种美术,并求证于美国学者杜威、帕尔默、麦克默里、鲁格、芬尼以及中国学者艾伟等人的观点。以教育的使命而言,萧氏也主张教学是一种美术,认为提倡教学是一种美术在当时有着迫切的需要,呼吁"富有宗教般的热情之教师,而非仅有教学技术之教师。教学是一种美术,教师应充满着爱文化、爱学生之热情及学术可以救国救世之信念!"

第三部分,关于教职之特性,萧氏认为教职是一种魔力极大的职业,能吸引

---

① 《教学之态度》,《文化先锋》第4卷第8期。

许多优秀分子从事此项活动;以史乘证之,教学职业之得失实为民族兴亡之枢纽。然而,教学成为一种专业而非艺业,只是现代社会的趋势,历史并不长。教职不仅是专业,也是最富有趣味的专业,同时更是少有的利人自利的专业。教师应以效忠民族、造福儿童为职志,个人不允许有营利之目的,这成为师尊的重要理由之一。然而,时至今日,不少教师唯权利是图,试问又如何能赢得社会的认可与尊重!所以,成功的教师必须能不求名利、安贫乐道,以韩愈所云"业患不能精"、"行患不能成"为信条。如何成为一名成功的教师呢?早在1934年于江苏女师附小讲演时,萧氏即指出要做一名成功的教师应注意九点:1.养成专业的精神和态度;2.教学时应有的品格,如公正的态度;3.人生的见解应求广博;4.应具有继续生长的理想;5.要严格批评自己;6.应注意教育是教"人",不是教"书";7.教育方法应多变化;8.应注意对儿童的了解;9.应具有研究的精神。① 在本部分,他承继并发挥了此前的观点,认为其首要条件是顺利地完成每日的教学工作,当然这不是一件容易的事情,它受到内外因素的影响与制约。内在因素如教师之人格、专业之把握、对学生的了解、教学之技能等,外在因子如教师之声望、与同事的关系、对人生的态度等均足以影响教学的成败。综合起来,萧氏认为若要成为成功的教师,必须具备以下条件:有专业的态度和理想,有广博的学问,有继续生长的理想,抱科学的态度,善于变换教学方法,教学程序富有弹性,在知识方面诚实,教学目的上要注重质的精熟,谨慎地选择和运用教本,教学技术能运用自如,服从专业的伦理信条,严格批评自己之人格。关于教师之人格,萧氏突破传统单纯的道德说法,汲取当时西方人格研究的最新成果,尤其是德国文化教育学派的观点,指出教师应有的典型人格粹质包括:教育的爱、公正、同情、幽默感、自制力、热心、忍耐性、自信力、康健、可爱的仪表、良好的声调。若不完全具备这些教学人格粹质,教师亦不要灰心,因为许多人格粹质是可以培养的;但是教师也要注意自己强健的人格不要被误用,以免造成虚假的成功。

三、

《师道征故》是作者"明师之究竟",专论教师之道的专著。该书"衰辑自古尊师之史实",继承中国古代尊师重道的传统;"捃摭大儒之名言,掇拾大师之景行",绍述并发扬了先圣贤哲有关师道之遗绪,拟为三目,曰:为师之道、尊师之

---

① 《成功之教师——在苏女师附小讲》,《江苏省小学教师半月刊》1934年第13期。

道、求师之道,以"期发覆师道之全貌"。

为师之道篇,萧氏探赜了古代字书、经籍有关"师"字之字源及其字形、字义的变迁,指出古代所谓师者,"乃聚善积德,而出于其类,拔乎其萃,以德行善道为众之长,而教谕诸德者也",其意义先后经历了出类拔萃之官长、教化万民者、以传道授业为其专职者三个阶段。通过籀绎《学记》、《儒行》、孔子、孟子、荀子、扬雄、韩愈、周敦颐、章学诚等先哲遗教,以及孔子、墨子、郭泰、书院师儒、大师风骨、师儒神态、化民成俗等师儒遗风,萧氏指出,"为师之道,端在德行道艺有于身,而超乎其类,拔乎其萃,聪明睿智,皆如泉涌,砥节砺志,行可仪表,以身率教,而为人之模范",简言之,为师之道在于德行道艺兼修,为人、为学、育人并举,而以德行为重。因此古昔师儒,砥节砺行,守道崇礼,器量弘深,光风霁月,为天地立心,为生民立命,浩然之气,充塞宇宙;学而不厌,博闻强识,雅通坟典,为往圣继绝学,为万世开太平;传道授业,有教无类,诲人不倦,博喻诵说,循循善诱,教学相长——"吐辞为经,举足为法,绝类离伦,优入圣域",是以师道立焉。师之所存在于道,经明行修,理胜义立;师严然后道尊,道尊然后民知敬学,可见为师之道乃师道之重心。

尊师之道篇,通过梳理相关史实,萧氏分析了古代尊师之礼的主要表现:释典与祭祀先师,"天地君亲师"之神主供奉,束脩之礼,帝王尊师之"西席"礼,"心丧"之哀与弟子之礼,天子不得臣、诸侯不得友。萧氏指出自古尊师除了师儒安贫乐道、胜理行义、疾学厉行、以身示教、利人之德、成身之功外,还在于:一,重道敬学,乃能化民成俗,建国兴邦;二,崇德报功,始可敦风厉俗,振奋群伦。师长之尊,因天经地义;而师弟子之道,则兼有父子兄弟朋友之道。萧氏认为师道尊严之树立,固在尊严师道,而非专以尊严为教;在于教师人格之感化,而非恃科条与威仪。

求师之道篇,萧氏谓"能自得师者王",指出古之圣贤,莫不学而不厌,无常师,师万物,闻善而从,见贤思齐。其求师皆不问年龄之长幼、地位之尊卑、贤与不肖,苟有善言善行、或一技之长,则欣然从之,"三人行必有我师"、"圣人无常师"与"一字师"即是体现,足见古人善求师、求学之态度。然就师道而言,为人师者,须有道于身,经明行修,殆不可有学诣而无德行。能自求师,则能自得之,如此学可至大成,教可臻于无教之教育极境。

《师道征故》是萧氏对中国传统师道问题的一个系统阐释,而后在《中外尊师观念之演变》①一文中,他又考察了西方古往今来尊师之演变,并落脚于今日

---

① 《中外尊师观念之演变》,《教育心理研究》1945年第3卷第1—2期。

之中国,指出对比西方聘任严谨、任期长久、待遇优厚的师道尊严,今日中国则教师聘任"漫无标准,训练既不严谨,检定复少执行;狡黠之徒,挟党派之势,逞厚黑之术,稍识之无,粗具知能",即为人师;学生于教师,"有所迎拒,甚至'任意黜陟'";而教师"待遇之低微,平时小学教师已是仰不足以事父母,俯不足以畜妻子,战时则各级教师莫不妻啼饥儿号寒,穷苦毕露"。萧氏认为,造成此种局面既与时局变动有关,而负教育行政之责者更是脱不了干系。

1948年,在"国际教师宪章问题"的座谈会上①,萧氏又对师道作了现代性的阐释,认为其亦是教师宪章应有之义:1.教师应树立特立独行的人格,俾能获得优良的教学,并以维持其尊严的社会地位;2.教师应认识教学是一种继往开来的工作,尤重在新文化创造的工作;3.教师应确信教育之目的,在增进人类社会之和谐,以谋大同世界之实现;4.教师应认识学校不仅为教育学生之场所,且为改造社会之中心。

四、

《教师之基本素养三讲》与《师道征故》广征博引,材料丰富,论据充分,论证系统而严密,观点平实而富有深度。在对各类教育教学问题历史变迁的史料系统梳理与论证中,作者既搜求运用了大量的古文典籍,又征引了许多当时学者的教育教学研究成果,还引用了数量丰富的外国学者的名著;将历史和逻辑、传统和现实统一起来。纵观全书,它透射着历史的深邃、反映着学科的前沿、闪烁着世界的眼光,足见作者的学术积累与水平。

教学与教师是萧氏研究的重点,除了上述论著外,他还在一些专篇论文中阐释其有关教学、教师的见解,如《教学之态度》②一文基于培养优良教学态度之来源,认为优良的教学态度应具有五种品质。第一,专业的认识。第二,广博的学识。教师广博的学识须有伟大的人生见解和渊博的文化基础,它建立在广阔深厚的兴趣与自强不息的进修上。第三,科学的精神。从我国固有的观点看,科学的精神即理智的真诚与感情的控制;而在西方看来,科学是学识的系统化,亦即科学的方法。第四,艺术的灵感。它指在循规蹈矩中又能纵横如意,无意于法则,而自合于法则。教学进程实施的中心要素即灵感。教学灵感之发挥,

---

① 《国际教师宪章问题——本志第一次教育问题座谈会记录》,《教育杂志》1948年第33卷第12期。
② 《教学之态度》,《文化先锋》1944年第4卷第8期。

源于教师以其浑伦深致之人格与学生发生心灵交感作用、对学生有"同情的了解"、对知识与文化有感染的热情。第五，教育的爱。它导源于对人类的爱，是教师活动的中心，包括爱儿童和爱文化价值两个层面。该文虽论教学，但亦可谓成功教师之素养，体现了作者一贯的治学旨趣。《教学原则简释》[①]一文根据学习心理的理论，阐释了个性适应、社会化、自动、努力、准备与类化、熟练、同时学习等八种教学原则，认为"教"与"训"是合一的，"教学不是教书而是教人，教人之法，在由'个性适应'中以求个人的'社会化'，而适应社会。个人之学习，是'自动'的进程，应以个人之本性为基础，引起动机，鼓舞兴趣，训练'努力'，而求培植含有社会性之持久的兴趣与努力"，最有效的学习需要"强烈的目前心向以作'准备'，与适当的统觉背景而资'类化'"，而"真正的学习，在变化气质，适应社会"。文章对教与学的原则均作了阐释。《教学法基本概念的检讨》与《教学原则的检讨》则以马克思主义理论和方法为指导对旧新教学法、教学原则作了检讨与构建，其他如《分数及记分制度》、《莫礼生教学法》等文章则从不同视角研究了教学的相关问题。

对中学校长的研究，是其教师研究的具体落实和进一步发展。1934年，他在《中华教育界》第22卷第2期、第23卷第3期、第25卷第5期连续发表长文《我国中学校长制度之探讨》，从我国中学和中学校长名称的起源、中学校长之任用办法、中学校长之任用资格及免职条件、中学校长之俸给、中学校长之职权等五个方面系统地研究了中学校长制度。其中，中学校长任职资格是全文的重点。通过梳理相关史料，萧氏指出，在部令《中学规程》出台前，各省中学校长任用资格标准不一，而其普通资格的最大缺点是忽视了教育专业化之精神及所订之资格极为宽松，特殊资格则重经验而忽视学识与能力，且对经验的认识较为含糊。《中学规程》虽比各省规定远胜一筹，如仅有初高级之分，而无省立、县立及私立校长之别，提高了校长任职资格；但仍只笼统强调经验，忽视教育专业化及校长应有专门学识方可胜任。对于中学校长之职权，萧氏认为除一般职能外，应加强中学校长的重要职责——教学视导，以指导教师改进教学，让校长负起"教师之教师"的责任。最后，萧氏指出，一味仪型他国和增加教学时间，而不注重校长、教员的培植与选拔，舍本逐末，根本无益于教育之改进。该文材料丰富，论题针对性强，成为我国校长研究的重要篇章。

---

① 《教学原则简释》，《文化先锋》1946年第5卷第3、4期。

作为一名学者，萧承慎先生不仅致力于教育教学的实践与研究工作，更关怀青年成长，关心国家时局与民族命运。早年，他曾发表多篇文章针对青年、时事、社会阐述自己的看法，并提出一些针砭时弊的良策。如《民国以来的外交运动》①将民国以来屡屡失败的外交运动归结为内政不良，主张清理内政、取消腐败议员、打倒军阀、铲除不合格的司法与教育当局。足见其拳拳的爱国之心，也反映出其不畏强权的勇毅气概。《现代中国青年学生烦闷之原因及其救济之方法》②，针对当时青年学生普遍的"烦闷"、精神颓唐现象，指出若青年"精神萎靡的病不治好，中国不因此而亡，至少也要因之更糟"。对此，萧氏诊脉开方，认为青年最易烦闷且人数众多的原因复杂，诸如对人生的困惑、信仰的坍塌与缺失、对物质文明生活的反感、恋爱问题、经济问题、求知过程中理想与现实的差距、爱的匮乏、社会的束缚、旧式婚姻、政治黑暗、学业受挫，等等。救济的方式固然要具体问题具体对待，但也有一些通用对策，如青年要有乐观的态度、树立成功的信仰、"智仁勇"、美化快乐地生活、生活劳动化、娱乐、多与师生交流、多阅读名人励志传记等。文中所论青年烦闷的诱因与对策，有些是特殊社会时期独具的，有些则是普遍的，对今日的青年学生具有一定的警示价值。除了少数的专文外，还可以在其诸多文章中读到、读出先生对国家大事、儿童青年的诸多思考与深切关怀。

五、

本卷对萧承慎先生两部著作的整理完全按照丛书编辑的总要求，此不赘述，但有以下几点需作必要的说明：

1. 版本。《教师之基本素养三讲》以重庆市图书馆藏1940年湖北省教育厅国民教育干部人员教育学术讲习班发行、军事委员会后方勤务部政治部印刷所印制的非卖品本子为底本，并参考了海峡出版发行集团、福建教育出版社2010年出版的《二十世纪中国教育名著丛编》之《教学法三讲》。《师道征故》以1944年贵阳文通书局的本子为底本，参考台北师大书苑有限公司2000年出版的《师苑人文科学丛书》之《师道征故》。但校者并不盲从底本及其他整理本，对于书中所征引的古人、时人及外国著作，均据作者所引用的版本，按图索骥，查找、核校原文，并尽可能地标注出页码。

---

① 《民国以来的外交运动》，《南开周刊》1923年第63期。
② 《现代中国青年学生烦闷之原因及其救济之方法》，《南中半月刊》第1卷第3、4期。

2. 文字校对。主要针对著作中出现的错别字、文意不通和印刷所导致的错误等作必要的文字校对工作。校对的一般原则是尊重原著,但对于作者直接引用的书籍、报刊资料,与原文校勘若有文字错、脱、衍、倒等情况者,或径直改正,或以注释的形式加以说明。因古籍版本不同而出现差异的,无论作者引用何种版本,只要不影响文意者不作改正;若因文字差异所致文意差别较大甚或截然相反者,以及一些引用时有意修改者,则加按语作必要说明。

3. 省略现象的处理。作者所引著作名称(多见夹注中)有省略现象者,视情况而定是否补全。如《子罕》、《季氏》等改为《〔论语〕·子罕》、《〔论语〕·季氏》,《孟子·滕文公》改为《孟子·滕文公〔上〕》或《孟子·滕文公〔下〕》,《礼·儒行》改为《礼〔记〕·儒行》,孔颖达《礼记序》改为《礼记〔正义〕序》,《辞》改为《辞〔源〕》,均用〔〕标识。而《书·舜典》则不作改动。再者,出版社简称的,如商务印书馆、中华书局分别作商务、中华,则直接改为全称,不作标识。另外,还有一些并非简称,主要体现在《师道征故》的注释中,即历史名人的生卒年,萧氏以括号的形式标注帝王纪年,但不标明朝代,校者则加以补全,亦不作标识。

4. 标点符号的使用。一般尊重原文,有典型错误者则依据现行标点符号使用规范改正,作者引用古文所加的标点,无歧义者一般不作更改,若有歧义一般加按语说明。

5. 注释的补全。文中不少直接引用古文者,虽有的称某人言,但未标明出处,如《教师之基本素养三讲》第一讲第二节之"历代各家教育原理之摭要"中引用的不少古文著作多未标出处,则另添加注释,并以"编校者"或"编校者按"标识之。另外,也有个别标示的出处经查勘有误者,则加以改正,并以按语说明。

6. 文中值得商榷或有争议的观点,如对荀子生卒年、程颐卒年以及王守仁生卒年和对"阳明先生"的解释、程颢的谥号,等等,则以注释的形式呈现其他代表性的观点。

7. 对于外国学者或学术名词译名与现行通用不一致者,则以注释的形式标注今译名。

整理两书期间,恩师黄书光教授及一些前辈学者、同仁给予了不少帮助,尤其是丛书总主编杜成宪教授,亲力阅读、审阅稿件,并提出了许多宝贵的意见和建议,在此谨致以诚挚的谢意!萧承慎先生学贯古今、中外,编校者时感学力不支,虽付出了大量的心血,自以为整理后的本子为目前萧先生遗著的最好版本,但仍难免有错漏,冀读者不吝赐教。

编校者

改定于2016年7月

目录

教师之基本素养三讲 ·· 1

师道征故 ·· 143

主要论著目录 ·· 203

教师之基本素养三讲

目录

弁言 —————————————————————— 3

第一讲　教学法在我国之进展 —————————— 4
第一节　教学法名辞之来源　4
第二节　采用西洋教育制度以前之我国教学原理　7
第三节　采用西洋教育制度以后之教学法　52

第二讲　教学之基本概念 ———————————— 76
第一节　导言　76
第二节　教学是一种应用科学　78
第三节　教学是一种美术　82
第四节　结论　87

第三讲　教职之特性及教师之人格 ——————— 98
第一节　教职之特性　98
第二节　成功之教师　106
第三节　教师之人格　116
第四节　人格之应用及改进　124

弁　言

　　湖北省教育厅谋培植国民教育干部人员之教育学术研究起见,特设讲习班延聘吾省教育家前辈李廉方、艾险舟两先生回鄂讲学,承慎亦蒙邀同返,充任一员。两先生年高德劭,尚以改进桑梓教育为怀,不靳其劳,矩承慎后进,更曷敢辞。然课冗少暇,不能另选讲稿,爰就素日在大学所授普通教学法原理讲稿撷取三讲,颜之曰《教师之基本素养》。并遵嘱录出,先付剞劂,俾讲演时,易于共同讨论。关于讲词取材,私意认为:第一,当此国难严重之际,教师尤须具有民族自信力,而恢复民族自信力,则有赖于历史之探讨,于是首讲叙述我国之教学史,以证实我国先贤学理之深湛,而引起爱慕之情与夫仰望之心。且教师必须对于先民的教学理想,有较深的涵养,然后其人格始能为本国化的,其教训亦始能为本国化的。然后学生始能受其感染于无形,而始得为具有本国精神之国民。其次,近代我国教育未能长足进步(或者可谓失败之原因),教学法之抄袭外国亦为主因之一。故改进教育必先求各级学校教学之改良。而谋创造或了解一适合国情之教学法,又必须对于本国之教学法能明其演进之迹,审其得失之情,教学史之讨论,即在供应此种需求。第二,教学方法之基本性质究系科学,抑系艺术,此二者之关系又如何,教师对于此种问题必须深刻地了解,始能于教学时运用自如,有左右具宜之概,故次讲研究教学之基本概念。第三,教师之成功在能确切地明了教职之特性,教师之人格及教学成功之意义及其条件,因此第三讲析论教职之特性及教师之人格。仓卒属稿,篇幅有限,两者皆不容多所讨论,此处所讲不过作部分的发凡而已。据此日所知,参加讲习之学员将为中等以上学校毕业,已任小学教职多年之优良教师,其对于教育学术必已具有相当认识,故对于习见之教育名辞及学理,未加诠释。

萧承慎　二十九年[1940]三月十日
在四川黄桷树镇

第一讲　教学法在我国之进展

第一节　教学法名辞之来源

"教学"二字最初见于《学记》："建国君民，教学为先。"但是我们现时所通用之教学法这个名词，并不渊源于此。教授二字最初见于《史记·仲尼弟子列传》："子夏居西河教授，为魏文侯师。"可是前此一度最通用之"教授法"一名辞，亦非由此而来。中国古书中谈到教与学之意义的地方虽是很多，大都是分开来讲，专门讲教学之理论与技术的书是如凤毛麟角一般地稀少。清道光举人王筠（1784—1854）所著的《教童子法》，"虽专为学生作文应试计，而其用心，未尝不与今之教育家言相近"（柳诒徵语）。该书"对于中国旧式小学教育，颇多深到见解。……至教小学之具体方法，王氏亦颇多特见"（陈东原语）。这是近人所推重的唯一的一本中国教学法书！①

自从西洋的教育制度传入我国，设立各级各种学校，创办师范，养成师资。在师范学校中因为当时外国的师范学校都有一门专讲教育原理及方法之科目，于是亦设置此种科目。在最初叫做教育学，教授法只是教育学中之一大部门。例如《钦定学堂章程》（光绪二十八年[1902]七月奏进）《中学堂章程》第二章第三节（"中学堂课程一星期时刻表"）附注中规定"中学堂附设之师范学堂，照此课程每一星期减去外国文三小时，加教育学教授法三小时。"但是讲教授法的书籍，在光绪二十七年（1901）文明书局即已刊行董瑞椿译《统合新教授法》。（此书未见，据吕编书目所载。）

"教授法"三字是从日本译名转用而来，因为最初谈教育者多是模仿日本，所有教育的术语大都是从日本搬到中国来的。据我所藏最老的一本，光绪三十年（1904）京师译学馆文典处刊行的《教育词汇》，就是完全翻译日本育成会所出版的《教育字汇》。②

---

① 柳诒徵：《中国文化史》，钟山书局1932年版，下册，第368—369页。陈东原：《中国教育史》，商务印书馆1936年版，第437—443页。吕绍虞、吕凤音合编：《中国儿童教育书目汇编》，（载中华儿童教育社编辑之《儿童教育》月刊第6卷第10期。亦将该书列入教学法理论栏中。该书旧刊附氏著《四书说略》之后，光绪朝江标刊刻《灵鹣馆阁丛书》（应为《灵鹣阁丛书》，衍"馆"字。——编校者），特为辑入，流传较广。近年商务书馆刊《丛书集成》，亦辑入此书。
② 《教育词汇》的"翻译员"是无锡徐用锡，书前有文典总理善化张辑光的序，版权页亦书有张氏之名。原书之原序的年份是明治三十五年（1902）二月。该书所附之西文原名以德文为主，书末附有一"德英汉教育熟语对译"。该书之索引（即书前目次），系依照日本假名字母排列。

《教育词汇》译德文 Didaktik、英文 Didactics 为教授学。译曰："教授学,研究教授之法,及教材之配列处置等,而成一有系统之学也。"(第 78 页)德文之 Didaktik 一词系赫尔巴特学派(Herbartian school)用以表明教育学中关于教学方法之一部门。Didaktik 乃原于拉丁文 Didactica。当 17 世纪时,在哲学、科学及教育学中皆有一个普遍地对于普通方法(Comprehensive method)之寻求,以谋代替传统上及习惯上之各种凭靠经验的方法。适孔美纽斯①(Comenius,1592—1670)在教育方面有《大教授学》②(Magna Didactica)之著述,(此书原名甚长,此为简称。书成于 1632 年,至 1849 年方付印。中文译本有傅任敢译《大教授学》,商务印书馆 1939 年出版。)于是 Didactica 一辞就被应用为指"教学之科学或艺术"(The science or art of teaching)。在德,译为 Didaktik;在英,译为 Didactics。迨至美国关于教育学术的研究兴起以后,才常应用近日英文中所通用之名辞,如"general method"或"method of teaching"。③

在《教育词汇》中,凡是现在用"教学"二字的名辞,均用"教授"二字,例如"教授之形式"Lehrform (form of teaching),"教授"Unterricht (instruction)(第 86 及 90 页)等等。该书尚有"教法论"(Methodenlehre)一条。这个名辞似与"教授学"并无多大分别。兹录其解释于下:"教法论,即论教授学中处置之法。心理学、伦理学之要件,为其基础,以会悟教授各种之材料,以供实用为主。其论者,为分解法、综合法、归纳法、演绎法、教授形式之段阶及教授形式等。"(第 93—94 页)在《词汇》中虽无教授法之名辞,但是我们可以确信日本早有此名辞。董译《统合新教授法》可惜未见,此书必是从日文译来。据我所藏光绪二十九年(1903)十一月湖南编译社出版,刘揆一译,日人内藤庆助于明治三十六年(1903)二月著的《小学校教育法》,内容分两篇,其第一篇讲训练法,第二篇讲"教授法"。当时的教育书籍,不仅是抄译日本的,而且是在日本印刷的。我藏的光绪三十二年[1906]江苏师范编的一套师范讲义,不但内容仍然是完全抄译日本的,亦仍然是在日本印刷的。

将"教授法"改名为"教学法"是陶知行(现改名"行知")的提倡。他在十六年[1927]十一月二日对晓庄师范演讲《教学做合一》时,曾讲到他提倡改"教授法"为"教学法"的经过。他说:"我自回国之后,看见国内学校里先生只管教,

---

① 今译夸美纽斯。——编校者
② 今译《大教学论》。有傅任敢译,人民教育出版社 1957 年新一版;任钟印译,人民教育出版社 2006 年版。——编校者
③ 参看 J. Dewey, Didactics. In Monroe (Editor), A Cyclopedia of Education。

学生只管受教的情形，就认定有改革之必要。这种情形以大学为最坏。导师叫做教授，大家以被称教授为荣。他的方法叫做教授法。他好像是拿智识来赈济人的。我当时主张以教学法来替代教授法，在南京高等师范学校校务会议席上辩论二小时，不能通过，我也因此不接受教育专修科主任名义。八年[1919]应《时报·教育新思潮》主干蒋梦麟先生之征，撰《教学合一》一文，主张教的方法要根据学的方法。此时苏州师范学校首先赞成采用教学法。继而'五四'事起，南京高等师范同事无暇坚持，我就把全部课程中之教授法一律改为教学法。"① 俞子夷在杭州师范演讲《新教学法》亦曾提及，他说："继自学辅导而起者有陶知行先生之改革，陶先生首先倡议，将教授法改为'教学法'，取消'自学辅导'四字，以'教'字代'辅导'，以'学'字代'自学'。在此时期中，中国之教育研究，异常努力，江苏教育厅召集全省各县县视学，开一讲习会，陶知行氏，亲自出马，编订教学法之讲义，实在中国教学法上，开一新纪元，其书立论，根据心理及教育原理、名家学说，理论充畅。……旧教法，渐嬗化为新教学法，其变化之关键，即由一'授'字，改为一'学'字。从前称教授法，今则改称为教学法。今教学法之根据，可分多方面详细叙述之，兹不遑赘说，教授法三字，教育界在初亦以为有改换之必要，但自陶知行氏一为提倡，而大家多赞美斯举。"②

可惜陶氏只提倡将教授法改名为教学法，而未将教授这一名词亦改一改。在清末创设学堂时，学校之教师均称为"教习"，《钦定学堂章程》中，各级学校教师均称"教习"，条文中偶有数处称为"教员"。迨至《奏定学堂章程》一律改称"教员"。至民国，大学教师称为"教授"或"讲师"，专门学校教师称"教员"，高等师范学校及师范学校之教师均称"教员"，中学校教师及小学校教师亦均称"教员"。直至最近，大学之教师统称为"教员"，分称"教授"、"副教授"、"教师"、"助教"。专科学校、中等学校及小学之教师均称"教员"。③ 我个人觉得"教习"一词

---

① 见陶知行：《中国教育改造》，亚东图书馆1928年版，第168—169页。
② 见杭州师范学校推广教育处编：《师范教育学术讲座演讲集》，杭州师范学校，1932年版，第9—11页。
③ 分见元年[1912]十月二十四日《大学令》第十三条及十四条，元年[1912]十月二十二日《专门学校令》第十条，元年[1912]九月二十八日《师范教育令》第七条及第八条，元年[1912]九月二十八日《中学校令》第十二条，四年[1915]七月三十一日《国民学校令》第二十九条，同年月《高等小学校令》第十六条，十八年[1929]七月二十六日《大学组织法》第十三条，十八年[1929]七月二十六日《专科学校组织法》第六条，二十一年[1932]十二月二十四日《中学法》第九条，二十一年[1932]十二月十七日《师范学校法》第十一条，二十一年[1932]十二月十七日《职业学校法》第十二条，二十一年[1932]十二月二十四日《小学法》第十二条。

较好，教师不仅是教，而且要时时学习，"教学相长"的原理是教师应终身服膺的。大学教师在欧美均称 Professor（英、法、德均同），是专业者之意，学有专长，并非指专门教书而言。"教授"及"教习"均是我国固有之官学教师的名称。"宋制，诸路州郡监各令置学，设教授，三年为一任。各王府亦置教授之官。教授始于此。元诸路府州儒学，俱设教授。明代王府置教授外，各府皆置教授"。"清制，翰林院有庶常馆教习，各官学亦设教习。（见《辞源》"教授"及"教习"条。）我国称大学教师为教授的原因，恐不是因为"教授"这个名辞是从宋以来官学教师沿用的名称，而是模仿日本大学之教师称之曰教授。"教习"这个名辞一度被用，即被废弃，恐亦是因为日本小学教师叫做教员而不叫做教习，并不是这两个字不古雅，或者意义不妥。"教习"被用作为教官的名称，虽然是始于清代，而这两个字在《管子·幼官》篇就有的："器成不守经不知，教习不著发不意。"梁简文帝《何徵君墓志》亦有"聚徒教习，学侣成群"的话。这两字所含的意义更有可取之处，可分三点来说：（1）含有且教且习、教学相长、自强不息之意；（2）表明教的目的在学生自动学习，先生教而学生不习，则是白教；（3）显示教的法子必须根据学习的法子。一个名辞的存废，本身固有幸有不幸，同时可表明当时的一般人的模仿热。这种模仿也许是有意义的，也许是无意义的。因为近代的国家多把学校教师当作"官员"（现在称做公务员）看待，所以教师称做"教员"①。其实清代官学之"教习"亦是官员之一。教员在名称上虽表示有公务员之意，而实际上从来既不经过诠叙，教育部更曾一度明白否认教员是公务员。② 南京中央大学的教职员第一宿舍，是三江师范时代教习宿舍的遗址，因几十年来未曾完全翻造，"教习房"三字的石楣仍巍然存于屋顶，故一直仍保存叫"教习房"，确是一件可纪念有意义的保存。因为陶氏提及"教授"这个名辞，遂附带述及数语于此。

第二节　采用西洋教育制度以前之我国教学原理

一、中国缺少教学理论之原因

雷通群著《教学发达史大纲》，谓中国古代详于训育，略于教学，泛观中国

---

① 《辞[源]》示释"教员"为"即教师，其任免皆依法令定之，与官员等，故曰教员"。
② 二十一年[1932]十二月二日教育部《为省县立中小学校长是否以公务员论应否应用公务员惩戒法祈核示由》指定江苏省教育厅，文曰："呈悉。查现在公务员甄别审查条例所称公务员，并未将各级学校校长教职员列入，自不能适用公务员惩戒法。仰即知照。此令。"（见《教育公报》第4卷第49—50期合刊。）

载籍,实无从辨认教学发达时之过程如何,只得转从西洋方面考究,故该书所述完全是西洋教学发达史。考其原因,雷氏谓:"古之教者,视教学与教育无二致,故在中国载籍上,对于训育方法,尚多可稽,独于教学方法,缺焉不备。或许是因古之教育,以德行为先,文艺为后,故言德育特详,言智育转略也。且古代教育,是造端于家庭,溯唐虞而上,庠序之事未普及,家庭实为唯一之教育场所,是以孟轲有'古者易子而教'之说。又细检字源,则家人之名称,殆悉含教育意义在内。例如就父子兄弟夫妇而论之:'父'者何?据《说文》称:'父者矩也',是家长率教之义;《白虎通》亦言:'父者矩也,以法度教子也。''子'者何?曰,孳也,即孳孳无已之义。'兄'者何?曰,况也,即况父之成法以教弟也。'弟'者何?曰,悌也,顺也。综此四字之连义而言,不外是父以法度教子,兄守其法而弟从之也。若乃夫倡妇随,要亦不离教化起于家庭之义。然则古代教育,简直可以'父兄之教'四字毕赅之矣。夫家庭教育之大旨,胥不离于孝子顺孙之养成,其间自然用极简单的训育方法已足,复何暇求形式复杂的教学方法?迨成周之际,庠序寖广,周末,私人讲学之风邃盛,于是教学方法略有可稽。孔子教学是摹仿'天之生物,因材而笃'的自然原则,乃开因材施教之风。孟子则自释其教学成法,厘为五种:一曰有如时雨之化者,二曰有成德者,三曰有达材者,四曰有私淑艾者,五曰有答问者。至于二氏教学之实际步骤,则不离'下学而上达'之程序,即是由艺而进于道,由洒扫应对进退而进于文行忠信,由格物致知而进于诚意正心。约言之,仍是训育方面綦详,教学方面转略。又况古之教者,类多出于躬行实践上的暗示,极少逐事逐物上指点,纵偶有指点,仍期学者以举一反三,闻一知十。此种'硬教育法',本欲处处留学者以自修之余地,使其深造自得,诚未可厚非。然因此而致教学方法之无从传述,不得不认为大憾。自是以还,历代的教育,惟恨不及古,所谓名师,殆以笃守'天何言哉?四时行焉,百物生焉'为口诀,于是教学法之无传,似更不必为若辈深责矣。"①

我个人之见解与雷氏之说,颇多不同之处,兹分别缕述之。

第一,我国历史悠久,"即以今日所传书籍之确有可稽者言之,据《书经·尧典》,则应托始于公元前二千四百年,据龟甲古文则作于西元前一千二百年;据《诗经》,则作于西元前一千一百年;至共和纪元以后,则逐年事实,皆有可考,是

---

① 雷通群:《教学发达史大纲》,新亚书店1934年版,第1—3页。

在西元前八百四十一年。"①典籍浩繁，即今日所传之正史，共计 3 500 卷。清《四库全书总目》所收之经史子集，共计 3 953 部，75 901 卷。前人所作史书又多为通史，并偏重于帝王世系之记载。故柳诒徵著《中国文化史》时，慨叹地说："世恒病吾国史书，为皇帝家谱，不能表示民族社会变迁进步之状况。实则民族社会之史料，触处皆是，徒以浩穰无纪，读者不能博观而约取，遂疑吾国所谓史者，不过如坊肆纲鉴之类，止有帝王嬗代及武人相斫之事，举凡教学、文艺、社会、风俗，以至经济生活、物产建筑、图画雕刻之类，举无可稽。"（上册第九页。）我国既自古缺乏专史，而关于教学之史料见于正史者又甚少，即以正史中之《选举志》等而言，则详于选举及官学之制度，至于一般教学之理论与实况，缺而未备。我国之类书，如《十通》、《会要》所辑者，亦多注意于选举与官学之制度。较便稽考之书籍确如此，而其他典籍则"徒以浩穰无纪，读者不能博观而约取"。故近人治中国教育史者，乃侧重于制度之记载，殊少教学原理之叙述。据我所知，坊间关于中国教育思想通史之刊行，仅有任时先著《中国教育思想史》一部（商务印书馆出版《中国文化史丛书》之一，共 454 页，廿六年[1937]发行）。关于古代者则有两册，关于近代者有一册。除此，许恪士、邱椿二氏各著有《中国教育思想史》，但皆系大学教学之讲义，尚未正式发表。② 在此三部中国教育思想史中，邱著体大思精，对于古代教学理论较多论及外，其余二部则殊少记载。是以我国教学发达之过程，教学理论之探讨，因缺乏系统之记载，现时殊难稽考，而有待于研钻。

第二，稽阅中国史籍，从上古至近世，历代皆设有学校。但是所谓学校，自始就和选举并行，到唐以后，更渐降为考试科举的附庸。张之洞、刘坤一在《会奏变法自强第一疏》③（光绪二十七年[1901]五月）里说："无论或用选举或凭考试……要之皆就已有之人才而甄拔之，未尝就未成之人才而教成之，故家塾则有课程，官学但凭考校。"所以中国史籍所载多是关于官学、选举、考试的叙述，

---

① 柳诒徵：《中国文化史》，钟山书局 1932 年版，第 6—7 页。
② 许恪士著《中国教育思想史》，内容分四章：(一)教育思想之构因，(二)中国哲学与中国教育，(三)中国社会与中国教育，(四)中国教育之革新思想。系民国二十三年[1934]春讲稿，(油印共 66 页)中央大学出版组出售。邱椿著《中国教育思想史》，内容多以每一教育家为一章，计有孔子、孔门弟子、孟轲、荀况、董仲舒、扬雄、荀悦、魏晋南北朝的哲学问题、颜之推、王通、李翱、周敦颐、张载、程颐，共十五章。此书当尚未完成。讲授之年月待考。(铅印共 207 页。)系于二十三年[1934]冬托友人在北京大学出版组购。
③ 编校者按：《政学报》(1902 年第 1 期)、《南洋七日报》(1901 年第 1、3、5、6、7 期)题作"会奏变法第一折"，无"自强"二字；《申报》(1901 年 8 月 10 日)题为"会奏变通政事先育人才折"；张之洞《张文襄公奏议》(民国刻《张文襄公全集》本)卷 52 题"变通政治人才为先遵旨筹议折"。

至于民间家塾的教材与教法如何,湮没不彰,中国教学史上也许有过很精深的教学技术的原理,但是材料散于浩如烟海之典籍中,我们难于知悉,亦难于表彰。

第三,我国在宋代以后,儒者多于书院讲学,书院方是我国采用西洋教育制度以前真正施行公共教学之场所。书院有三大事业:一藏书,二供祀,三讲学。藏书以备学者看读。"供祀先儒",以资学生景仰。讲学为书院最重要之事业,据盛朗西著《中国书院制度》所考,宋代书院讲学法,"或官吏延师,或主者自教,或代以高第弟子,盖皆无一定之规则也。更有别请大儒,为临时之演讲者。……观诸儒之教人:或以明心为言;或训以切己务实;或设为疑问,以观其所向;或订为教条学则,相与讲明遵守。至于读书寝食,则皆立有时刻。且人人能确指修养之法,以示学者。如南轩之辨义利,朱子之格物致知,象山之先立乎大。要皆致力于躬行实践,不专尚空谈。为师者能忠信笃敬,毫发无伪,训警恳至,语自肺腑流出,宜其为群士信响也。而《白鹿洞学规》,尤为诸儒所取法。"①《白鹿洞学规》②是朱子所手订,此种教学标准影响于后来之书院讲学甚巨,兹抄录其全文于下:

父子有亲,君臣有义,夫妇有别,长幼有序,朋友有信。

右五教之目。尧舜使契为司徒,敬敷五教,即此是也。学者学此而已。而其所以学之之序,亦有五焉,其别如左:

博学之,审问之,慎思之,明辨之,笃行之。

右为学之序。学问思辨四者,所以穷理也。若夫笃行之事,则自修身以至于处事接物,亦各有要。其别如左:

言忠信,行笃敬,惩忿窒欲,迁善改过。

右修身之要。

正其谊,不谋其利;明其道,不计其功。

右处事之要。

己所不欲勿施于人,行有不得反求诸己。

右接物之要。

---

① 中华书局,1934年,第50—57页。(每一句读之后,原书皆有引证,兹从略。)
② 《朱文公文集》作《白鹿洞书院揭示》。——编校者

"熹窃观古昔圣贤所以教人为学之意,莫非使之讲明义理,以修其身,然后推以及人,非徒欲其务记览为辞章以钓声名取利禄而已也。今人之为学者,则既反是矣。然圣贤所以教人之法,具存于经。有志之士,固当熟读而问辨之。苟知其理之当然,而责其身以必然,则夫规矩禁防之具,岂待他人设之,而后有所持循哉。近世于学有规,其待学者,为已浅矣。而其为法,又未必古人之意也。故今不复以施于此堂,而特取凡圣贤所以教人为学之大端,条列如右而揭之楣间。诸君相与讲明遵守而责之于身焉,则夫思虑云为之际,其所以戒谨而恐惧者,必有严于彼者矣。其有不然,而或出于此言之所弃,则彼所谓规者,必将取之,固不得而略也。诸君其亦念之哉。"(《朱文公文集》卷七十四)

盛氏说:"其以博学、审问、慎思、明辨、笃行五者为为学之序,颇有类于近世之所谓科学方法也者。即杜威论思想之五历程,恐亦不外乎是。而其教人专望人之自觉自动,并不取干涉主义,尤合晚近教育思潮。"书院教学之法,自宋以后均重在广为搜集书籍,供学生自动去学,教师不过随时演讲与问答。教者多躬行实践,忠信笃敬,作无形之人格感化,而少逐事逐物之指导。所以我国的教育家多从此大处着眼,不甚注重教学的技术之探讨。

第四,秦火一炬,私人所存古书,大都丧失殆尽,汉时教学,乃专重师承与记忆。汉代学子没有无师承之学,训诂章句皆由口授,不像后世之书,音训都有,可视简而诵。且古时印刷之术尚未流行,得书之难,若不从师,无从写录,不像后世之书,购买甚易。因此之故,汉以后,教学之法,只是注重口耳之传。教师教授之法,注重口授演讲,学生学习之法,注重诵读记忆,无暇及他。故关于教学技术的理论,不甚重。

第五,汉武帝采用董仲舒之"推明孔氏,抑黜百家"的政策,学术思想受此束缚,趋于统一。以后各代之科举,又都囿于《四书》、《五经》范围之内,甚至《四书》、《五经》之注释,必须依照"朱注",除熟读熟记外,毫无自由发展之机会。自西汉迄清末,皆为"养士教育时期"(陈东原著《中国教育史》之观点)。"士"之获得全凭熟读《四书》、《五经》。俗语说:"《四书》熟,秀才足。"既为"士",则又"半部《论语》可治天下"(见《续通鉴》记宋赵普为相事)①。政府以此求才,教师遂以此教学,故科举时代之教学,一般只有熟读熟记,勤作勤写,用不着其他教学之技术。

---

① 编校者按:《续通鉴》并未见此语。宋罗大经《鹤林玉露》卷七《论语》谓:"赵普再相,人言普山东人,所读者止《论语》……太宗尝以此论问普。普略不隐,对曰:'臣平生所知,诚不出此。昔以其半辅太祖定天下,今欲以其半辅陛下致太平。'"所言极详。

第六，我国自采用西洋教育制度以后，才有班级教学的制度。欧美的种种教学法之理论多是有班级教学以后才发达起来。① 本来个别教授时，因材施教，对于形式的教授的技术，无十分迫切的需要。教学的目的，最重要还是在学生去学，学习的目的又在"变化气质"②，即现时欧美教育家所谓的"行为之改变"。因此中国古代的教育家有所论列多是教训合一之法，并侧重于如何变化气质。中国过去之教学原理多只谈到最后的目标及重要的原则，而缺少复杂的、形式的实施之步骤。模仿西洋教育制度以来，又崇尚西洋教育之教育原理与方法，一切皆在模仿之进程中，故五十年来，既未见有所创造，对于过去之教学原理亦少探求。

第七，中西教育之本质不同。中国教育以人生为本质，着重于情意之培养，根本导人以一种生活，故对于教学之技术不甚重视。西洋教育以知识为本质，着重于知识之获得，传习生活之工具，乃对于教学之技术特别重视。梁漱溟在《从教育上和哲学上所见中西人之不同》一篇讲录中说："……记得辜鸿铭先生有一本书批评东西文化，用英文著的，中国名题为《春秋大义》，内中曾论及中西教育之不同。他说：'西人入学读书，其所学者一则曰知识，再则曰知识，三则曰知识；中国人则不然，中国人入学读书，所学的是君子之道。'这话说得很有趣，并且至少也有几分是处。我们从前教人作八股，是否可云君子之道另是一问题，然而那些教材——《论语》、《孟子》、《大学》、《中庸》——则确乎是讲的君子之道。中国人的教育实着重在训育，对于人生行为有许多叮咛告诫，如孝、弟、忠、信……种种，因此有一古语所谓学是'学为人而已'。西洋人的教育便不是这样，他们是教人以知识，自小学的课程就是那些天上有几多星，地球是怎样转……等等东西。现在我们办学校都是效法西洋，所有一样一样的功课，都是中国从前所未曾以教人的。中国人说'读书明理'，其意盖指明'人'之理；西洋人若说'读书明理'，则要指明'物'之理。从上所说，总结起来，就是中国人的教育着重情志方面，例如孝、弟、忠、信……之教；西洋人的教育着重于知的方面，

---

① 班级教学是孔美纽斯[今译夸美纽斯。——编校者]在《大教授学》中开始提倡的，教学的艺术探讨亦是从此书开始的；但小学开始采用班级制是 La Salle(1651—1719)[拉萨尔——编校者]倡导的。
② 荀子在《劝学篇》就说道："君子之学也，入乎耳，著乎心，布乎四体，形乎动静；端而言，蝡而动，一可以为法则。……君子之学也，以美其身。"宋张载更明白主张："为学大益，在自能变化气质。"[见《张子全书》卷60。——编校者]

例如诸自然科学之教。"①中国的教育是情志教育,故所用的方法"都不愿准据知识,几千年来,无论大小难易问题,都靠个人的意见、经验、心思、手腕来解决",而且情志的教育只是"让情志妥帖,只能从旁去调理他,顺导他,不要妨害他,扰攘他;如是而已"。故无从产生形式的教学步骤,西洋教育是知识教育,在明物之理,处在以知识为准则,故产生种种科学,科学之产生又全凭客观的方法,故西洋因此又产生了种种所谓科学的教学方法。

第八,成周之末,学术思想盛极一时,诸子百家,众说纷纭,学者多挟其说以求售于君主,对于说之技术很是重视,故其讲学方面,亦重视教学之技术。故《礼记》中之《学记》一篇所载,全属古代之教育原理,而其中所述则以论方法与师资之处最多,又最精透。在以后各代教育家之教学方法论中,亦有甚大势力。《礼记》虽是古代《六艺》或《六经》之一,但是对于中华民族之思想影响最大。"礼"是"社会规范对于个人之制裁"。② 个人不能脱离社会而独存,故孔子说:"立于礼。"又说:"不学礼,无以立。"《礼记》中之《大学》、《中庸》两篇,再经朱熹之选出而与《论语》、《孟子》集成"四书",为数千年来,采用西洋教育制度以前,最重要之教材,流传更广,影响更大。汉以后之一部哲学史多与此二篇有关系。③ "礼"是我们民族思想的源泉,我们民族的行为是被《礼记》中的哲学所支配的。一直到最近孙中山先生的"三民主义"的最后理想——"天下为公",还是从《礼记》中的《礼运》篇中得来的。《礼记》在中国思想史上是如此重要,所以后来学者谈到教育之价值与目标,多是发挥《礼记》中《大学》、《中庸》、《礼运》诸篇之学说,谈到方法,多引申《学记》中之理论。《学记》在中国教学史上的地位是如此崇高,其所倡导之原则,则重视师资之修养、学生之自动、个性之适应。故后世之学者对于教学,均侧重于教师之经明行修,学生之自动学习,对于教的技术所论者少,对于学习之方法较多发挥。例如朱熹对于学习法,所论甚多,古人有宋代张洪与齐熙合编《朱子读书法》,是书已收入《四库全书》,近人有邱椿著《朱熹的读书法》。④ 商务印书馆刊行之《出版周刊》从新140期起,逐期刊有张明仁编《古今名人读书法》正编、续编,材料颇多。这是中国教育史上缺少教

---

① 载《教育与人生》第13期;此篇演讲又另以《东西人的教育之不同》标题,载《教育杂志》第14卷第3号,十一年[1922],两文文字不尽同。[此处引用文字、标点均依据前文。——编校者]
② 冯友兰:《中国哲学史》,商务印书馆1934年版,第96页或409页。
③ 冯友兰:《中国哲学史》,第437页。
④ 《师大教育丛刊》,第2卷3期,二十一年[1932]一月,该刊停版,未登完。后重登《师大月刊》第4期,二十二年[1933]五月,刊完。

学技术之理论的重要原因。

总之,我国缺少教学理论之原因已如上述。而我们关于教学之理论,最缺少者,为形式的、复杂的教学实施步骤之理论(如赫尔巴特派之"五段教学法"等)及各科教学法之原理与实施;对于一般教学之基本原则虽多有所论列,亦最精透,但散于各家之各种著述中。片言数语,殊少有系统之记载,尚有待于归纳整理与探讨。

二、学记之教学原则论

(一)《学记》之作者、内容及其时代背景

甲,《学记》之作者 《学记》是《小戴礼记》49篇中之一篇(实在只有46篇,因为《曲礼》、《檀弓》、《杂记》分作上下两篇)。《大小戴礼记》都是从《仪礼》(后来称为《礼经》)演绎出来的,因为汉末大儒郑玄只注了《小戴礼记》,而没有注《大戴礼记》,于是《小戴礼记》独通行,遂径夺《礼记》这名词作为它专有的名词。《仪礼》有人说是周公所作,亦有人说是孔子所定,两说同样地都没有确据。孔子曾做过编理古书的工夫,《仪礼》经过了孔子的手然后遗传下来,当是事实。孔子著书,注重在"述而不作,信而好古"①。所以《仪礼》所载,已是集古代学说之大成。《仪礼》后又经孔门弟子(《汉书·艺文志》礼类有记百三十一篇,注谓七十子后学者所记)数传而至戴圣(小戴)之《礼记》,又经了不少的删增。《学记》中有许多话与《列子》、《荀子》、《韩非子》中的话相类似。《学记》作者当不是一人,而《学记》的内容是集古代教育学术之大成,尤其是儒家教育学说之经典。

乙,《学记》之内容及其时代背景 《学记》中论教学法者特别多,所论各点又最精彻。如此之原因,乃时代背景使然。在先秦的时代,学术思想盛极一时,众说纷纭,学者多游说君主求了解其学说,而力行其主张。故注意于游说之技术。教学与游说有类似之处:教学是教学生能了解一切的道理而无行实践,游说的技术与理论日趋严密,转用于教学,教学的方法论亦臻于完善;游说的对象是个人,注重个别差异之研究,教学的对象亦是个人,因此亦注重个别差异之考察。游说的技术原则,我们可举《韩非子》的《说难》、《难言》两篇中之话为例证:《难言》篇:"度量虽正,未必听也,义理虽全,未必用也。"由此可见游说者之技术观——方法论。因此《学记》亦特别注重方法论。孟子亦曾说过:"教亦多术

---

① 《论语·述而》。——编校者

矣。"①《说难》篇："凡说之难,在知所说之心,可以吾说当之。……故谏说谈论之士,不可不察爱憎之主(一作"主之爱憎")而后说焉。"《学记》亦有："学者有四失,教者必知之。人之学也,或失则多,或失则寡,或失则易,或失则止:此四者,心之莫同也。知其心,然后能救其失也。"《难言》篇："连类比物。"《学记》亦有:"比物丑类。"皆言难推之意,句法亦相似。

《说难》篇："径省其说,则以为不智而拙之;米盐博辩,则以为多而交之。略事陈意,则曰:'怯懦而不尽。'虑事广肆,则曰:'草野而倨侮。'此说之难,不可不知也。"此言因说话之方法而异其效果。"大意无所拂忤,辞言无所系縻(一作击摩),然后极骋智辩焉。"此言游说宜着意被说者之心理。以上所述两项,乃游说者奉为金科玉律者,以之移用于教学,亦无不可。由此可见,《学记》对于教学技术研究精深者,与先秦流行及研究之游说,有直接或间接之关系。此是《学记》之内容与时代背景所生之关系的第一点。

《学记》所倡导之教学原则,主张自动主义、启发主义、不干涉主义,及注重个性之发挥、环境之控制、本能之开发,皆是受当时之哲学思想所支配,当时之哲学思想,又系环境之反映,中国在海禁未开以前,环境未有巨烈之变更,故《学记》之教学原理亦得绵延引申而不绝。杜威(J. Dewey,1859—1952)在《哲学的派别讲义》(*Syllabus*:*Types of philosphic Thought*)中提到,哲学可分为两派,一为生物的自然观(即宇宙观),一为机械的自然观。邱椿听到此种解说,觉得很有趣味,联想到中国的哲学是否能如此解释。他认为中国以农立国,哲学家随时随地受农业的暗示,其宇宙观及人生观当然多倾向生物派。不仅如此,教育家的教育哲学亦多倾向生物派。他将杜威的说法稍加变更,分教育哲学为两派,一为农业派的教育哲学,一为工业派的教育哲学,他说:"中国以农立国,所以教育哲学家多半属于农业派。色彩②最浓厚的莫过于孟子。他常将儿童的本性,比作'苗'、'莽麦'、'牛山之木'、'拱把之桐',将教育的过程比作'耘苗'、'种稷'、'雨露之润'、'时雨之化'、'培养'、'芸田'等,这都是农业派的口吻。董仲舒的性论与教育思想亦得诸农业的暗示。他说:'性比于禾,善比于米,米出禾中,而禾未可全为米也;善出性中,而性未可全为善也。'(《深察名号》)北齐颜之推亦属于这一派,他说:'夫学者犹种树也,春玩其华,秋登其实。讲论文章,春华也;修身利行,秋实也。'(《劝学》)柳宗元的《郭橐驼传》借种树的题目发挥一

---

① 《孟子・告子下》。——编校者
② 原文作"彩色"。——编校者

篇治国教人的道理最为痛快淋漓。宋代的二程亦属于农业派。程灏说:'观鸡雏可以观仁。'这分明教人从生物的养育中找出求学问的暗示。程颐说得更明白:'心譬如谷种,生之性,便是仁。'①二程弟子谢良佐更进一步说:'心者何也?仁是已。仁者何也?活为仁,死者为不仁。今人身体麻痹,不知痛痒,谓之不仁。桃杏之核可种而生者谓之[核仁杏]仁,言有生之意。'②这是以本性比作种子之一证。

"……(下两段引证朱熹、陆九渊、王守仁、王畿、聂豹、黄宗羲、颜元、戴震、王夫之、曾国藩等之语,兹略去。)……

"以上引证材料,虽是东鳞西爪,挂一漏万的;但自信已足证明中外教育哲学家中有一派人多从农业的暗示,演绎许多教育原则。以下再略谈这派的重要主张。

"一、植物有欣欣向荣的本性,因此教育哲学家便联想儿童有向善的本性,而主张人性是善的或有善的可能性。……(以下所略去皆引证西洋教育家之语)……中国的孟子是极端提倡性善论的,所以说:'人无[有]不善,水无[有]不下'。董仲舒说:'天地之性人为贵。'李翱、周敦颐、张载、二程、朱熹、王守仁、戴震等均赞成性善说。他们的主张,虽然有③一元二元论的分别,但对于性都承认是善的。

"二、植物的枯萎由于环境不佳,因此教育哲学家便联想性的不善由于环境恶劣;而主张消极教育,即消极防止儿童本性,感受不良的影响。……孟子说:'牛山之木尝美矣,以其效于大国也,斧斤伐之可以为美乎?'④《淮南子》亦说得不错:'治国者若耨田去害苗者而已。'(《说林》)⑤(慎注:《学记》云:'独学而无友,则孤陋而寡闻,燕朋逆其师,燕辟废其学。'亦即培植优良环境及防止不良环境之意。)

"消极教育还有一个意义,就是完全遵从及等候自然的发育而没有丝毫的矫揉与意必的毛病。……中国教育哲学家对于消极教育亦极有发挥。孟子说:'必有事焉而勿正。心勿忘,勿助长也。无若宋人然;宋人有闵其苗之不长而揠之者,茫茫然归。谓其人曰:"今日病矣,予助苗长矣!"其子趋而往视之,苗则槁

---

① 《二程遗书》卷3、18,文渊阁"四库全书"本。——编校者
② 〔宋〕谢良佐撰,朱熹辑:《上蔡先生语录》卷1,清《正谊堂全书》本。——编校者
③ 原文此处有"性情"二字。——编校者
④ 《孟子·告子上》。——编校者
⑤ 应为《淮南子·说山训》。——编校者

矣！天下之不助苗长者，寡矣。以为无益而舍之者，不耘苗者也；助之长者，揠苗者也——非徒无益，而又害之。'①

"柳宗元《郭橐驼传》说：'橐驼非能使木寿且孳也，以能顺木之天以致其性焉耳。凡植木之性，其本欲舒，其培欲平，其土欲固，其筑欲密。既然已，勿动勿虑，去不复顾，其时也若子，其置也若弃，则其天者全而其性得矣。故吾不助长而已，非有能硕而茂之也；不抑耗其实而已，非有能蚤而蕃之也。他植者则不然。根拳而土易，其培之也若不过焉，则不及焉。苟有能反是者，则又爱之太殷，忧之太勤，旦视而暮抚，已去而复顾；甚者爪其肤以验其生枯，摇其本以观其疏密，而木之性日以离矣。虽曰爱之，其实害之；虽曰忧之，其实雠之，故不我若也。吾又何能为哉？'这段话比卢骚②的消极教育论要加倍的痛快淋漓。王守仁亦说得不错：'立志用功如种树焉。方其根芽，犹未有干；及其有干，尚未有枝，枝而后叶，叶而后花实。初种根时只管栽培灌溉，勿作枝想，勿作叶想，勿作花想，勿作实想。'这段用意亦在劝人不要心急，不要助长。

"三、植物的滋长需要培养灌溉的工夫，因此教育哲学家便联想到儿童的生长，亦需要培养灌溉的工夫，而主张教育以开发儿童本能为目的。……

"孟子以'尽心知性'为教育目标。他的四端——恻隐、羞恶、辞让、是非之心——便是教育的出发点；将这四端'扩而充之'便是教育的使命。儿童能否成为圣贤君子全看培养的工夫如何。所以说：'苟得其养，无物不长；苟失其养，无物不消。'又说：'养其小者为小人，养其大者为大人。'又说：'五谷者种之美者也，苟为不熟，不如荑稗。'③陆九渊的《敬斋记》说：'某闻诸父兄师友，道未有外乎其心者，自可欲之善至于大而化之之圣，圣而不可知之神皆吾心也。心之所为，犹之能生之物得黄钟大吕之气，能养之至于必达，使瓦石有所不能压，重屋有所不能蔽，则自有诸己，至于大而化之者敬其本也。'④足见教育目标在养心，在培养本能。王守仁以'致良知'为教育目的。他所谓良知亦是良好的本能。所以说：'种树者必培其根，种德者必养其心。'⑤王门弟子蒋信亦说得不错：'尧舜光被四表，亦只是元初爱亲敬长真切的心，非有别心。譬如果核，一点生意，投之地，便会长出根苗来。这根苗便如赤子之心，切不要伤害着他，须是十分爱

---

① 《孟子·公孙丑上》。——编校者
② 今译作卢梭。——编校者
③ 《孟子·告子上》。——编校者
④ [宋]陆九渊：《象山集》卷19，《四部丛刊》本。——编校者
⑤ [明]王守仁：《王文成全书》卷1，文渊阁《四库全书》本。——编校者

护这根苗,便自会生干、生枝、生叶、生花实,及长到参天蔽日、千花万实总是元初根苗一点生意。'①黄宗羲说:'仁之于心如谷种之生意流动充满于中,然必加艺植灌溉之功而后始成熟。'②

"四、植物生长的条件为自由发育而不受外物的束缚,因此教育哲学家便联想到儿童生长的条件亦是如此,所以他们在教育方法上主张自动主义、启发主义、不干涉主义。……

"孔子所谓'不愤不启,不悱不发',与《学记》所谓'道而弗牵,强而弗抑,开而弗达',都是自动的教学法。孟子亦说:'君子深造之以道,欲其自得之也。自得之则居之安,居之安则资之深,资之深则左右逢其源。'③他的教学法的秘诀是'有如时雨化之者'。王守仁的《训蒙大意示教读刘伯颂等》说:'大抵童子之情,乐嬉游而惮拘检,如草木之始萌芽,舒畅之则条达,摧挠之则衰萎。今教童子,必使其趋向鼓舞,中心喜悦则其进自不能已。譬之时雨春风,沾被卉木,莫不萌动发越,自然日长月化,若冰霜剥落,则生意萧索,日就枯槁矣。'王夫之有一段极精辟的话:'所谓自然者有所自而然之谓也。如人剪彩作花即非自然。唯彩虽可花,而非其自体所固有,必待他剪。若桃李之花,自然而发,则以桃李自体固有其花。因其所自而无不然。无待于他。由此言之,则吾心为义理所养,亲得亲生,得之已而无倚。唯其有自而然,斯以自然而然明矣。天下之义理皆吾心之固有,涵泳深长则吾心之义理油然自生。得之自然者皆心也,其不自然者则唯其非吾心之得也。此是学问中功候语。'④至于干涉主义的坏处,王守仁说得最明白:'若近世之训蒙稚者,日惟督以句读课仿,责其检束而不知导之以礼,求其聪明不知养之以善,鞭挞绳缚,若待拘囚。彼视学舍如囹狱而不肯入,视师长如寇仇而不欲见,规避掩覆以遂其嬉游,设诈饰诡以肆其顽鄙,偷薄庸劣,日趋下流,是盖驱之于恶而求其为善也,何可得乎?'(《训蒙大意》)"⑤

这是《学记》之教学原理与时代背景所生之关系的第二点。⑥

---

① [清]黄宗羲:《明儒学案》卷28《楚中相传学案》,文渊阁《四库全书》本。——编校者
② [清]黄宗羲:《孟子师说》卷6,民国《适园丛书》本。——编校者
③ 《孟子·离娄下》。——编校者
④ [清]王夫之:《读四书大全说》卷9《离娄下篇》,清船山遗书本。——编校者
⑤ 邱椿:《教育哲学的历史哲学》,载《师大教育丛刊》第2卷第1期,二十年[1931]四月,第61—67页。编校者按:邱氏所引古文部分,萧氏在引用时作了核校,并在句逗上作了部分修改。
⑥ 编校者按:本句原在前一注释后,似为注释之一部分,但结合上下文,应为正文,盖为排版所致,故移于正文中。

(二)《学记》之教学原则

1. 注重师资 教师为教学之主,教学由教师而行。故教学之效果,系于师资之良窳。这是《学记》所以详论师资的原因。

(1) 慎重择师之理由 《学记》:"择师不可不慎也。《记》曰,'三王四代唯其师',此之谓乎!"教师是现成文化之体范者与传递者,即所谓"守先王之道,以待后之学者"①。过去之文化,由教师而保存,将来之文化,由教师而形成。所以教师之人选,关系文化之兴废。这是应当慎重择师的第一个理由。《学记》又曰:"凡学之道,严师为难。师严然后道尊,道尊然后民知敬学。"择师不可不慎者,因为师严然后道尊,道尊然后民知敬学。能严格选择师资,师资即可优良,学生才知学术之可贵。学生知学术之可贵,就有了求学的"心向",有了"心向",教学才能事半而功倍。这是慎重师资的第二个理由。

(2) 教师之资格 (甲)学识丰富,《学记》:"记问之学不足以为人师。""记问之学",是博闻强记。能博闻强记,学识丰富,是做教师必备之资格,但专只学识丰富,还不足,必须还要备有其他的资格。(乙)广博晓喻,《学记》:"君子知至学之难易而知其美恶,然后能博喻,[能博喻]然后能为师。"优良的教师必须能了解学生之程度,教的时候要能纵横说明,广博晓喻。由浅近的教材讲到深奥的原理,将深奥的教材,用浅近的比喻来说明。(丙)明了原理,《学记》:"君子既知教之所由兴,又知教之所由废,然后可以为人师也。"教之所由兴,教之所由废,即是教育原理,能明了教育原理,才会教得好。(丁)继续进修,《学记》:"学然后知不足,教然后知困。知不足然后能自反也,知困然后能自强也,故曰:教学相长也。《兑命曰》:'斅学半,其此之谓乎。'"学问无穷,教师应时时刻刻继续进修,愈学则会愈感不足。自己学会了,懂清楚了,教的时候,不见得就将学生教得懂,因此而会感觉困难。学生不懂的原因何在,一经思索或参考书籍,研究出来的道理,就是教师新学到的东西。不继续进修,遇着困难,不研究出一个方法去解决,这种教师,一定不会教得好。所以优良的教师,必须要学识广博,富有教学技术,明了教育之原理,继续进修,自强不息。

2. 提倡学生自动 《学记》:"故君子之教,喻也。道而弗牵,强而弗抑,开而弗达。道而弗牵则和,强而弗抑则易,开而弗达则思。和易以思,可谓善喻矣。""道而弗牵"的"道"字,与"率性之谓道"②的"道"字意义相似,有顺其自然天性开

---

① 《孟子·滕文公下》。——编校者
② 《礼记·中庸》:"天命之谓性,率性之谓道,修道之谓教。"

导之意。就是要注重合乎自然的开导,力避固意牵强违反儿童自然发达的动作。"强而弗抑"是要辅助儿童的天性,教他的发达由内部自己强盛起来,但不可以把儿童的天性抑制下去,阻碍他自己天性的自然发展。"开而弗达"就是要开发儿童的心性,教他使用自己的思想能力达到所要学习的目标,不可由教师将学生所要学习的及教师所要教授的东西直接传达给学生,使他不劳而获。学生能知道的东西,教者只可以开发他,教他自己求得理解,不可替代学生达到教学之目标。果然能知是,"道而弗牵",开导而不牵强,则教育与天性自然融"和"起来,不至于有教育自教育、天性自天性之隔离的弊病;"强而弗抑",顺从儿童天性之发育,则教学的效果自然容"易"得到,决不至于有重大的困难发生;"开而弗达",注重开发,而不直接传达,则学生有应用自己"思"想之必要,练习自己思想之机会,所以儿童的思想作用,由于教学就可以逐渐发达起来,达到教学上最后之目标。"和易以思"就是这种教学法所得的效果,也就是优良教学所应遵守的原则。简括说一句,优良的教学应提倡学生自动。

《学记》:"善歌者,使人继其声,善教者,使人继其志。其言也,约而达,微而臧,罕譬而喻,可谓继志矣。"吕东莱解释说:"大抵圣贤之教,引而不发,非是阻节学者。若开户倒囊尽其底蕴以告之,学者不去思量,不去玩味,其流弊多是口耳之学。惟是引而不发,示其端而不尽,使人万绎千思,及功深力到,义理自涣然冰释,怡然理顺。"①简单一句话,教师不应多费言辞,而应鼓励学生自动。教师责任全在唤起学生兴趣与活动。善歌者使人愿意跟着他唱得一般好,善教者使人继承他研究学问的志向,而努力发挥光大之。教师不过示其端,至于精密研究的工作全靠学生自己去万绎千思。为达到自动的目标起见,教师的发言应以"约而达,微而臧,罕譬而喻"为原则。即是(1)发言简单扼要,而将意思充分表达出来。(2)说理至精微,而意义纯正,能发人深思。(3)略举数例,即能使学生"涣然冰释,怡然理顺"。

《学记》:"时观而弗语,存其心也。"教师应时时监视,指导学生自己用心去学,而不可以注入之演讲,使学生无所用其心。此即近日教育家提倡自动之"自学辅导"(Supervised Study)法。

3. 适应个性 《学记》:"学者有四失,教者必知之。人之学也或失则多,或失则寡,或失则易,或失则止。此四者,心之莫同也,知其心然后能救其失也。"吕东莱解释说:"大抵治学者之病,须是先知他病处。所谓学者四失,随其气秉

---

① [宋]卫湜:《礼记集说》卷89,清《通志堂经解》本。——编校者

厚薄、清浊,判断不出四端:或失则多,才有余者;或失则寡,才不足者;或失则易,俊快者;或失则止,钝滞者。大抵四者所为,心之莫同也,病各自别,知其心,然后能救其失也。要识他病处失在多寡易止,辟如医者用乐,知得阴阳虚实,方始随症补泻针灼。若错施之,教者学者皆劳而无功。"①

4. 问答得体 《学记》之教学原理既以启发自动,适应个性为主旨,故重视问答之教学过程,及问答之原则。问答之教学过程为"必也其听语乎。力不能问,然后语之。语之而不知,虽舍之可也"。即必须待学生发问之后,再去答复。力不能问者,则先行解说。解说尚不能明了,则暂时舍此,待后当其能了解时,再行解释。幼小者不善于发问,故《学记》又说:"幼者听而弗问,学不躐等也。"此语有背于近代教育原理。从前我国蒙学对于初学者不施行相当之教育,而注入其所不能了解之《四书》《五经》,除熟读熟记之外,并不准发问,其误谬之来源或许基于此语。

问答之原则,为"善问者如攻坚木,先其易者,后其节目,及其久也,相说以解。不善问者反此。善待问者如撞钟,叩之以小者则小鸣,叩之以大者则大鸣,待其从容,然后尽其声,不善答问者反此"。此段包涵三点:(1)先易后难——先问学生较易回答者,待其了解,再层层推敲,至精微奥妙之处,学生自易领悟。(2)大小得体——教师之答问,应视学生之个性、天资及所问问题之性质,问浅近之事,即答以浅近之事,问高深之理,即答以高深之理。既不可卖弄博学,亦不可敷衍塞责。学生能完全了解者,举而告之,其不能了解者,仅求其所能了解者告之。(3)从容答辩——教师答问时,必须静待学生从容陈辞,畅所欲言,然后就其疑难之所在,从容详尽以告之。

5. 藏修与息游之相辅为用 《学记》:"大学之教也,时教必有正业,退息必有居学,不学操缦,不能安弦,不学博依,不能安诗,不学杂服,不能安礼,不兴其艺,不能乐学,故君子之于学也,藏焉,修焉,息焉,游焉。"此段若以近代之教育原理解释之,即正式作业与课外作业之相辅为用。"时教必有正业"即学校之正式作业,"退息必有居学"即现时欧美所谓之"课外作业"(或称课外活动)("Extra-curricular" or Extra-curricular Activities)。现时欧美所通行之课外作业都是对于正式作业所不能够唤起之重要的教育结果,编制一建设的方案,用种种方式,于游戏、运动、娱乐、表演、集会、结社之中,调剂学生之身心,探查其个性,适应其需要,应用其所学,而与正式作业相辅为用。《学记》此段所说,恰

---

① [宋]卫湜:《礼记集说》卷89,清《通志堂经解》本。——编校者

相吻合。所谓"操缦"是课余随意播弄乐器,演奏数曲。"博衣"是课余随意歌咏诗句,或为创作。"杂服"是课余从事洒扫、应对、投壶、沃盥。"兴艺"是课余随意学习射箭、御(驭)马、六书、九数以及杂艺等等以锻炼身心。学生要于课外作业中有弄乐器、表演、运动、游艺等等的机会,才能对于正式作业有浓厚之兴趣。对于正式作业应"藏"蓄其所已知,而"修"其习所未知。对于课外作业应安"息"其精力而"游"心于杂艺。藏修时努力藏修,息游时努力息游,两者相辅为用,而学生之学业即可充分进展,而生活亦极端安乐,正如英谚所谓:

"工作时努力工作(Work while you work),

游戏时努力游戏(Play while you play),

这是到快乐之路(It's the way to be happy and gay)。"

所以说:"故君子之于学也,藏焉,修焉,息焉,游焉,夫然,故安其学而亲其师,乐其友而信其道。"

6. 顾及学习心理的程序(由具体而抽象,由易而难) 《学记》:"不陵节而施之谓孙……教之所由兴也"及"杂施而不孙则坏乱而不修……教之所由废也",皆言教学应顾及学习心理的程序。其原则有二:由具体而抽象及由易而难。前段所引先学杂服后学礼,先学博衣后学诗,即是由具体而抽象,由易而难。《学记》曾说:"良冶之子必学为裘,良弓之子必学为箕,始驾马者反之,车在马前。君子察于此三者,可以有志于学矣。"良冶要能陶镕金铁,以补治破器,必先使其子学补合兽皮以成裘;良弓要能挠屈角干,调和而成弓,必先使其子学习挠织柳条以成箕;初驾之小马必须先驾于车后,使其习而不惊,整齐步伐,乃是先学会易者再学难者。我们求学之道,亦应如此,由易而难着手。

7. 注意普通原则之应用 《学记》:"古之学者,比物丑类。"即就已见已闻已知者,比较事实,综合普通原理,以类推所未见未闻未知。

8. 豫、时、孙、摩的原则 《学记》:"大学之法,禁于未发之谓豫,当其可之谓时,不陵节而施之谓孙,相观而善之谓摩。此四者,教之所由兴也。发然后禁,则扞格而不胜;时过然后学,则勤苦而难成;杂施而不孙,则坏乱而不修;独学而无友,则孤陋而寡闻,燕朋逆其师,燕辟废其学。此六者,教之所由废也。""豫"、"时"、"孙"、"摩",是《学记》讲教之方法及训练之四大原则。兹分别解释:

"豫"是消极地防止坏习惯的发生,与积极的促进好习惯的养成,此种防止与养成,必须从源头处下手,"禁于未发"。假使在学习上或品性上坏习惯已养成,然后去纠正,必须先破坏其坏习惯方能再养成其好习惯,如此则事倍而功半。况禁止时,师生之间必发生冲突,且难收效果,故说:"发然后禁,则扞格而不胜。"近来教育心理专家对此原则最为注意。如我国著名的教育心理专家艾伟著《初级教育心理[学]》,特以专章讲"母子健康问题"。他说:"我们研究行为的发展,虽在婴儿呱呱堕地以后,而环境的势力足以影响他的实远在其母结胎之时。照费德满讲,婴儿在母胎九个月,既很重要,则吾人研究儿童行为之发展,必须注意女子结胎之后,与婴儿出世之前的母子健康问题,看何种刺激,有益于健康?何种刺激,足以有害于健康?何种刺激必须供给,而不可缺乏?何种刺激不能存在,而必须去掉?这些问题,若能解决,或这些关于母子健康的知识若能具有,则一切事未雨绸缪,较之单独的靠教育心理学来解决,必事半而功倍了。"①在西洋古代也很注意这一点,相传有这样一个故事。在希腊时代,有一妇人携其三岁聪明的儿子,到一位贤者的家里。妇人说:"先生,小儿幼弱,愿拜列门下,请先生不吝教诲,尽力启诱。"贤者问:"今年几岁?"妇人答:"才三岁。"贤者说:"已经三岁了吗?可惜已来得太晚了。"足见教育应自源头处下手。

"时"是教师施教应在学生正愿受教或正能够受教的时候。所以说:"当其可教之谓时。"现在先解释教师施教应在学生正愿受教的时候这一点。近来谈教学原理者,多盛称设计法。克伯屈(W. H. Kilpatrick, 1871—1965)释设计为具有目的之活动(purposeful activity,或译作志愿的活动)。设计法是满足学生之志愿的教学法。当学生"心向着"一个目的(a mind set-to-an-end)时,乃乘机指导以作学习活动。所以此种学习动作,因满足学生之志愿而使学生感觉愉快,故得着充分之学习效率;若学生尚无志愿或志愿已迁移之时强迫着去学,则学习效率很低,学生亦感得苦恼,甚至不愿学习而毫无结果。《学记》的"当其可教之谓时……时过然后学则勤苦而难成"的话,就此点观之,与设计教学原理颇类似。再就教师施教应在学生正能受的时候这一点来解释"时过则勤苦而难成"。郑康成注:"可,谓年二十时成人。"这就是说,必须就儿童发育之程序,施

---

① 商务印书馆1933年版,第六章,第104页。原书第52页曾详述费德满之意见,兹抄录于下,较便明了:"婴孩在母胎中的动作,我们虽知道很少,但是婴孩在胎中的生活和长成,据费德满(Feldman, W. M.)氏说,是很重要的。他说:'婴孩在出母胎以前,已经有极充分的发育。因为自初生至成人,他的体重,所加不过二十倍,体高所加不过三倍半;至于由结胎至初生,他的体重所加,则在九万零六百万倍以上,体高所加亦有二千五百。'所以照费德满的意思,胎儿在母胎中的九个月,其发育非常重要。假使在这个期间,正常刺激(在化学中如养(氧)气、炭养二(二氧化碳)、水、食物等,在物理学中,如机械的、电的、光的等)有欠缺如者,则婴孩出母胎以后,在生理方面,难免有残废,在心理方面,难免有变态。这些结果完全由于环境中之刺激有无,并不关于遗传。"

以相当之教育，不可以及时而不教。谓二十岁左右是学习能力最强盛的时期，此点与近代桑代克(E. L. Thorndike, 1874—1949)之实验研究甚相吻合。桑代克研究成人学习的结论是：学习能力的最高点，约在 20 至 25 岁之间；自此以至 42 岁，其间学习能力的减退，约不过 13％至 15％。在一般学习能力上，25 岁至 42 岁，其间学习能力的减退，约不过 13％至 15％。在一般学习能力上，25 岁至 45 岁的时期，优于儿童的时期，而等于——或优于——青年的初期。① 所谓"时过则勤苦而难成"，即是过了学习能力的最高点，则学习能力减低，学习时更费时间与精力，也许因为感觉勤苦就不干了而难有所成就。

"孙"就是"不凌节而施"的意思。郑注："不凌节谓不教长者才者以小，教幼者钝者以大也。"孔颖达注："不凌节谓年才所堪……不越其节，分而教之，所谓孙顺也。""节"就是学习心理之程序，"孙"就是不违反学习心理之程序。"杂施而不孙则坏乱而不修"，即是不顾学习心理程序之教学，学生则莫名其妙，无从学习。

"摩"就是"相观而善"，培植优良的环境之意。学习因观摩而进步。所以说："独学而无友，则孤陋而寡闻。"一人之学力与经验有限，要集合多人经验互相比较、讨论、批评，各尽其能各取所需，则可以多闻博识。近代美国所通行之社会化教学法(Socialized Recitation)亦就是采用此种原理。朋友有好处，亦有坏处。设若在坏的环境中，与许多坏的同学常相往来，则昵狎于游荡及"群居终日，言不及义"②而不听师长的教训，并废其学，所以说："燕朋逆其师，燕辟废其学。"③

根据以上的原则去教学，所得之结果，则有"夫然，故安其学而亲其师，乐其友而信其道。是以虽离师辅而不反"。"安其学"即以学为安身立命之所；"亲其师"即爱师长如亲长，敬师长如神明；"乐其友"即共同讲学论道，互相观摩，乐趣无穷；"信其道"即对于所学之"道"有深挚的信仰，"造次必于是，颠沛必于是"；"虽离师辅不而反"即离群索居，不变其初。这是《学记》对于教学法之积极

---

① E. L. Thorndike, Adult Learning, Macmillan, 1928, p. 14.（中文译本有杜佐周、朱君毅译：《成人的学习》，商务印书馆 1933 年版。）
② 《论语·卫灵公》。——编校者
③ "辟"字阮元《大学校勘记》书为"譬"[《十三经注疏校勘记·礼记正义》，见《皇清经解》卷 917。——编校者]，郑玄解为"亵师之譬喻"。此处则据孙希旦撰《礼记集解》所注："朱子曰，燕朋，是私亵之友，如损者三友之类；燕辟，谓私亵之谈，无益于学，而反有所害也。愚谓燕辟，如所谓群居终日，言不及义也。"将"辟"解为朋友之亵谈，认为"相观而善之谓摩……独学而无友，则孤陋而寡闻，燕朋逆其师，燕辟废其学"为一组，言培植优良的环境，防止恶劣的环境。

贡献。

《学记》消极反对所谓注入式的教学法。所以说："今之教者,呻其占毕,多其讯言,及于数进而不顾其安,使人不由其诚,教人不尽其材,其施之也悖,其求之也佛。夫然,故隐其学,而疾其师,苦其难而不知其益也;虽终其业,其去之必速。教之不刑,其此之由乎。"此段言注入式教学法之缺点有五:(1)"呻其占毕",即偏重机械式的朗诵;(2)"多其讯言",即偏重注入式的讲演;(3)"及其数进而不顾其安",即偏重学习的速度;(4)"使人不由其诚",即漠视学生的兴趣;(5)"教人不尽其材",即漠视个人的天才。而发生五种恶结果:(1)"隐其学",即厌恶学问;(2)"疾其师",即仇视教师;(3)"苦其难",即感觉学习的困难;(4)"不知其益",即不知学习的功用;(5)"虽终其业,其去之必速",即学习的结果不能保持长久。"教之不刑,其此之由乎",即是这种教学法所以不能有所成就足以为人之仪刑,就是因为有这种种缺点与很坏的结果。

三、《学记》教学原理与孔孟之教学原理之综合观

前段已谈及《学记》之教学原理乃集古代教学原理之大成,《学记》曾经孔子之删定,而由孔门弟子传之后世。故《学记》之教学原理与孔孟之教学原理,大体相同,而相互发明之处则极夥,特综合观之,对于儒家之教学理论当更为明了。《学记》之教学原理既与孔孟之教学原理为一体,故我国历代教学法之理论殊少出此范围。但孔孟之教学原理均散见于《论语》及《孟子》各篇,并无专章。"博观而约取",已属艰巨,况为避免牵强附会之处,更觉不易。

(一)注重师资

孔子(公元前551—前479)认为教师之言行影响于学生之学行者,至大且巨,故说:"其身正不令而行,其身不正虽令不从","不能正其身,如正人何"(《[论语·]子路》)。教师不能以身作则,则不会有良好之教学效果。故孔子在教学态度方面"诲人不倦"、"循循善诱",在教学管理方面,只以真诚之人格施行感化主义,"温而厉,威而不猛,恭而安"[①]。既不采用严格之锻炼,亦不采用自由的放任。

孔子教学既具有伟大崇高之人格,复具有深厚热烈之同情。故颜渊喟然叹曰:"仰之弥高,钻之弥坚,瞻之在前,忽焉在后,夫子循循然善诱人,博我以文,

---

① 《论语·述而》。——编校者

约我以礼,欲罢不能,既竭吾才,如有所立卓尔,虽欲从之,末由也已"(《[论语·]子罕》)。由此可见孔子伟大人格对于教学之影响。伯牛有疾,则"自牖执其手"①。颜渊死了,便"哭之恸"②。孔子对学生如此。孔子被困于匡人时,师生相失于途中,颜渊后至。孔子曰:"吾以女为死矣。"颜渊的答话是:"子在,回何敢死!"③孔子殁,弟子心丧三年,分手之时,更"相向而哭,皆失声"。子贡又"筑室于场,独居三年,然后归"④。孔门弟子对孔子又如此。足见孔子对学生有深厚热烈之同情,因此其弟子对之亦具有深挚澎湃之情感。师生之间既有深挚之感情,故教师教学,"诲人不倦",学生向学,"欲罢不能"。

子曰:"温故而知新,可以为师矣。"(《[论语·]为政》)温故是"月无忘其所能",知新是"日知其所亡"⑤。温故知新,即是教学相长,进德修业,自强不息,精进无已。能教学相长,方可以为人师。

孟子(公元前372—前289)曰:"人之患,在好为人师。"(《[孟子·]离娄[上]》)余家菊解释说:"赵歧曰:'君子好谋而成,临事而惧,时然后言,畏失言也;故曰:"师哉师哉!桐子之命!"不慎,则有患矣。'教师者,铸人者也,童子之幸福,悬于教师之手。岂可茫无计划而漫然从事乎?岂可掉以轻心,而孟然从事乎?人情喜矜己夸人,故好为人师。矜己夸人,则是以教人者快己之意而已,初无以善养人之心。教师存心,应以受教育之幸福为怀。一言之出,应思其所及于儿童之身者,有无若何不利之影响。一行之发,应思其所呈于儿童之前者,有无若何恶劣之观感。以极大之责任心,发为最精审之言行。庶几不至以教育杀人。教育之业,不出之以慈爱之心,便流为残酷之行。身为教师者,不为菩萨,即是屠夫。凡掉以轻心,出以逞己之意者,皆屠夫也。教师当爱护儿童,亦当谨饬自身,勿苟言,勿苟动。时时记取自身责任千钧之重,凡所提示必出于思,凡所思虑必求其审,一言一行皆须出于一若深有不得已者然。夫如是,则好为人师之心去,而遗祸于人群者或少。今日之从教者,类多凭一己之智慧以摸索前进,无甚轨范之可寻。'师哉师哉!桐子之命!'愿日日三复斯言。"⑥

孟子曰:"孔子登东山而小鲁,登太山而小天下。故观于海者,难为水;游于

---

① 《论语·雍也》。——编校者
② 《论语·先进》。——编校者
③ 《论语·先进》。——编校者
④ 《论语·滕文公上》。——编校者
⑤ 《论语·子张》。——编校者
⑥ 《孟子教育学说》,中华书局1935年版,第16—17页。

圣人之门者,难为言。"(《[孟子·]尽心上》)此言必须教师之学识渊博,人格崇高,然后学生方能学识充足,胸怀扩张。

（二）提倡学生自动

《礼记·檀弓》载:"孔子与门人立,拱而尚右,二三子亦皆尚右。孔子曰:'二三子之嗜学也,我则有姊之丧故也。'二三子皆尚左。"孔门弟子,一言一行,皆效法孔子,于此可见。但孔子则不以为然,而极力提倡自动精神。孔子很希望孔门弟子独立思维,各有己见可持,而不盲从其师,故说:"回也,非助我者也,于吾言无所不说。"(《[论语·]先进》)

"子曰:'予欲无言。'子贡曰:'子如不言,则小子何述焉?'子曰:'天何言哉?四时行焉,百物生焉。天何言哉!'"(《[论语·]阳货》)天道无声无臭,不为而物成。春生夏长,百物以兴;秋收冬藏,百物以成。四时代御,风雨博施,万物各得其和以生,各得其养以成。不见天之所事而见其功。孔子法天。《周易·乾》曰:"天行健,君子以自强不息。"见天之健,欲学者法之以自强。孔门弟子依孔子之力以为学,事事惟师言是守,孔子惧其忘本,不知反求诸己。循旨传辞,势必至于繁琐,而不可胜驭。抱残守阙,势必至停滞,而无复进无益。故"予欲无言"。子贡问"则小子何述焉?"正表明弟子须依仗师力。固然学不可无师,而教育之目的在不施教育,教师之成功在无所用于教师。真正之教育与夫教育之最后阶段,皆为自己教育。孔子之"予欲无言"即是提倡自动,自强不息。

子曰:"不愤不启,不悱不发,举一隅不以三隅反则不复也。"(《[论语·]述而》)朱注说:"愤者,心求通而未得之意;悱者,口欲言而未能之貌;启,谓开其意;发,谓达其辞。物之有四隅者,举一可知其三。反者,还以相证之义。复,再告也。"《四书体注》解释说:"子曰:君子教人,固当尽言无隐,然必其人有受教之地而后可。如人之求道,有用心思索,而未能即通者,谓之愤。愤则有可通之机,吾因为之开其意,则豁然通矣。若不愤,则在彼本无求通之心,我何从而开之乎? 不启也。有心知其意,而口未能言者,谓之悱。悱则有可达之势,吾因为之达其词,则畅然达矣。若不悱,则在彼本无欲言之心,我何从而达之乎? 不发也。至若理之相因而见者,犹物之有四隅也。若举一隅以告之,而不能以三隅反证,则意见凝滞,虽更端以再告之,亦终扞格而不通矣。我何为而强聒乎? 则不复也。学者可不勉为受教地哉。"①学生努力学问时,遇着困难或疑问,反复思索而不能得一满意之解答,那时必感觉愤懑。教师应帮助学生去打破此种困

---

① 《四书体注·论语》卷4。——编校者

难。学生努力学问时,遇着复杂的问题,千头万绪,找不着门径,彷徨歧路,东奔西窜,毫无成就,那时必感觉惆怅! 教师便应帮助学生寻得这个门径。如果学生没有愤悱、惆怅的心态,寻求解答的动机,教师决不应为打破难关,指示门径。举一隅而不举其余的三隅,即是希望学生能够用自己的推理,自己的智慧,去自动学习。

子曰:"譬如为山,未成一篑,止,吾止也。譬如平地,虽覆一篑,进,吾往也。"(《[论语·]子罕》)朱子《集注》谓:"山成而但少一篑,其止者,吾自止耳;平地而方覆一篑,其进者,吾自往耳。盖学者自强不息,则积少成多;中道而止,则前功尽弃;其止其往,皆在我而不在人也。"可谓深得孔子教学之原理。

孟子曰:"教亦多术矣,予不屑之教诲也者,是亦教诲之而已矣。"(《[孟子·]告子下》)这就是孔子所谓"不愤不启,不悱不发"的方法,提倡自动。

《[孟子·]离娄下》篇:"君子深造之以道,欲其自得之也。自得之,则居安;居之安,则资之深,资之深则取之左右逢其原。故君子欲其自得之也。""自得"即是"自动",这是孟子最基本的教学原理。戴震《孟子字义疏证》释曰:"博学而不深造则不能精,深造而不以道则不能变,精且变乃能自得,自得乃能不疾而速,不行而至,为至神也。非博学无以为深造之本,非深造无以为以道之路,非以道无以为自得之要,非自得无以为致用之权。读书好古而能自得之,乃不空疏,不拘滞。"①戴震的意思是读书和自得不可偏废,读书而不自得,其病为拘滞;思想自得而不读书,其病为空疏,这亦是"学而不思则罔,思而不学则殆"的意思。焦循《孟子正义》注曰:"学而不思则罔,罔者不能自得之也;思而不学则殆,殆者,空悟而本无所居,则不安也。深造凭于心之虚。以道凭于学之实。得之,得此道也,自得之则学洽于思;居之,居此道也,居之安则思缊于学,舍学而言恃心,舍心而守学,两失之矣。"自得的知识有三种好处:1."居之安",即所得的学问有深厚的基础,安重如泰山,而不致为外物所摇夺。此语与《学记》所谓"强立而不反"相似。居之安还有一个意思,就是能在学业中找出乐趣。孔子所谓"仁者安仁",《学记》所谓"安其学"、"乐学"亦即此意。我们要自己努力,才有心得;有心得,才会对于学问发生兴趣。因兴趣浓厚而加倍努力,因努力而兴趣越浓

---

① 编校者按:此段文字非出自戴震《孟子字义疏证》,而出自焦循《孟子正义》。《孟子正义》中此段文字前有焦循引用《孟子字义疏证》之文,萧氏误以为连同本段文字皆出于《孟子字义疏证》。查《孟子字义疏证》亦不见本段文字。故应为焦循语。

厚;努力生兴趣,兴趣生努力,循环无已而学问进步亦无止境。2."资之深",即能将所得的知识普遍地、彻底地、正确地应用于实际生活之上。我们在学校获得的知识,往往不能应用到社会生活上去。即因为我们在学校得来的知识,多半是老师传授的,并非自己体验得来的。所以自己的知识多半是一知半解,和自然情况相去太远。后来与环境接触当然会手忙脚乱,一筹莫展。3."左右逢其原",即能将旧知识和新知识贯串起来,发见其交互的关系,而构成一整个的思想系统。这个系统是六通四辟、表里通明的。知识是整个的,人生是脉脉相通的,任何一部分知识和其他一切现象都有直接或间接的关系。我们研究甲种事实时,当发见乙种事实,研究乙种事实时又发见丙丁及其他无数的事实。研究愈深,发见的事实与关系愈多,类化作用愈大。最后,到"一旦豁然贯通"的时候,觉得性理万殊而原则一贯,六通四辟,头头是道,这就是所谓"左右逢其原"。

《[孟子·]公孙[丑上]》篇:"必有事焉而勿忘(据顾炎武《日知录》),勿忘勿助长也①。无若宋人然:宋人有闵其苗之不长,而揠之者,茫茫然归,谓其人曰:'今日病矣,予助苗长矣。'其子趋而往视之,苗则槁矣。天下之不助苗长者,寡矣。以为无益而舍之者,不耘苗者也。助之长者,揠苗者也——非徒无益,而又害之。"求学之道贵在学生自动顺其自然去生长,若灌输学生以知识而求其发展,非徒无益,而又害之。

《[孟子·]尽心[上]》篇:"君子引而不发,跃如也,中道而立,能者从之。"朱注曰:"君子教人,但授以学之之法,而不告以得之之妙,如射者之引弓而不发矢。"教师只可示人以研究之方法,而不可代其求结果。只可鼓励学生自己用思想,而不可代替用思想。教师只能指示、纠正与改良学生的方法,而应用方法的技巧,尚待学生自动去学。所以说:"梓匠轮舆,能与人规矩,不能使人巧。"(《[孟子·]尽心[下]》)

(三) 适应个性

孔子认为人类资质,其高低敏拙至不齐一,个别之差异,约可分为三等。三者言其差异之多,并非仅为三种。故曰:"生而知之者,上也;学而知之者,次也;困而学之,又其次也;困而不学,民斯为下矣。"(《[论语·]季氏》)又说:"中人以上,可以语上也;中人以下,不可以语上也。"(《[论语·]雍也》)生而知之者,是上智的资质;学而知之者,是寻常的资质;困而知之者,是鲁钝的资质;困而不学

---

① 编校者按:《四部丛刊》景宋本《孟子》作"必有事焉而勿正,心勿忘勿助长也"。

者，是下愚的资质。《中庸》曰："或生而知之，或学而知之，或困而知之，及其知之一也。或安而行之，或利而行之，或勉强而行之，及其成功一也。"资质虽有生知安行、学知利行、困知勉行之差别，而其终极之造就则可全无歧异。其不堪造就者，只是既困于资质又惰于努力者。但困于资质而又惰于努力者，或许因为教之未以其道，故教学方面应当适应个性，上智者给以最高限度之功课指定，中智者给以普通限度之功课指定，下智者给以最低限度之功课指定，则学生不至因功课太难，困而不学。

孔子对于学生之个性差异平时极为注意，兹分三项述之。1. 对于个人的性情之注意：子曰："柴也愚，参也鲁，师也辟，由也喭。"①孔子能以一个字评判其弟子的性情，足见平日留心个性。又如有人说申枨是"刚者"，孔子说："枨也欲，焉得刚。"②刚是坚强不屈的勇气，欲是恣肆放纵的冲动；刚是带理智作用的，欲是纯粹本能的作用。刚和欲本相类似，旁人误认申枨为刚者，孔子独认申枨为"欲者"。足见他分析弟子的个性到极精细的地步。2. 对于个人才能之注意：子曰："由也，千乘之国，可使治其赋也。……求也，千室之邑，百乘之家，可使为之宰也。……赤也，束带立于朝，可使与宾客言也。"③ 3. 对于个人志趣之注意：孔子常使弟子各言其志，而略加批评与指导。如《公冶长》篇说："颜渊、季路侍。子曰：'盍各言尔志。'子路曰：'愿车马，衣轻裘，与朋友共，敝之而无憾。'颜渊曰：'愿无伐善，无施劳。'子路曰：'愿闻子之志。'子曰：'老者安之，朋友信之，少者怀之。'"足见孔子对于弟子之志趣，是非常注意的。研究学生的志趣、才能与气质之好处是：知道个人的才能，便可以因材施教；知道个人的志趣，便可予以职业的指导；知道个人的气质与感情，便可利导其长而纠正其短。孔子教学法极注意顾及个性，所以对弟子谈话，因人而异，有时还互相矛盾。故子路与冉有各问"闻斯行诸"，对子路则答"有父兄在，如之何其闻斯行之也"；对冉有则答"闻斯行之"，因以是"求也退，故进之；由也兼人，故退之"④。足见孔子对于适应个性之深切留意。

孔子对于考察个性有极具体之方法，子曰："视其所以，观其所由，察其所安，人焉廋哉！人焉廋哉？"(《[论语·]为政》)常视曰"视"，非常曰"观"，"察"之意为复审，三字以深浅次第为义。"以"字作"为"字解，"视其所以"即是视其所

---

① 《论语·先进》。——编校者
② 《论语·公冶长》。——编校者
③ 《论语·公冶长》。——编校者
④ 《论语·先进》。——编校者

为之事。"由"是经历,"观其所由"即是观其从来所经历之事。"安"是意之所止,"察其所安"即是察其意之所止而愉快者。先视其当前之行为,再观其素来之行为,更察其心意之所安习,经过如是之三重步骤,人的行为可以看得清清楚楚,谁能够再隐瞒其真情?

孟子曰:"君子之所以教者五:有如时雨化之者,有成德者,有达财者,有答问者,有私淑艾者,此五者,君子之所以教也。"(《[孟子·]尽心上》)又说:"教亦多术矣。"①可见孟子对于教学注重个性之适应,因材施教。

(四)问答得体

孔子提倡学生自动,注重适应个性,故教学多用问答,如问孝(《[论语·]为政》篇)、问仁(《[论语·]雍也》篇)、问政(《[论语·]子路》篇)、问闻斯行诸(《[论语·]先进》篇)等皆针对学生之个性以对。孔子师生间之问答,极为自由恳挚,优柔餍饫,兹举《先进》篇四子侍坐章为证:"子路、曾晳、冉有、公西华侍坐。子曰:'以吾一日长乎尔,毋吾以也。'居则曰:'不吾知也,如或知尔,则何以哉?'子路率尔而对曰:'千乘之国,摄乎大国之间,加之以师旅,因之以饥馑,由也为之,比及三年,可使有勇,且知方也。'夫子哂之。'求,尔何如?'对曰:'方六七十,如五六十,求也为之,比及三年,可使足民。如其礼乐,以俟君子。''赤,尔何如?'对曰:'非曰能之,愿学焉,宗庙之事,如会同,端章甫,愿为小相焉。''点,尔何如?'鼓瑟希,铿尔,舍瑟而作,对曰:'异乎三子者之撰。'子曰:'何伤乎?亦各言其志也。'曰:'暮春者,春服既成,冠者五六人,童子六七人,浴乎沂,风乎舞雩,咏而归。'夫子喟然叹曰:'吾与点也!'三子者出,曾晳后。曾晳曰:'夫三子者之言何如?'子曰:'亦各言其志也已矣。'曰:'夫子何哂由也?'曰:'为国以礼,其言不让,是故哂之。''惟求则非邦也欤?''安见方六七十,如五六十,而非邦也者?''惟赤则非邦也欤?''宗庙会同,非诸侯而何?赤也为之小,孰能为之大?'"

孟子之"君子之所以教者五",而问答居其一。公孙丑常称孟子好辩,孟子确是常用辩答法来和弟子们讨论,如书中和告子辩性善(《[孟子·]告子》篇),和陈相辩许行之学(《[孟子·]滕文公上》)都是。

(五)藏修与息游之相辅为用

子曰:"弟子,入则孝,出则弟,谨而信,泛爱众,而亲仁,行有余力,则以学

---

① 《孟子·告子下》。——编校者

文。"(《[论语·]学而》)又曰:"君子博学于文,约之以礼,亦可以弗畔矣夫!"(《[论语·]雍也》)文者,古之遗文,即礼乐诗书之谓。换一句话说,即本书之知识教育。孔子对知识教育则不甚重视,故说"行有余力",又说"博学"。孔门弟子更激烈地说:"贤贤易色,事父母能竭其力,事君能致其身,与朋友交,言而有信,虽曰未学,吾必谓之学矣。"(子夏语,《[论语·]学而》)"何必读书,然后为学。"(子路语,《[论语·]先进》)孔子的教育目标是"君子教育"(绅士教育),故孔子的教育内容,分为两部分,一部分是品格教育,一部分是知识教育。两者相辅为用。若以近代之教育术语释之,知识教育是正式作业,品格教育是课外作业。孔子则以课外作业为最重要,如果在课外作业养成了道德的意志、情操与习惯,即使少读几本书,少知些东西,还是堂堂的一个"躬行君子"。正如英国之"公学"为养成英国实际行动之绅士(君子,Gentleman),故其课亦重视课外作业,正式作业反居于次要地位。①

子曰:"志于道,据于德,依于仁,游于艺。"(《[论语·]述而》)培养君子——仁人——之道德,其最有效力方法为当学子游心于艺术之时,于无形之中,施行感化。无形之陶冶胜于有言之教导。孔门之艺指乐及射御。先讲乐之陶冶。子曰:"兴于诗,立于礼,成于乐。"(《[论语·]泰伯》)"诗"是有言之教。"兴于诗"是讲述道德故事以启发向上之志愿。孔子有云:"《诗》三百,一言以蔽之,曰:'思无邪。'"(《[论语·]为政》)又曰:"不学诗,无以言。"(《论语·季氏》)诗者乃记述古代之故事,"以是经夫妇,成孝敬,厚人伦,美教化,移风俗"。诗的故事是道德的故事,讲述此种故事,可以奋发学生之意志。故事之讲述,虽是有言之教,但非直接的灌输,诗之启发效力甚宏,可以"正得失,动天地,感鬼神"②。"立于礼",是树立公共行为之准则,以明分际,定权界,抑己而不屈己,尊人而不受侵,然后行为关涉所及者,可以相安而相悦。故《[论语·]颜渊》篇云:"颜渊问仁,子曰:'克己复礼,为仁。一日克己复礼,天下归仁焉。'颜渊曰:'请问其目。'子曰:'非礼勿视,非礼勿听,非礼勿言,[非礼勿动]。'颜渊曰:'回虽不敏,请事斯语矣。'"礼是琐细的公共遵守之法律,所谓"礼仪三百,威仪三千"③,此种

---

① 商礼德(P. Sandiford)[今译作桑迪福德。——编校者]在其主编之《比较教育》(Comparative Education,1918)书中曾谓美国有幽默家诠释 English Public School 曰:因以教授拉丁文为主,故用 English,因系私立,故用 Public,因有三分之二以上时间不教任何东西而费于竞技(game),故用 School(第 257 页)。由此可见英国"公学"之重视课外作业。
② 《毛诗序》。——编校者
③ 《礼记·中庸》。——编校者

琐细条文只能有消极之拘束力,而缺乏积极之感化。道德的人格之完成,端有赖于音乐之启迪,故说:"成于乐。"又说:"乐云乐云,钟鼓云乎哉!"(《[论语·]阳货》)乐起于心与物之交感作用,而其"入人也深,其化人也速"①,曰"子在齐,闻《韶》,三月不知肉味,曰:'不图为乐之至于斯也!'"(《[论语·]述而》)孔子对于乐之兴趣,及乐感人之深,于斯可见。孔子常以乐设教,《述而》篇说:"子与人歌而善,必使反之,而后和之。"《先进》篇说:"由之瑟奚为于丘之门。""点!尔何如?鼓瑟希,铿尔,舍瑟而作。"此皆可以为证。

孔门学习射御之目的,只是养成良好之品性。故《八佾》篇有云:"君子无所争,必也射乎!揖让而升,下而饮,其争也君子。"人有血气,皆有好胜之意,故争。君子恭敬逊让,故无所争。其求胜之心,惟于射见之,因射"可以观德",故争。《礼记·射仪》篇说:"故射者进退周远必中礼,内志正,外体直,然后持弓矢审固;持弓矢审固,然后可以言中。此可以观德行矣。"揖让而升,下而饮,争胜之时,周旋动止,又必须恪守礼法,不求幸胜,不生嫉妒,故曰:"其争也君子。"正如近代运动所提倡之"运动员精神"(Sportsmanship),即是要遵守运动规则表现自己之能力而不仇视他人之成功。运动最后之目的并不在造成新纪录,亦不在发展最健全之体格,而在造成最优良之品格。孔门之射,并不求射术之精确而在培养君子之德性,子曰:"射不主皮,为力不同科,古之道也。"(《[论语·]八佾》)御之与射为相关联而不求分离之二事,而御优良之有关于射之得失者甚大,子曰:"吾何执?执御乎,执射乎?吾执御矣。"②总之,孔子藉射御为形成品格之教育,正如近代英国"公学"以竞技为形成品格之教育同一道理。优良之教学,是正式作业与课外作业相辅为用。

(六)顾及学习心理程序

孔子曰:"能近取譬。"(《[论语·]雍也》)即是由近而远,顾及学习心理之教学法。

孟子主张教学应顾及学习心理程序,由具体而抽象,由易而难,由目前已知的事物推论到远方未知之事物,而使学生彻底了解。常恨学者不能由近而远去推论人伦道理,故《[孟子·]离娄上》篇说:"道在迩而求诸远,事在易而求诸难。人人亲其亲,长其长,而天下平。"又说:"人有恒言,皆曰'天下国家'。天下之本在国,国之本在家,家之本在身。"《[孟子·]尽心下》篇又说:

---

① 《荀子·乐记篇》。——编校者
② 《论语·子罕》。——编校者

"言近而指远者善言也,守约而施博者善道也。君子之言也,不下带而道存焉。"

(七)注重普通原则之应用

孔子之道,在"一以贯之"。即是宇宙间的事物,头绪纷繁,应就已见已知已闻者综合成一个普通原理,以类推未见未知未闻。《[论语·]卫灵公》篇载:"子曰:'赐也,女以予为多学而识之者欤?'对曰:'然,非欤?'曰:'非也,予一以贯之。'"孔子论知识,不主张一件一件繁繁琐琐地去学,学得茫无头绪,他只主张将事事物物,贯穿起来,归纳一个原理,可以应用无穷,闻一知十,举一反三。《[论语·]里仁》篇载:"子曰:'参乎,吾道一以贯之。'曾子曰:'唯。'子出,门人问曰:'何谓也?'曾子曰:'夫子之道,忠恕而已矣。'"章太炎释曰:"心能推度曰恕,周以察物曰忠;故夫闻一以知十,举一隅而以三隅反者,恕之事也。……周以察物,举其征符,而辨其骨理者,忠之事也。"①

孟子之"有如时雨化之者"亦即"一以贯之"之意,即绝顶聪明之学生,只指示一点原则,不必逐事逐物指点。

(八)豫时孙摩的原则

兹举摩的原则为例。摩的原则,孔孟均极重视。《论语》首篇《学而》之首句即为:"子曰:'学而时习之,不亦说乎,有朋自远方来,不亦乐乎。'""学而时习之"是自学,"有朋自远方来"是共学。能自学与共学,才能对学问有兴趣。"子曰:德不孤,必有邻。"(《[论语·]里仁》)"子曰:见贤思齐焉,见不贤而内自省也。"(《[论语·]里仁》)"子曰,三人行必有我师焉,择其善者而从之,其不善者而改之。"(《[论语·]述而》)"乐多贤友,益矣。"(《[论语·]季氏》)"无友不如己者。"(《学而》)以上各条,皆言朋友之利益,与攻错之必要。方以类聚,同志相求,有德则同类相应,以增其德。故有德必不孤,修德亦必有辅。见贤,思与贤者等;见不贤,察己得无同然,此言处友时资于人以自修之方法。"三人行,必有我师","乐多贤友,益矣","无友不如己者",皆言广交游之益。至于择友之标准,子曰:"益者三友,损者三友,友直,友谅,友多闻,益矣;友便辟,友善柔,友便佞,损矣。"(《[论语·]季氏》)

孟子对于环境最重视,认为有优良之环境,才能自由生长。他将环境分作三种。1.家庭环境:《[孟子·]离娄下》篇说:"中也养不中,才也养不才。故人

---

① 引证见葛延林:《孔子的治学方法》,载中央政治学校《政治季刊》,第 2 期,第 241 页,民二十三年[1934]。

乐有贤父兄也。"2. 社会环境：《[孟子·]滕文公下》篇说："孟子谓戴不胜曰：'子欲子之王之善欤？我明告子：有楚大夫于此，欲其子之齐语也，则使齐人傅诸？①'曰：'使齐傅之。'曰：'一齐人傅之，众楚人咻之，虽日挞而求其齐也，不可得矣。引而置之庄岳之间，数年，虽日挞而求其楚，亦不可得矣。子谓薛居州善士也，使之居于王所。在于王所者，长幼卑尊，皆薛居州也，王谁与为不善？在王所者，长幼卑尊，皆非薛居州也，王谁与为善？一薛居州独如宋王何？'"现代外国语教学所用的"直接法"即是应用这个原则。3. 经济环境：孟子曰："富岁子弟多赖，凶岁子弟多暴。非天子降才尔殊也，其所以陷溺其心者然也。"（《[孟子·]告子上》）足见经济状况能影响人的本性。又说："今也制民之产，仰不足以事父母，俯不足以畜妻子，乐岁终身苦，凶年不免于死亡。此惟救死而恐不赡，奚暇治礼义哉。"（《[孟子·]梁惠王上》）近代各国之政府对于教育之设施力求免费，并对于成绩优异之学生设置公费学额，亦即是使学生不感受经济之压迫，而得专心向学。

孔孟之教学原理并不尽于此，兹再分别而论。孔子之教学原理尚有两点：1. 兴趣与努力并行的原则；2. 学与思并重的原则。孟子之教学原理亦尚有三点：1. 注意集中原则；2. 努力原则；3. "规矩"原则。

孔子之兴趣与努力并行的原则。孔子论兴趣与努力与莫礼生（H. C. Morrison）②之说相似，以努力为兴趣之本，而兴趣又与努力并行。③《论语》的第一句即是：

---

① 编校者按：此句下缺"使楚人傅诸"句。
② 今译作莫里森。——编校者
③ 莫礼生为美国现时最著名教育专家之一，其名著《中学教学之实施》（*The Practice of Teaching in the Secondary School*），乃叙述其本人所创造之方法。其理论体系完整，卓识独具，议论精警，鞭辟入里。其书风行一世，备受推崇。在本书中，莫礼生认为教与学基本条件在建立一个学习情境。任何系统之教学必以团体或个人态度中之准备为根基，俾教学目标中之各种适应易于实现。此种准备之情状即称之曰学习情境。学习情境之要素有二，即是动机（motivation）与注意（Attention）。这两个要素是相互关联的：不建立一个动机即无法引起持久的注意，同时不发展学生对于所教所学的教科之自动注意的能力亦无从引起真实的动机。

莫礼生所谓"持久的注意"，即是持久的努力（Sustained application），指对于原无兴趣的东西有自动注意的情形，"真实的动机"即是沉浸状态的兴趣。指引起个人去乐意工作或吃苦的情形。努力是兴趣之基本，而兴趣又与努力并行。学校之主要责任在训练努力。莫礼生深感美国近来倡导之兴趣说易滋误解，其流弊常至于放任而使教育柔性化。此种倾向足以使学生任性而行，人类生活将一代退化一代以至恢复原人时代之状况，如是则实非教育之目的。因此学习情[境]之建立，不只是自然的环境，亦不是无选择的设置，应有人工的制取与教育的暗示。教师于指导外，在必要时并可干涉。关于莫礼生主张"任何教或学的方法，根本上都要发展[原文作"训练"。——编校者]学生去自愿持久努力，而希望内容将来会产生持久的兴趣"之理由，兹录其原语数段，以作申述。（引见第五章，译从胡毅）[编校者按：见胡毅著《中学教学法原理》，商务印书馆1935年版，第70—72页。]）"多年以前，研究教育的人即承认真正学习是不能离开（转下页）

"子曰:'学而时习之,不亦说乎。'"朱注解释得最好:"既学而又时时习之,则所学者熟而中心喜说,其进自不能已矣。"时时习之是努力,喜悦是兴趣。进而不已又是努力,盖努力产生兴趣,而兴趣又产生努力。由努力而生之兴趣方是真兴趣,有兴趣方可以积久努力而不懈。故孔子自己说:"发愤忘食,乐以忘忧。"(《[论语·]述而》)发奋忘食的努力于学问,才能对于学问感到永久的、内分的、真实的兴趣,以至乐以忘忧。孔子又曰:"知之者不如好之者,好之者不如乐之者。"(《[论语·]雍也》)朱注说:"知之"是知有此道;"好之"是好而未得;"乐之"是有所得而乐之。研究学问第一步在知道及了解这种学问,知道以后,才觉得欢喜而愿努力继续研究。努力研究有了心得,自然会有无穷的乐趣。兴趣与努力并行,才能"学而不厌,诲人不倦"。

孔子之学与思并重的原则。子曰:"学而不思,则罔;思而不学,则殆。"(《[论语·]为政》)包咸释曰:"学而不寻思其义,则罔然无所得;不学而思,终卒不得,徒使人精神疲殆。"此语类似康德(Kant)说的"有直观无思想,是盲目,有思想无直观,是空想"(见葛延林前文所引)。盖学与思并用则相得益彰,独行则

(接上页)兴趣而得。教育家所谓的兴趣是指一种情绪方面的情况,不一定是愉快。兴趣常引起个人去乐意工作或吃苦,所得的经历有时是与愉快极端相反。一班教师常把兴趣误解,而以为其所包含只是游戏或娱乐。去引起对某科的真正兴趣,与把某科弄成有趣味,截然是两件事。"

"个人离开学校以后的学习,完全是以他真正兴趣的性质及范围为准。若他无一样持久的兴趣,那他的教育就未达到最主要的目标。若他真是已受教育,那他对于学校课程所培养之兴趣至少会继续努力。在中等教育教学的成功上,讲兴趣即是说引起动机或引起学习的欲望。这个动机,不仅需要持久,而且要随学习的进程增加强度。一个在强有力的动机底下学习的人,有一种特殊的注意,可说是沉浸状态。那时的注意可经很长的时间,而只偶然有短期的间断。若用精密的心理仪器来实验,当然此种注意中也可见有无数的起伏;但在教室实用上,只须能认出这种在强烈动机下学习时的显明沉浸状态,便已足了。"

"假设所有的学习本身都有趣味,动机便不须引起而自然都有。学校内也多有'本身引起动机'(Self-motivated)的学习,其结果也并不因为如此就有参差。但学习中有一些需要成分,却本身是不能引起每个学生的兴味,甚至有些是本无意味。当然,我们可以将科目排列,教法更改,去使一班的学生由此兴趣转至彼兴趣,老是过有兴味的日子。这种办法,除开预备学生进入一个'自有动机'的世界以外,毫无用途。在我们生存的世界中,所有责任及机会都非本身能引起兴趣的;只学会了对'自有动机'的世界发生反应的人,在真实的社会中,难免一筹莫展。"

"故此,从入学的初年起,学校主要责任之中,就有一个是要去训练学生对本身无意味的学习去自动努力。有了这种训练的学生,便能对校中学习发生兴趣,保持动机。经过一个时期之后,那种当初从责任心及自动努力而得的动机,多半会因为学科内容渐有表现其内涵兴趣的机会,而渐渐变成真实、直接、持久的动机。明白了这原则并会应用的青年,在他的意志成熟方面就已有了基础。前面之所以说'多半',是因为教得好学得认真的学科,不见得都能引起兴趣;或是位置不适当,或是与他的原有兴趣冲突,或有其他障碍。但是在教者学者两方面,顶妥当的办法还是假定学科内容通常是终久会本身发生动机的。不然的话,那相反的态度就会日趋于教育上的放任及柔和的教法(Soft Pedagogy)。"

各有其害。单知埋头读书,贪多务得,而不经过思维的工夫,贯串整理,所得之各种观念,一定茫无头绪。所记者不过是琐细之事物,要是应用,还是难能。但是仅仅乎深思力索,没有学来的知识作根据,想入非非的思想是空想,亦毫无用处。"学"是"思"的材料,必须先有材料,有后才能思想。故孔子曰:"吾尝终日不食终夜不寝,以思,无益,不如学也。"①"思"是"学"的方法,学时没有方法,亦难有所得。故孔子又曰:"君子有九思:视思明,听思聪……"(《[论语·]季氏》)见着东西,一定要用思想,才能看得明白,听着东西,一定要用思想才能听得清楚。学而不思,则视而不明,听之不聪。

孟子之注意集中原则。孟子曰:"今夫弈之为数小数也,不专心致志,则不得也。弈秋通国之善弈者也。使弈秋诲二人弈。其一人专心致志,惟弈秋之为听;一人虽听之,一心以为有鸿鹄将至,思援弓缴而射之。虽与之俱学,弗若之矣。为是其智弗若欤?曰:非然也。"(《[孟子·]告子上》)假定两人智力相等,其学业成绩之优劣当看其能否集中注意。近代美国教学法专家莫不注意此原则:设计法以心向及专心致志之活动为骨干,莫礼生教学法对于全班及个别学生之是否注意集中亦创制种种方法去测量,作为指导之根据。②

孟子之努力原则。《[孟子·]离娄[下]》篇载:"徐子曰:'仲尼亟称于水,曰:水哉水哉!何取于水也?'孟子曰:'源泉混混,不舍昼夜,盈科而后进,放乎四海;有本者如是,是之取尔。'"《[孟子·]尽心[下]》篇载:"孟子谓高子曰:'山径之蹊间,介然;用之,而成路,为间不用,则茅塞之矣;今茅塞子之心矣。'"《论语·子罕》篇云:"子在川上曰:'逝者如斯夫:不舍昼夜。'"孔子亟称于水之不舍昼夜,努力自强不息,以勉弟子"学而不厌"。孟子释之,更明之以"盈科而后进,放乎四海",劝学者循序渐进,努力不懈。山之岭,有微蹊介然,人遂用之;不止,则蹊成为路;有间不用,则茅草生而塞之。以喻学者为学,当强力而终行之,若有间中止,则茅塞乎心。故孟子曰:"一日暴之,十日寒之,未有能生者也。"(《[孟子·]告子上》)又曰:"有为者,譬若掘井,掘井九轫,而不及泉,犹为弃井也。"(《[孟子·]尽心上》)

孟子之规矩原则。孟子之教学法重在"自得",要学生"自得",必先树立"规矩"。规矩含有二义:一是模范之意,二是方法之意。无模范,则学生之自动无

---

① 《论语·卫灵公》。——编校者
② 莫礼生在其前引书中特辟两专章,一讲全班学生注意集中之测量法(第十二章),一讲个别学生注意集中之测量法(第十三章)。

方向,无方法,则学生无从自动。有了方法,学生才能自强不息,"不可胜用",故孟子曰:"羿之教人射,必志于彀;学者亦必志于彀。大匠诲人,必以规矩;学者亦必以规矩。"(《[孟子·]告子[上]》)又曰:"大匠不为拙工改废绳墨。羿不为拙射变其彀率。君子引而不发,跃如也。中道而立,能者从之。"(《[孟子·]尽心[上]》)又曰:"圣人既竭目力焉,继之以规矩准绳,以为方圆平直,不可胜用也。既竭耳力焉,继之以六律正五音,不可胜用也。"(《[孟子·]离娄[上]》)

四、历代各家教学原理之撷要

浩穰无纪,博观已不易,约取尤困,而个人旧学窾陋及篇幅之限制,更不容易为参证,畅所欲言,兹仅就数家之说,撷取其要。

（一）荀子(生卒年代无可考,生当公元前 335 年后,死当公元前 235 年前后①。)

荀子与孟子同出孔门,孟子主性善,故教学原理偏重自然的发展;荀子主性恶,故偏重人为的努力。然孟荀所论,颇多殊途而同归者。荀子之教学原理可分六点叙述之:1. 贤师良友;2. 积久努力;3. 变化气质;4. 注意集中;5. 问答得体;6. 注意普通原则之应用。

1. **贤师良友** 《[荀子·]儒效篇》说:"人无师无法而知则必为盗,勇则必为贼,云能则必为乱,察则必为怪,辩则必为诞。人有师有法而知则速通,勇则速威,云能则速成,察则速尽,辩则速论。故有师法者,人之大宝也;无师法者,人之大殃也。"又说:"蓬生麻中,不扶而直。兰槐之根是为芷,其渐之滫,君子不近,庶人不服。其质非不美也,所渐者然也。故君子居必择乡,游必就士,所以防邪僻而近中正也。"②荀子把得师择友看得如此重要,是因为他否认性善,不赞成有良知良能,而认为环境重要。所以贤师良友之益,可使人潜移默化,而趋于积善。于此才见出教育的功效。他原是主张性恶的,若没有贤师良友,那恶性便要发展极度。有贤师良友则可以得乎情而化其性。"习俗移志,安久移质",善可积成,而"通于神明,参于天地矣"③。这是贤师良友的好处。所以在《[荀

---

① 编校者按:关于荀子生卒年,清人汪中《荀卿子年表》谓"托始于赵惠文王、楚顷襄王之元年(前298),终于春申君之死(楚考烈王二十年、赵悼襄王七年[前238]),凡六十年,庶论世之君子,得其梗概云尔",即认为荀子的生卒年约为前 298—前 238 年。《辞源》(修订本)认为约前 313 年至前 238 年(第 2653 页)。这两种观点在学界占据主流。

② 《荀子·劝学篇》。——编校者

③ 《荀子·儒效篇》。——编校者

子·]性恶篇》说:"夫人虽有性质美而心辩知,必将求贤师而事之,择良友而友之。得贤师而事之,则所闻者,尧舜禹汤之道也;得良友而友之,则所见者忠信敬让之行也。身日进于仁义而不自知也者,靡使然也。"贤师的好处,在于"安久移质",即是以人格的感化为教育之体,以矫正学生的本性。故荀子所说的师法,绝不是仅仅乎教书的,而是以教师的人格感化胜于书本教育。《[荀子·]劝学篇》说:"学莫便乎近其人,……学之经莫速乎好其人,隆礼次之。上不能好其人,下不能隆礼,安特将学杂识志,顺诗书而已耳,则末世穷年,不免为陋儒而已。"近其人是希望一切行为思想都受其人格感化,隆礼仅是外表的事,所以次之,若从了一个老师,上焉受不着他人格的感化,下焉受不着外表的礼节,而仅仅从他读了几句百家之语、诗书之书,如是则末世穷年亦仅是个陋儒。

至于理想教师之资格,荀子在《致士篇》中提出四大特征。他说:"师术有四,而博习不与焉。尊严而惮,可以为师;耆艾而信,可以为师;诵说而不陵不犯,可以为师;知微而论,可以为师。故师术有四,而博习不与焉。水深而回,树落则粪本。弟子通利则思师。"优良之师资有四:(一)教师应有尊严气象使学生见而起敬;(二)教师要能笃信圣道,老而不变;(三)教师要能博学强记而又能整理出一个系统;(四)教师要能明了前人精微之理而能讲论透彻。能具备此四种资格乃是贤师理想的教师,便能使学生永不忘其作育的恩德。荀子所谓得师即是要求得理想的教师。

2. 积久努力　《荀子》书中"积"字最常见,"积"即积久努力,荀子认为道德学问之造诣甚深者,皆是"真积力久"而后成。《劝学篇》语:"积土成山,风雨兴焉;积水成渊,蛟龙生焉;积善成德,而神明自得,圣心备焉。故不积跬步,无以至千里;不积小流,无以成江海。骐骥一跃,不能十步,驽马十驾,功在不舍;锲而舍之,朽木不折;锲而不舍,金石可镂。"又《儒效篇》说:"故积土而为山,积水而为海,旦暮积谓之岁……积善而全尽谓之圣人。彼求之而后得,为之而后成,积之而后高,尽之而后圣。故圣人也者,人之所积也。人积耨耕而为农夫,积斫削而为工匠,积反货而为商贾,积礼义而为君子。"

3. 变化气质　荀子认为变化气质之学问才是真学问,知识只是改变行为之工具。美国近来所尊崇之莫礼生教学法,其主旨亦不过如是。莫礼生认为真正的学习是适应作用,即整个行为之改变,能改变行为的知识才是真知识。荀子与莫礼生之时代相隔,已是二千二百年。《劝学篇》说:"君子之学也,入乎耳,著乎心,布乎四体,行乎动静?端而言,蠕而动,一可以为法则。小人之学也,入乎耳,出乎口,口耳之间则四寸耳,曷足以美七尺之躯哉?古之学者为己,今之学者为人,君子之学也,以美其身;小人之学也,以为禽犊。"《儒效篇》说:"不闻不若闻之,闻之不若见之,见之不若知之,知之不若行之。学至于行之而止矣。行之,明也,明之为圣人。圣人也者,本仁义,当是非,齐言行,不失毫厘。无它道焉,已乎行之矣。故闻之而不见,虽博必谬;见之而不知,虽识必妄;知之而不行,虽敦必困。"《大略篇》说得更鞭辟入里:"君子之学如蜕。幡然迁之。故其行效,其立效,其坐效,其置颜色,出辞气效。无留善,无宿问。"

4. 注意集中　荀子认为治学必须注意集中,精神专一,才能持久不懈。精神专一,持久不懈方能精通而有所成就。《劝学篇》说:"螾无爪牙之利,筋骨之强,上食埃土,下饮黄泉,用心一也。蟹六(八)跪而二螯,非蛇蟺之穴无可寄托者,用心躁也。是故无冥冥之志者,无昭昭之明;无惛惛之事者,无赫赫之功。行衢道者不至,事两君者不容,目不能两视而明,耳不能两听而聪。螣蛇无足而飞,梧(鼫)鼠五技而穷,《诗》曰:'尸鸠在桑,其子七兮;淑人君子,其仪一兮;其仪一兮,心如结兮。'故君子结于一也。"《荀子·解蔽篇》说:"故好书者众矣,而仓颉独传者,壹也。好稼者众矣,而后稷独传者,壹也。好乐者众矣,而夔独传者,壹也。好义者众矣,而舜独传者,壹也。倕作弓,浮游作矢,而羿精于射。奚仲作车,乘(桑)杜作乘马,而造父精于御。自古及今,未尝有两而能精者也。"《性恶篇》又说:"今使涂之人伏术为学,专心一志,思索孰察,加日县久,积善而不息,则通于神明,参于天地矣。"

5. 问答得礼　荀子在《劝学篇》中对于问答之方法论列甚详,兹先录其语于下:"故不问而告谓之傲;问一而告二谓之囋,傲非也,囋非也,君子如响矣。……问楛者,勿告也;告楛者,勿问也;说楛者,勿听也;有争气者,勿与辩也。故必由其道至,然后接之;非其道则避之。故礼恭而后可与言道之方;辞顺而后可与言道之理;色从而后可与言道之致。故未可与言而言谓之傲;可与言而不言谓之隐;不观气色而言谓之瞽。故君子不傲、不隐、不瞽,谨顺其身。"综计原则有四:(一)问答之过程——有问则答,不问不告。(二)问答之内容——大小得体,如响应声。此两点与《学记》之"必也听其语乎"、"善待问者如撞钟"所论相同。(三)问答时之态度——不谈闲话,只有讨论学问,并不作闹意气之争辩。(四)问答之时机——观察对方之心态而后从容讲论。对方表示愿意听讲时,先告以浅近之事实,待其明了之后,再告以较深之原则,对于较深之原则能欣赏时,再告以高深之基本理论。心态未表示准备听讲时,而勉强与之讲论便是"傲",心态已准备听讲时,而不乘机启发便是"隐",不观察对方之心态气色而谈论,便是瞎说、白说。故良好的教师,必观察对方之气色乘机加以启发。正如《论语·宪问》篇所说:"时然后言,人不厌其言。"

6. 注意普通原则之应用 荀子主张应用几个普通的原则去推论一切未知的事件,推论之方法有二:(一)由近而远;(二)由已知而未知。《不苟篇》说:"君子位尊而志恭,心小而道大,所听视者近,而所闻见者远。是何耶?则操术然也。故千人万人之情,一人之情是也;天地始者,今日是也;百王之道,后王是也。君子审后王之道而论于百王之前,若端拜而议。推礼义之统,分是非之分,总天下之要,治海内之众,若使一人,故操弥约而事弥大,五寸之矩,尽天下之方也。故君子不下室堂,而海内之情举积此者,则操术然也。"此言应用普通原则去推论一切未知的事物。《非相篇》说:"欲观千岁,则数今日。欲知亿万,则审一二。欲知上世,则审周道。知周道则审其人所贵君子。故曰:以近知远,以一知万,以微知用,此之谓也。"此言由近推远。《非相篇》又说:"圣人者,以己度者也,故以人度人,以情度情,以类度类,以说度功,以道观尽,古今,一(度)也。类不悖,虽久同理。故乡乎邪曲而不迷,观乎杂物而不惑。以此度之。"此言由已知推知未知。

(二)徐幹(公元171—218)

两汉二百余年间的教育学者对于讲论本性,则先后继起,多所发挥,对于教学原理之发挥较多而精透者,独推汉末之徐幹(字伟长)。徐幹之教学原理,兹据《中论》分五点述之:(1)择师;(2)适合学生之性情与了解力的程度;(3)考察学生之心理状态;(4)注意学生之特殊需要;(5)注重概念之了解。第一,择师。他说:"君子必择师。"(《[中论·]治学》篇)又说:"贤者不能学于远乃学于近,故以圣人为师。昔颜渊之学圣人也,闻一以知十,子贡闻一以知二,斯皆触类而长,笃思而闻之者也。非唯贤者学于圣人,圣人亦相因而学也。孔子因于文武,文武因于成汤,成汤因于夏后,夏后因于尧舜。故六籍者群圣相因之书也,其人虽亡,其道独存。"(《治学》)教师与教学最有关系,有优良之教师方能有优良之教学。第二,适合学生之情性与了解力的程度。他说:"君子之与人言也,使辞足以达其知虑之所至,事足以合其性情之所安,弗过其任而强牵制也。苟过其任而强牵制则将昏瞀委滞,而遂疑君子以为欺我也。不则曰:无闻知矣,非故也,明偏,而示之以幽,弗能照也;听寡,而告之以微,弗能察也。"(《贵言》篇)又说:"有金石丝竹之乐,则不奏乎聋者之侧,有山龙华虫之文,则不陈乎瞽者之前。知聋者之不闻也,知瞽者之不见也。"(《贵言》)教学儿童,应观察其本性近于某方面,即向某方面引导,所谓"事足以合其性情之所安"。教学应按照学生的了解力的程度而给以相当之材料,若硬要灌输以多量的材料,不惟于儿童没有进益,反足以使他们益陷于糊涂,学生不但不感激教师的热心,并能引起师生间不好的感情,说教师有意欺骗。对程度浅薄的学生讲高深的道理,等于对聋子弹琴。第三,考察学生之心理状态。本性是固定的,而心理状态是变化无常的。教学时应观察现时的心理状态,然后施以适当的方法,他说:"君子将与人语大本之源,而读性义之极者,必先度其心志,本其器量,视其锐气,察其堕衰,然后唱焉以观其和,导焉以观其随。随和之征,发乎音声,形乎视听,著乎颜色,动乎身体,然后可以发■(《四部丛刊》本阙此字)①而步远,功察而治微。于是乎闾张以致之,因来以进之,审谕以明之,杂称以广之,立准以正之,疏烦以理之,疾而勿迫,徐而勿失,杂而无结,放而勿逸,欲其自得之也。故大禹善治水,而君子善导人。导人必因其性,治水必因其势。是以功无败而言无弃也。"(《贵言》)邱椿释曰:"此段形容心向发展的历程与教授步骤极其精细。大抵教师第一步应考察学生是否有求学的锐气,或是已经疲劳。假使学生有求学的锐气,教学的第二步就是略加以提示倡导以引兴趣。等到学生兴趣勃发,手舞足蹈的时候,才能正式授以功课。所以教学的第三步就是指示门径以之开拓心胸。循循善诱以策励其猛进,详细解说使其彻底了解,杂譬博征使其触类旁通,严立标准以正其错误,综合原则以理其繁复。但重要的是'自得'的原则。教学应时时留意学生自动。要鼓励学生努力猛进,而又不加以压迫,要引导学生从容研究,而又不失于迟缓,要干涉学生而不至使其郁结,要放任学生而不使其怀安逸。大禹治水要顺应水性,君子教人,要顺应人性——自动的性。他对于教授法实有相当的贡献。"②第四,注意学生以特殊需要。他说:"君子非其人,则弗与之言,若与之言,必以其方。农夫则以稼穑,百工则以技巧,商贾则以贵贱,府吏则以官守,大夫及士则以法制,儒生则以学业。"(《贵言》)第五,注重概念之了解。他反对记忆琐细事项,而重视概念之了解。真正的学习不是章句之记忆,而是"大义之获得"。此与莫礼生教学法注意概念的了解之意相同。他说:"凡学者大义为先,物名为后,大义举而物名从之。然鄙儒之博学也,务于物名,详于器械,矜于诂训,摘其章句而不能统其大义之所极,以获先王之心。此无异乎女史诵诗,内竖传令也。故使学者劳思虑而不知道,费日月而无成功。"(《治学》)

---

① 编校者按:据《丛书集成》本,所阙之字为"幽"。中华书局1985年版,第10页。
② 《中国教育思想史》,第129—130页。

(三) 胡瑗(公元 993—1059)

"安定先生"(字翼之,世居安定,学者以此称之)初本教学于苏、湖二州州学,其教学法为世所推崇,宋仁宗庆历四年[1044]乃下诏取苏湖之法著为太学令,一时风气为之一变。其教学法最可称述者计有四点:(1)分科教学;(2)人格感化;(3)旅行教学;(4)藏修息游。第一分科教学。胡氏教学,明体达用,已为当时所称誉。当举世方依照成法习于词章,而他乃分科教学适合个性,培养实学,可谓极有识之创举。他分科目为经义、治事二斋,凡学生之心性疏通有器局可任大事者,即入经义斋,讲习经义;其余则入治事斋。治事斋又分许多科目,如治民科、讲武科、堰水科及算历科等等。凡入治事斋的学生,至少学习两科,即以一科为主,以一科为副。经义斋是培植治术人材的,治事斋是培养技术人材的。学生应入何斋何科,一半由教师指定,一半由学生自择。经义、治事二斋之外,复设小学于东南隅,教授幼小之童子。马端临著《[文献]通考》说:"是时方尚辞赋,独湖学以经义及时务,学中故有经义斋、治事斋。经义斋者,择疏通有器局者居之;治事斋者,人各治一事又兼一事,如边防、水利之类。故天下谓湖学多秀彦。其出而筮仕,往往取高第。及为政多适于世用,若老于吏事者。"① 第二,人格感化。《宋史·胡瑗传》说:"瑗教人有法,科条纤悉悉具备,以身先之。虽盛暑必公服坐堂上,严师弟子之礼。视诸生如其子弟,诸生亦信爱如其父兄。从之游者常数百人。"第三,旅行教学。王铚著《默记》(见《学海类编》)云:"胡先生翼之尝谓滕公曰:'学者只守一乡,则滞于一曲,隘吝卑陋。必游四方,尽见人情态物,南北风俗,山川气象,以广其闻见。则为有益于学者矣。'一日,尝自吴兴率门弟子数人游关中,至潼关,路峻隘,舍车而步。既上至关门,与滕公诸人坐门塾。少憩,回顾黄河抱潼关,委蛇汹涌,而太华中条,环拥其前,一览数万里,形势雄张。慨然谓滕公曰:'此可以言山川矣。学者其可不见之哉。'"近代教育家多提倡旅行教学,美国更有海上大学之创举,而此种方法,胡瑗已于一千年前行之于交通不便之我国。第四,藏修息游。《宋元学案·安定学案·附录》说:"先生在学时,每公私试罢,掌仪率诸生会于肯善堂,合雅乐歌诗,至夜乃散。诸斋亦自歌诗奏乐,琴瑟之声彻于外。"

(四) 程颐(公元 1033—1108)②

"伊川先生"(字正叔,居伊川,学者以此称之)之教学原理本于《学记》及孔

---

① 《文献通考》卷 46《学校考七·郡国乡党之学》。——编校者
② 编校者按:据清人池生春、诸星杓合编之《二程子年谱》,程颐的卒年应为北宋徽宗大观元年[1107]。见《宋人年谱丛刊》(第 4 册),四川大学出版社 2003 年版。

孟之教学原理,据《二程全书》所载,兹分三项述之:(1)注重师资;(2)适应个性;(3)"豫"的原则。第一,注重师资。他认为择师应重在教师之人格,学问次之。他说:"学者必求其师,记问文章,不足以为人师,以所学者外也。故求师不可不慎。"①至于教师的态度,有时应该尊严。他说:"孔子教人常俯就,不俯就则门人不亲;孟子教人常高致,不高致则门人不尊。"②他又认为良好教师之口授胜于书本教育。他说:"古人有言曰:'共君一夜话,胜读十年书。'若一日有所得,何止读十年书也?尝见李初平问周茂叔云:'某欲读书如何?'茂叔曰:'公老矣,无及也。待某只说与公。'初平遂听说话,二年乃觉悟。"③但讲演法只便于初学,最要紧的还是使学生能自动。他说:"说书必非古意,转使人薄。学者须是潜心积虑,优游涵养,使之自得。今一日说尽,只是教得薄。至如汉时说下帷讲诵,犹未必说书。"④又说:"孔子教人不愤不启,不悱不发。盖不待愤悱而发,则自知之不固。待愤悱而后发则沛然矣。学者须是深思之,思而不得,然后为他说便好,初学者须是且为他说。不然,非独他不晓,亦止人好问之心也。"⑤依他的意思,对于初学,应用讲演法指点其门径;以后便应使其用自动研究。第二,适应个性。对于教学的困难,他曾说得极痛快:"与学者语,正如扶醉人,东边扶起,却倒向西边,西边扶起,却倒向东边,终不能得他卓立中途。"⑥教学之所以如此困难,因为学生的个性不同。他说:"气有刚柔也。故强猛者当折之,畏缩者当充养。古人佩韦弦之戒,正为此耳。然刚者易抑。如子路初虽圣人亦被他陵,后来既知学,便却移其刚来克己甚易。畏缩者气本柔,须索勉强也。"⑦他尝称赞孔孟之教学法能适应个性。他说:"孔子教人各因其材,有以政事入者,有以言语入者,有以德行入者。"⑧又说:"《论语》问同而答异者至多。或因人材性,或观人之所问意思而言及所到地位。"⑨又说:"君子之教人,或引之,或拒之,各因其所亏者成之而已。孟子之不受曹交,以交未尝知道,固在我而不在人也。故使

---

① 《二程遗书》卷25《畅潜道本》。——编校者
② 《二程遗书》卷15《入关语录》。——编校者
③ 《二程遗书》卷22上《伊川语录》。——编校者
④ 《二程遗书》卷15《入关语录》。——编校者
⑤ 《二程遗书》卷18《刘元承手编》。——编校者
⑥ 《二程遗书》卷18《刘元承手编》。——编校者
⑦ 《二程遗书》卷18《刘元承手编》。——编校者
⑧ 《二程遗书》卷19《杨遵道录》。——编校者
⑨ 《二程遗书》卷18《刘元承手编》。此语亦见张载《张子语录》卷上,而"或观人之所问意思而言及所到地位"作"或观人之所问意思言语及所居之位",后者意思似较通,但不知究为何者所语。——编校者

归而求之。"①他认个性是教学的出发点。他说:"夫教必就人之所长,所长者心之所明也。从其心之所明而入,然后推及其余。孟子所谓'成德达才'是也。"②第三,"豫"的原则。他说:"古人为学易,自八岁入小学,十五入大学,舞勺舞象,有弦歌以养其耳,舞干羽以养其气血,有礼义以养其心;又且急则佩韦,缓则佩弦,出入闾巷,耳目视听,及政事之施。如是则非僻之心无自而入。"③又说:"勿谓小儿无记性,所历事皆能不忘。故善养子者,当其婴孩,鞠之使得所养,全其和气,乃至长而性美,教之示以好恶有常。至如养犬者,不欲其升堂,则时其升堂而扑之。若既扑其升堂,又复食之于堂,则使孰从?虽日挞而求其不升,不可得也。养异类且尔,况人乎?故养正者,圣人也。"④此论正合近代心理学之"交替反应"(Conditioned reflex)⑤的原则。

(五) 朱熹(公元1130—1200)

"紫阳先生"⑥(字元晦,号晦庵,世称朱子),论读书之方法较多,论教学原理者甚少。其读书法据朱子自己所说有五个步骤,即《白鹿书院学规》所采取《中庸》的话:博学,审问,慎思,明辨及笃行。朱子读书法则汇集朱子之说,分为六条即:"居敬持志,循序渐进,熟读精思,虚心涵泳,切己体察,着紧用力。"第一句谓读书时心要纯一,不可杂乱,即主敬之意。第二句谓按照能力,逐步渐进,不宜躐等。第三句谓要多遍熟读,精密思索,不可以一知半解而遂自止。第四句谓凭着客观的头脑,揣摩古人的真意所在,不可先立一个意见,牵强古人的言语入做自家的意思。第五句谓将书中的道理拿来与己身四周的人生日用的事情对照,庶不致落于玄想与空疏。第六句谓更要振起精神,奋发前进,不可有一刻的懈怠。关于教的方面,在《近思录》第十一卷,朱子曾选录周、张、二程四子之言以伸其意,归纳之,可得四点:(1)注重正蒙:"大学之法,以豫为先。人之幼也,[知思未有所主,便]当以格言至论,日陈于前,[虽未晓知,且当薰聒],使之盈耳充腹,[久自]安习若固。"(2)适合学习心理:"教人至难,必尽人之材,乃不误人。观可及处,然后告之,圣人之教,直若庖丁之解牛,皆知其隙,刃投余地,无全牛矣。"(3)提起兴趣:"教人未见意趣,必不乐学,欲且教之歌舞。"(4)注重

---

① 《二程遗书》卷4《游定夫所录》。——编校者
② [宋]程颐:《伊川易传》卷4,元刻本。——编校者
③ 《二程遗书》卷15《入关语录》。——编校者
④ 《二程遗书》卷2下《附东见录后》。——编校者
⑤ 今译作"条件反射"。——编校者
⑥ 编校者按:此处原文为"朱熹"二字,并加双引号,但参照萧氏对其他教育家的写作惯例,此处应称"紫阳先生"或"考亭先生"或"晦翁",故改之。

平均发展:除道德知识教育而外,须"歌咏以养其性情,声音以养其耳目,舞蹈以养其血脉"。

(六) 陆九渊(公元 1139—1192)

"象山先生"(字子静,晚年讲学象山,学者以此称之)和朱子是好友,却因意见的不同,常常互相辩难。《象山年谱》曾提及二人对于教学原理之辩难:"鹅湖之会,论及教人:元晦之意,欲令人泛观博览,而后归之约;二陆之意,欲先发明人之本心,而后使之博览。朱以陆之教人为太简,陆以朱之教人为支离:此颇不合。"①晦庵教人的方法,先博后约,以道问学为主,好似归纳之法;象山是由约而博,以尊德性为主,好似演绎法。这只是提供教学的一个基本原则,并不是西洋教育家所谓五段三段等法。象山以先"发明本心而后博览"为教,即孟子的"先立乎其大者"的主张尤为原则的原则。他的学生毛刚伯说:"先生之讲学也,先欲复本心,以为主宰;既得其本心,从此涵养使日充月明。读书考古,不过欲明此理,尽此心耳。其教人为学,端绪在此,故闻者感动。"他自己亦说:"吾之与人言,多就血脉上感动他,故人之听之者易。"(均见《年谱》)②象山讲学之前,必教学生"收敛精神,涵养德性虚心听讲"。这即是他的教学准备阶段。有此一段准备,把放心收回,把注意集中听讲才容易入骨而有效力。讲说经义,必从人情物情物理上发挥证验;启发学者的本心,亦间举经语以证实所说的原理;态度严肃,音吐又清响;所以听者莫不感动兴奋,中心悦而诚服。这虽为一种讲演式,但中间亦有随问随答,运用自如,不拘一定的格式。象山读书之法主自由活泼,与晦庵之严密拘束不同,他说:"读书之法,须是平平淡淡去看,仔细玩味,不可草草所谓'优而柔之,厌而饫之'。自然有涣然冰释、怡然理顺底道理。"(《象山全集·语录》)又说:"大纲提掇来,细细理会去,如鱼龙游于江湖之中,沛然无碍。"(《语录》)

(七) 王守仁(公元 1472—1528)③

"阳明先生"(字伯安,其门人为建阳明书院,故学者以此称之④)主致良知及知行合一,其教学原理兹分述之三项述之:(1)顺儿童之本性;(2)注重学生之领

---

① [宋]袁燮:《象山陆先生年谱》卷上,明刻本。——编校者
② 编校者按:前句见《年谱》卷上,后句见《象山集》卷 34《语录上》。
③ 编校者按:王守仁逝世于明嘉靖七年十一月二十九日,即公历 1529 年 1 月 9 日,非 1528 年。见《王文成全书》卷 34《附录三·年谱三》。
④ 编校者按:关于"阳明先生"之称谓,明杨一清《海日先生墓志铭》(《王文成全书》卷 37)有谓王守仁"别号阳明子,其学邃于理性,中外士争师之,称阳明先生",应以此说为是。

悟;(3)注重分量之适当。第一,顺儿童之本性。如《训蒙大意》中所云:"若近世之训蒙稚者,日惟督以句读课仿,责其检束,而不知导之以礼,求其聪明而不知养之以善,鞭挞绳缚,若待拘囚。彼视学舍如图狱而不肯入,视师长如寇仇而不欲见,规避掩覆以遂其嬉游,设诈饰诡以肆其玩鄙,偷薄庸劣,日趋下流,是盖驱之于恶而求其为善也,何可得乎?"此种议论已是鞭辟近骨。第二,注重学生之领悟。阳明说:"学问也要点化,但不如自家解化者,自一了百当。不然,亦点化许多不得。"(《传习录》下)教学应注重学生之领悟,对于学生只是加一番点化之功夫,给一种暗示,使其自己了悟,甚至于点化都不用。第三,注重分量之适当。阳明曰:"与人论学,亦须随人分限所及。如树有这些萌芽,只把这些水去灌溉;萌芽再长,便又加水。自拱把以至合抱,灌溉之功皆是随其分限所及。若些小萌芽,有一桶水在,尽要倾上,便浸坏他了。"(同上)传授知识时,应视学生能力所及,使他们容易领悟,若给以过当的知识,不能消化,反是害之。

(八)王筠(公元1784—1854)

贯山(王字)之教学原理见于《教童子法》一书者,计有七点:(1)兴趣之重要;(2)教学采用故事;(3)发展天赋的重要;(4)求学须步步着实;(5)诱发之重要;(6)健全人格之重要;(7)心理生理之注意。兹每条撮取原书之语,段为证。第一,兴趣之重要:"学生是人,不是猪狗,读书而不讲,是念藏经也,嚼木札也。钝者或俯首受驱使,敏者必不甘心。人皆寻乐,谁肯寻苦。读书虽不如嬉戏乐,然书中得有乐趣,亦相从矣。"第二,教学采用故事:"小儿无长精神,必须使有空闲,空闲即告以典故,但典故有死有活。死典故日日告之,如《十三经》何名,某经作注者谁,作疏者谁;《二十四史》何名,作之者姓名,日告一事,一年即有三百六十事。师虽枵腹,能使弟子作博学矣。如闻一典,即逢人宣扬,此即有才矣。然间三四日必须告以活典故,如问之曰:两邻争一鸡,尔能知确是某家物否?能知者即大才矣。不能知而后告以《南史》。先问两家饲鸡各用何物,而后剖嗉验之。弟子大喜者,亦有用人也,自心思长进矣。"第三,发展天赋的重要:"教弟子如植木,但培养浇灌之,令其参天蔽日。其大本可为栋梁,即其小枝亦可为小器具。今之教者,欲其为几也,即曲折其木以为几,不知器是做成的,不是生成的。迨其生机不遂而夭阏,以至枯槁,乃犹执夏楚而命之曰:是弃材也,非教之罪也。呜呼,其果无罪耶?"第四,求学须步步着实:"截得断才合得拢,教子者总要作今年读书明年废学之见,则步步着实矣。识字时专心致志于识字,不要打算读经;读经时专心致志于读经,不要打算作文,然所识之字,经不过积字成句,积字成章也。所读之经,用其义于文,为有本之文,用其词于文,亦炳蔚之文也。如其牵肠挂肚,瞻前顾后,欲其双美,反致两伤矣。"第五,诱发之重要:"孔子善诱,孟子曰教亦多术。故遇笨拙执拗之弟子,必多方以诱之。既得其机之所在,即从此鼓舞之,蔑不欢欣,而惟命是从矣。若日以夏楚为事,则其弟子固苦,其师庸乐乎。故观其弟子欢欣鼓舞,侈谈学问者,即知是良师也。若疾首颦颏,奄奄如死人者,则笨牛也。其师将无同。"第六,健全人格之重要:"功名、学问、德行,本三事也。今人以功名为学问,几几并以为德行。教子者当别出手眼,应对进退,事事教之;孝弟忠信,时时教之;读书时常为之提倡正史中此等事,使之印证。且兼资博恰矣。学问既深,坐待功名,进固可战,退有可守。不可痴想功名,时文排律之外,一切不学。设命中无功名,则所学者无可以自娱,无可以教子,不能使乡里称善人,士友称博学,当此时而回想数十年之功,何学不就,何德不成。今虽悔恨,而无及矣。"第七,心理生理之注意:"人才之不一,有小才而锋颖者,可以取快一时,终无大成就。有大才而汗漫者,须二十年幼,学问既博,收拢起来,方能成就。此时则非常人所及矣,须耐烦。"

五、私塾之教学过程

私家学塾,有称之为"私塾"、"学塾",有称之为"蒙馆"、"经馆"。在科举时代,较之官学,尤为重要。盖官学自州郡学起,以迄太学、国子监,皆徒具其名,不过是学子取得资格之地,当时真正读书做学问,仍在私家的学塾。故私塾之教学过程,为科学时代之实际教学。

私家学塾,在中国起源甚早。孔子在杏坛设教,就是私塾。先秦时代,私人教学之风已行。迨至汉代,官学产生,传业寝盛,"一经说至百万余言,大师众至千余人"①,后汉尤其发达。私家著录生徒,更有至万人的,因为生徒太多,所以郑康成在马融门下,三年不得一见,所业乃使高第传授,汉代私家教授之盛,于此可见。当时也有一种专教小孩子的蒙馆。王充《论衡·自纪》云:"建武三年,充生。为小儿,与侪伦遨戏,不好狎侮。侪伦好掩雀、捕蝉、戏钱、林熙,充独不肯。诵(充父)奇之。六岁教书,恭愿仁顺,礼敬具备。衿庄寂寥,有巨人之志。父未尝笞,母未尝非,闾里未尝让。八岁出于书馆。书馆小僮百人以上,皆以过失袒谪,或以书丑得鞭。充书日进,又无过失,手书既成,辞师受《论语》《尚书》,日讽千字。经明德就,谢师而专门,援笔而众奇。所读文书,亦日博多。"汉代私

---

① 见《汉书·儒林传·赞》。——编校者

塾情形,此文所载最为详尽。据其所云,未入书馆之先,其父教以识字,二年后送入书馆学书。手书既成,遂受《论语》《尚书》。其后经明德就,谢师而专习经学。故其经历,可分为三个阶段:第一阶段为识字与学书,第二阶段为习《论语》《尚书》,第三阶段为专门学经,而皆受之于私家之教学。汉代教初学学生重在识字及学习书法,所以史书叙述初学,常称其"学习书史"。书史既成(此所谓史,非历史之史,乃古篆之谓),便读《论语》《尚书》。直至清末,私塾教学只有识字、读书、习字、作文。

自汉以后,历代私塾之教学过程,综其要点言之,为(1)识字;(2)教书;(3)背书;(4)理书;(5)讲书;(6)读书;(7)习字;(8)作对;(9)学文。①

1. **识字** 汉时的塾即首重识字,至清末,识字仍为私塾教学过程第一阶段。识字之法,在未曾教书之前,将书中之字楷书于方寸许之纸骨或木板上。笔画较多,难读之字,并附注笔画简单之字音字,如"实"注"十"之类。每日教识十字或三五字,有时并令其凑成句读之。遇天资聪敏的学生,并择易讲字面,粗粗解说。迨识至千余字时,方开始教读字书。现时坊间尚流行之方块字,即其遗留之物。

2. **教书** 识方块字之后,即先教读字书。字书最早者为四字一句,创始于周之史籀。厥后历代皆有字书之创作。现时私塾尚流行之《千字文》,在唐代即已盛行,《百家姓》在宋代已极盛行,《三字经》自南宋以后,亦极盛行。迨至清代,私塾多先教《三字经》,次《百家姓》《千字文》。预备习对者,在清代更教《幼学琼林》。再进一步,便教《四书》,亦有识字数千后,径读《四书》者。教书之法,是学生站在教桌之旁随着教师念书一段。念过多遍之后,学生归位自读。读的方法,注重朗诵。善教者先教认书上逐句之字,一一认明白后,教师口授十数遍。每教两三遍,令学生自读一遍,有误则提正,再教再读,至其能自读时,始令其归位自读。

3. **背书** 学生读熟所教之一段后,即至师位前将一段背诵出来。每日教授几段并无一定之规律,每一段多规定于一个时间内背熟。至限,背不熟者,多令罚站、罚跪或施以夏楚。读书务求精熟,是私塾教学中之一个优点。但是学生因不易了解书中之内容,往往不易读熟,即读熟亦易遗忘,故私塾除注重背书外,又注重理书。

---

① 参考陈东原:《中国科举时代之教育》,商务印书馆,1934年,第四章。及陈东原:《中国教育史》,第五章、第二十章及第二十五章。

4. 理书　每隔一相当时间（如五日或十日），限将已读熟者温理一遍，重行背诵。书读完一本时，则通本理一遍，背诵时要能自首至尾，一句不忘。读完一本，读第二本时，前本仍要随时温习，随读随理，务求所读之书无一不熟。

5. 讲书　私塾的大缺点是只求精义，而不甚求了解。故开讲甚晚，往往有能将《四书》全部背诵一字不错，而对于书中字句之涵义尚有不懂者。善教者则当儿童八九岁智慧渐开时，即主张每日随其所读，逐句讲解。但是教材过深，虽讲解亦不易领悟。

6. 读书　读完字书及《四书》之后，其次遂及诸经。读经先读本经。所谓本经，是报考时申明应考之一经。以《春秋》为本经者，则读《左传》；以《诗》为本经者，则读《诗经》。元程端礼曾站在理学家立场上订了一个《读书分年日程》。自南宋以迄清末，一直对于理学都有信仰，所以程氏之说，颇有一部分力量。其读书分年日程如下：（一）八岁未入学之前，读《性理字训》。（日读三五段，以此代世俗《蒙求》、《千字文》为最佳。）（二）八岁入学之后读《小学书》正文。（日止读一书，自幼至长皆然。随日力性质，自一二百字渐增至六七百字。日永年长，可近千字而止。每大段内，必分作细段。每细段必看读百遍，倍读百遍。又通倍读二三十遍。如此用工，便可终身不忘。后读经书仿此。）（三）《小学书》毕，次读《大学》经传正文。（四）次读《论语》正文。（五）次读《孟子》正文。（六）次读《中庸》正文。（七）次读《孝经刊误》。（八）次读《易》正文。（九）次读《书》正文。（十）次读《诗》正文。（十一）次读《仪礼》并《礼记》正文。（十二）次读《周礼》正文。（十三）次读《春秋经》并"三传"正文。（前自八岁，约用六七年之功，则十五岁前，《小学书》《四书》诸经正文，可以尽毕。自十五志学之年，即当尚志：为学以道为志，为人以圣为志。）（十四）自此依朱子法读本经、传注、性理诸书。约用三四年之功，昼夜专治。（十五）《四书》本经既明之后，大概十八九[岁读]《四书注》，及岁，自此日看史。看《通鉴》，次读韩文，次读《楚辞》。仍五日内专分二日倍温、玩索《四书经注》、《或问》、本经传注，倍温诸经正文。（十六）《通鉴》、韩文、《楚辞》既看读之后，约才二十岁，或二十一二岁，遂以两三年之功专力学科举文字。然每日早饭前仍须循环倍温、玩索《四书经注》《或问》、本经传注，诸经正文，温看史、温读韩文、《楚辞》。至专力科举文字之法，则：（1）读看近经问文字九日，作一日；（2）读看近经义文字九日，作一日；（3）读看古赋九日，作一日；（4）读看制诰表章九日，作一日；（5）读看策九日，作一日。专以两三年功力学文之后，才二十二二三岁或二十四五岁，自此可以应举矣。

《读书分年日程》虽被读书人所重视，但实行颇迂缓。科举时代读书人的目的在急于应试,故不待读完《四书》、《五经》,即习时文。不读书而专习时文选墨,由来已久,朱熹《学校贡举私议》即已慨叹地说:"近年以来,习俗苟偷,学无宗主。治经者不复读其经之本文,与夫先儒之传注。但取近时科举中选之文,讽诵摹仿。择取经中可为题目之句,以意扭捏,妄作主张。明知不是经意,但取便于行文,不暇恤也。"程端礼订定《读书分年日程》的动机,亦是因为"方今学校教法未立,不过随其师之所知所能,以之为教为学。凡读书才挟册开机,已准拟作程文用"。明清两代更专事揣摩制艺闱墨。在清代,《初学玉玲珑》及《仁在堂文稿》一种之书,风行一时。八股与古文原相近,故欲求笔力之遒劲、文机之畅发,必须多读古文,故《东莱博议》、《古文观止》及唐宋八家文等一类选本,亦为私塾之重要读物。

7. 习字　宋代私塾对于习字既已讲求,初习字者率须描红。现代私塾中尚留传之"上大人孔夫子"习字仿本,即始于宋代。清代私塾教习字之法,初则及师扶手润字,迨其轻重转折、粗粗具体,方令脱手自书。懒惰的教师,扶手习字者甚少。往往只令学生描写红字,进而写影本,进而临帖,良好之教师,亦有对学生讲习字之方法者。

8. 作对　作对是学作诗的预备阶段,作诗是科举时代考试所需者,故私塾对作对亦认为重要之功课。顾炎武云:"今南人教小学,先令属对,犹是唐宋以来相传旧法。"①可见历代私塾均将作对列为重要课程。明清两代,《千家诗》、《唐诗三百首》遂为塾中普通读物。其专讲作对者,则有乾隆间车万育著《声律启蒙》②,尤为通行。其书将对格与对法叙明白后,更分韵举出许多例子,如:"云对雨,雪对风,晚照对晴空,来鸿对去雁,宿鸟对鸣虫。三尺剑,六钧弓。岭北对江东。人间清暑殿,天上广寒宫。夹岸晓烟杨柳绿,满园春色杏花红③。两鬓风霜,途次早行之客;一蓑烟雨,溪边晚钓之翁",等等。尤易熟读上口,为私塾中作对主要读物。作对既已熟练,然后多阅古今名对及诗话,便可进而作诗。

9. 学文　既已读书作对,或虽未读书而读了许多时文程墨,便开始学文,练习作八股。作八股的步骤,第一步练习作破题,然后进而练习承题,破题既会,进而学作起讲,然后作领题,再作题比、中比、后比、束比,每比之中,又有出股与

---

① 见《日知录》卷 17《北卷》。——编校者
② 编校者按:车万育(1632—1705),清康熙初年进士,非乾隆间人。《声律启蒙》祖本出现于元代,作者为祝明;后经学者增补,至清车万育撰《声律启蒙撮要》,成今日之版本。
③ 编校者按:一本作"两岸晓烟杨柳绿,一园春雨杏花红"。

对股。四比乃有八股。练习八股之作法是循序而进,愈做愈长,逐渐成篇。故作文为私塾最后之主要功课。学生开笔作文,老师先须为之讲明题旨及来踪去路。作成后,又要为之细心笔削,令有点铁成金之妙。老师束修之厚薄,地位之高下,即以其能否教作文章为准则。

总之,私塾教学之优点,为个别指导及注重精熟;其缺点为不重了解及不重思索,只是揣摩时文,为科举之预备,除"读"、"写"、"作"之练习外,不及实际生活及处世做人之道。

《绘图解人颐》曾载曩时所传之《训蒙诀》歌一首,形容私塾教学情形,淋漓尽致,录之于下:"牢记牢记牢牢记,莫把蒙师看容易。教他书,须识字,不要慌张直念去;声声字眼念清真,不论遍数教会住。教完书,看写字,一笔一笔要端详,不许糊涂写草字。字写完,做对句,见景生情不必奇,只要说来有意趣。平仄调,毋贪异。做完对句有余功,写个破承教他记。催念书,口不住,时常两眼相对看,怕他手内做把戏。非吃饭,莫放去。出了恭,急忙至,防他悄悄到家中,开了厨门偷炒米。清晨就要来,日落放他去。深深两揖出门外,彬彬有礼循规矩。若能如此教书生,主人心里方欢喜。"

第三节　采用西洋教育制度以后之教学法

一、兴学以后教学法演进之概述

自采用西洋教育制度以后,一切教学法都是倾向于间接地或直接地模仿西洋。近十年来,国人始稍有自创之教学法,如"教学做合一"、"组织教育"、"廉方教学法"等之名词出现,以其演进之迹,就大体言之可分为六个阶段。自发动采用西洋教育制度至颁布《钦定学堂章程》之期间为第一阶段,此期要点,即将个别教学打破,而代以团体讲授。自颁布《学堂章程》至民国肇兴为第二阶段,此期的要点即由注重团体讲授之形式,乃进而求机械的步骤,完全采用注入式。自民国初元、二年[1912、1913]至三、四年[1914、1915]为第三阶段,此期要点即为由注入式而进为启发式。自民国三、四年至七、八年[1918、1919]为第四阶段,此期要点为自学辅导及分团教学之提倡。自民国七、八年至十六年[1927]为第五阶段,此段要点为各种教学法如设计法、道尔顿制之介绍与实验。自民国十六年[至]最近为第六阶段,此期要点为外国新教学法如社会化教学法、莫礼生教学法、德可乐利教学法及文纳特卡教学法之介绍与实验,及国人自创之教学理论,如"教学合作"、"组织教育"、"廉方教学法"之实验与推行。此种区分为六个阶段,全为叙述方便起见,并非有严格不可逾越之界限。

第一阶段。"改行新学校制度之始,新式学校之科目甚少,方法亦尚未成定型。光绪二十一年[1895]之天津头等、二等学堂,只将学校系统分为两级,二十二年[1896]之南洋公学便分三级。课程之参差更甚,如湖南时务学堂注重国学,天津头等、二等学堂注重西学,江南储材学堂重自然科学,南洋公学重政治。教学方法更随人而异,无一定程式。不过在各种歧异之中,有两种共通之点:第一,于极力迎受班级教授之分班组织、团体讲演等新方法外,仍保持中国旧日讲学方法,如升级不拘一定年限,各科须作札记之类是。此时之采用组织与新教法,并非对于新制度有何精深的了解,只以为西洋日本之强盛由于西艺之发达,中国欲救败图存,非习西艺不可;而西艺的授受,是用那样的办法,故亦不得不仿为之。惟当时对于西洋之认识,只是艺的一事,中国的旧学问尚不致……视为完全无用①,故旧法尚于无形中有所保存。此期的教育方法,实是中西杂糅。"②

第二阶段。《钦定》及《奏定章程》中规定各学校须用一律的教科书,组织一律班级制,教学须一律用演讲式,一切均注重整齐划一之办法。其有自创新法,或保守一部分旧日自由讲学之精神者,则教育官厅可以"不遵部令"四字制裁之,当时师范学校所讲授之方法为赫尔巴特之"五段教学法",最重教案之编制,俞子夷在"新教学法"演讲中曾描写当时之情形说:"后留日速成师范科之学生,纷纷回国,在国内设有南通师范、龙门师范,此时受师范教育之教师,渐形众多。每所师范学校,都有附属小校,为师范生实习教学之场所,南通师范第一班毕业之师范生,若辈所采之教学法,全系瞎摸,日本教师在教室中讲,学生则听翻译者之言语誊录。有时则忙于作教案,教案之工作,比作任何文章都难,平常作文时,一稿凡修饰二次,已觉楚楚可观。此项教案阅竣时,绞尽脑汁,然而缴与日本教师,终被驳斥得体无完肤,发下重做,最后修改完结,差能交卷,然而实际教授时,所发问题,又须当心,譬如持一杯茶以问学生,不当问以:'杯中茶冷热如何?'而当说:'杯中茶温度几度?'一面口讲,一面手执教鞭指点。教生编教案之成绩虽称不差,而实习时,一经日本教师批评,则无往而不可指摘,当时南通师范之教师为日本人木村氏,余在民国元年与一友人同办小学,此友即在南通师范毕业而曾亲炙于木村氏者,余今暂作一部分之报告,可见当时之所谓教法,如

---

① 此处省略的为"如第四期前半之"。——编校者
② 舒新城:《现代教育方法》,《中国新教育方法之今昔》,商务印书馆1930年版,第446页。

斯而已。"(第3页)当时小学教员所奉为圭臬者亦为赫尔巴特派之"五段教学法",孙世庆等说:"自前清创设学校,规定教科;小学教员始知研究教授方法。当时赫尔巴特(Herbart)派之阶段式的教授法传入中国,小学教员皆奉之为圭臬。虽实际上或用五段,或用三段,不免变通之点;然其教授之原理,均以赫尔巴特派之学说为依归。"①

"五段教学法"对于小学教授用书之影响最大且久,直至民国十一年[1922],尚未能脱出其范围,陈宝泉在民国十一年三月的时候说:"我国古代教育学说,关于教育原理和教育制度的,尚有一二可考。至于教学法方面,如《学记》扣钟之喻,《论语》愤悱启发之言,久矣等于具文,不知实用。所以前清末造,初兴学校的时候,直不知教授法为何事。曾忆初到日本,听教师讲五段教授法时,以为用科学的方法,发展儿童的本能,实为新教育最大的特色;此不独兄弟一人有此感想,凡同时稍研究教育的,殆无不有此同情;所以当时官私编辑的小学教授用书,同各小学实用的教授方法,殆无一不是适用五段教授法原理的,以至今日,恐尚未能脱出以上的范围。"②

当时,中学之教学法,据林砺儒等说:"中国自有学校教育,其教授法即通用演讲式之注入主义,非惟中学然也。大抵文学、历史、地理等科,专赖教师之取材与说明,即理科之实验,亦由教师行之,作为说明之一种,学生旁观而已,学生作之业,除作文演算外,惟图画、手工、体操,则非诉诸学生之动作不可,然亦不过模拟的作业而已。其教授之良否则纯视教师准备教材之是否丰富,说明之是否透辟为断,总之学生所得,殆出自教授之授与。"③

关于注入式教学的缺点及优点,吴研因等说:"初办学校,一般教师们,大概不知教授法是怎样的,一味把自己所有的本领教给学生。不管学生的要学不要学,懂不懂,教师只管教。好像工场里的师父传授徒弟一般,师父有什么本领,就把什么教给徒弟们,教徒弟照样做;做得好,可得些小技艺;做得不好,枉费了几年光阴。这种教师用灌注的教法,学生用盲从的学习,也存在了许多日子。这方法可以举一个例来说明:

(1)教师讲——→学生听。(2)教师做——→学生看。(3)教师写示——→学生抄

---

① 孙世庆、郑朝熙、韩定生合著:《中国之初等教育》,及林砺儒、程时煃合著:《中国之中等教育》,两文均载北京师范大学《教育丛刊》第4卷第2集,民国十二年[1923]五月。(两文均为提出万国教育会议之报告。)
② 康绍言、薛鸿志编译:《设计教学法辑要·序言》,商务印书馆。
③ 林砺儒、程时煃:《中国之中等教育》,北京师范大学《教育丛刊》第4卷第2集(1923年)。

录。(4)教师查成绩——→学生读熟背默。

(一)这样教法,可以看出以下几个缺点:甲、教师为动作的主位,学生为受动的客位。好像教育是为了先生要教,并不是为了学生要学。学生不过来听说书,学乖巧而已。乙、教师用力多而收效少。教师在讲坛上忙个不了,学生却呆坐冷看。过一天是一天,临毕业不过认识了几种符号。丙、一切教材教法,纯以教师为本位。学生运气好,遇着一位好教师,可以学得些小本领;倘使不幸而遇着差一些的教师,那么,他们的成绩就不可问了。丁、学生没有目的去学,所以教授顺序中要有指示目的的一项。学生不晓得要学什么,所以有提示教材的一项。学生没有本领去嚼烂这种教材,所以有示范说明的一项。学生听了还不懂,看了还不会做,所以有模仿抄写的一项。教授法总算替学生想得详尽了,可是教师太把学生当做算盘,拨一拨,动一动,实在仅足以汩没儿童的本能。

(二)但是注入法不是完全无用的,在现在的新教学法中,也有一小部分可以利用。甲、用以节省时间。有时发现一个问题,叫学生自力去解答,非但要浪费时间,简直是找不到相当的材料。这时不必假装学生自动,使脑力、时间两不经济,可老老实实的用注入法来演讲。乙、用以教会一个特别技术。有时学生需要做成一件物品,只有某项手续不能懂得,教师不能硬教他做成,也不能坐看他失败;在这当儿,就该用注入法讲给他听,模范给他看。丙、用以满足一时的求知欲望。有时一班小学生忽发奇想的要研究一个深奥的问题;教师不理会他不好,要理会他,惟有用注入法简略的说明一下。"①

第三阶段。民国成立以后,教育诸多革新,对于从前的方法,也渐为人所觉不满,因此由注入式而进为启发式,但教师的注意仍在于"教",尚未顾到"学"的一方面。启发式之形式及其优劣,吴研因等说:"注入的法子不好,于是启发法出来。启发法的教法,好像教师是诱谝者,学生是被谝者;谝得着,兴会淋漓;谝不着,徒费时间和脑力,结果成了一套把戏。此刻也举一个例子来说明:

(1)教师预备教某种材料,用问答法引起学生学习——有少数因被催眠而应答。(2)教师告诉他们应该学什么——学生答应了去学。(3)教师叮嘱他们应该怎样做——学生照样做。(4)教师要结束本问题——学生抄写表式。

(一)这种教法比注入法虽是好些,但也不过五十步与百步罢了。为什么呢?且看下面几个缺点:甲、一句直捷痛快、一说就明白的话,偏要扭扭捏捏设

---

① 吴研因、沈百英:《小学教学法概要》,第二节《历来我国教学法的变迁》,载《教育杂志》,第16卷第1号,十三年[1924]一月。

问取答,极其弊,教学的时间多半费在问答上,而儿童所得无几。乙、启发法以教材为本位。定了教材,想方法去引起动机。有时找不到好动机,就用假兴味来引起。以致学生对于学习态度,愈趋愈下。竟至以学习为娱乐,启发教学成为戏法教学了。丙、教师启,学生发;教师不启,学生就不发了。好像电和汽油引擎掣动机器似的,掣则动,不掣就不动。教育的功夫,侧重在教的一方面。丁、学生对于教材,没有感情去学,教师硬教他学。在前用指示目的,现在用决定目的了;在前用提示教材,现在用提供教材了;在前用示范说明,现在用问答说明了;在前用模仿抄写,现在用摘记要项了;在前用背诵默写,现在用练习应用了;面目虽换,到底还是这副骨骼。

(二)启发不是绝对没有存在的价值,实际上也有两种好处,在新教学法中可以利用的:甲、可以帮助少数人的学习趋向多数人,合力共作。譬如有一个问题,经多数人解决了,要全体人做,但是少数人不愿加入,教师就可用启发的功夫,使他们明白内容,他们自然的肯加入协作了。乙、可以帮助劣等儿的学习。劣等儿非外力去引导他,自己不肯努力。启发是引劣等儿努力学习的一个好法子。"①

以上所说,乃小学方面情形,中等学校方面,民国二年[1913]四月十七日教育部曾通令颁布《酌定中学校师范学校教员口讲学生笔记办法》,其通令全文如下:"凡中学校、师范学校,以后至第三学年始,任择何种科目,每周以二时或三时就教员所讲,令学生笔记。逐渐加详加速,仍由教员随时察视指正讹误。庶预备有素,日后升学听讲,无扞格不通之弊。即有不升学者,得经此时练习,将来疏写文字,自能敏捷,亦属裨益甚多。为此令知,遵照办理。"②此时教育部提倡采用教师口讲、学生笔记之教授方法,以详记速记为佳,盖惟望教师于教本之外能多讲一点,学生能多得一点。中学校教法在此时仍是通用注入式之演讲主义。

第四阶段。此时"因儿童自动主义之学说传来,小学教员之思想为之一变。往日之教授法以教员之说明为教授之中心,此时则以儿童之动作为教授之中心"(孙世庆等语)③。于是"自学辅导主义和分团教学法输入我国;教师从此竭力研究怎样增进学生的领受力,渐能在'学'字上用功夫"④。"但教学原则仍以

---

① 吴研因、沈百英:《小学教学法概要》,《教育杂志》第16卷第1号,十三年[1924]一月。
② 教育部编:《教育法规汇编》,民国八年[1919],第199页。
③ 孙世庆、郑朝熙、韩定生:《中国之初等教育》,《教育丛刊》第4卷第2集(1923年5月)。——编校者
④ 吴研因、翁之达:《三十五年来之中国小学教育》,载庄俞等编:《最近三十五年之中国教育》,商务印书馆1931年版,第23页。

五段为依归。"(舒新城语)①"自学辅导主义者,使国民学校三年级以上之儿童,于每节教科先为自动的预习。其不知者,问于教师而指导之;乃进而使之讲,使之读,教师补充其不足,而矫正其所误,最后乃为整理而讲述之,使得贯彻焉。分团教学者,于单式学级中、同一年期之儿童,更就其质性及以前学力之差等,分为若干团。教师于同一的施教时,更分别注意于各团之领受力,使其质性与以前学力即有微差,而皆能各如其量,以满足其领受上之欲望。"②

关于自学辅导之缺点及优点,吴研因等亦曾论及:"注入法是教师不叫学生动,启发法是教师牵了学生动,在教学法上看来,似乎都不完善。比较完善的方法,当然要教师、学生共动的方法了。教师辅导,学生学;学生做得不对,教师在旁指导。这种方法,我也有个比喻:好像工程师和工徒在一处建屋,工程师能明了一切,计划一切,工徒们不过做他手足罢了。现在也举一个例来说明:

(1)教师定好教材启发学生──→学生去预习。(2)教师批判预习的成绩──→学生自己修改。(3)教师指导学习的步骤──→学生互助练习。(4)教师判断学习的结果──→学生摘记要项。

(一)这种方法,把学生自己学习作主,教师的指导作宾。指导时,以自学为经,教学为纬,比注入、启发胜得多;但是我们还不满足,以为有下列许多缺点:甲、自学不过将现成的材料,受教师的辅导然后设法去学习。可说是部分的自学,是形式的自学;是受支配的学习,不是自己支配的学习。乙、学习的材料和步骤,都由教师支配。一班的或者分团的,总难各各个人的个性。丙、自学辅导由于儿童学教师辅,倘使儿童不愿学,辅就失败;儿童不过做了一架机器罢了。(二)自学辅导主义有好处吗?有的,请看下面说明:甲、教师研究怎样可以增加自学的效率以减少辅导的时间,在教材上、设备上,都可以有切实的改良。乙、学生养成自学的习惯,以后遇到困难的问题,也肯自力解决。"③

民国二年[1913]十一月教育部编纂处印行之《教育部编纂处月刊》第1卷第10册④曾刊载某氏⑤之具复《芒德梭利学校》事一文,似为答复教育部之问而

---

① 舒新城:《现代教育方法》,商务印书馆1930年版,第449页。——编校者
② 袁希涛:《五十年来中国之初等教育》,载《申报》馆编印《最近之五十年》,1923年。
③ 吴研因、沈百英:《小学教学法概要》,《教育杂志》第16卷第1号,十三年(1924)一月。
④ 编校者按:原文作第1卷第1册,但查该卷册并未见有此文,而第1卷第10册附录部分有《芒德梭利之学校》一文;另外,第1卷第1册刊行于1913年2月,而第1卷第10册出版于1913年11月,故第1册应为第10册之误,而文章名应作《芒德梭利之学校》。
⑤ 月刊未载姓名,据民国十六年[1927]周作人在张雪门编译《蒙台梭利与其教育》(世界书局)之序文中说:"仿佛记得是钱稻孙先生。"

作者,原原本本,叙述颇详,此为系统介绍蒙台梭利(Naria Montessori, 1870—1952)教学法之始。

民国三年[1914]冬,更有专书出版。但焘译日本今西嘉藏之《蒙台梭利教育法》一书,由商务印书馆出版,同时顾树森编译《蒙台梭利女史新教育法》一书,亦由中华书局刊行。在此时间中,"蒙台梭利教学法之输入,为别开生面之事"(舒新城语①)。民国三、四年[1914、1915]间,江苏省教育会曾设蒙台梭利法教育研究会,后来商务印书馆并曾仿制其教具,对于我国幼稚教育颇有相当之影响。

关于中等学校方面,林砺儒等说:"最近五六年间(慎注:民国六年[1917]至民国十二年[1923]),教授方法,渐倾向启发式之自动主义。奖励学生自己研究课本,或参考他书,搜罗材料,教员则加以辅导订正其谬答,辨误其质问。或由教员于室中发问,令学生解答,或提出问题,先令学生研究,然后共同解决之。理科教授,大抵先令学生自己观察、实验,教员则从旁指导,然后助之整理其实验之结果,而说明其原理。总之近日之教授、教师与学生皆采共同动作之态度矣。"②

第五阶段。民国六年[1917],胡适、陈独秀等在《新青年》上提倡文学革命等等的运动,给当时的教育界一种倾向革新的刺激,民国八年[1919]一月江苏省教育会、南京高师、北京大学、暨南学校、中华职业教育社发起组织中华新教育共进社,刊行《新教育》杂志(八年二月创刊,十四年[1925]十月停刊,共出版五十三册),鼓吹教育之革新运动。同年五四运动勃起,学生自动、自由、自治诸说大倡,同时杜威(John Dewey)来华讲学(八年五月到沪),平民主义之教育学说风行一世,此后美国教育家相继来华从事调查,计划或演讲者:民国十年[1921]有孟禄(Paul Monroe),民国十二年[1923]有麦柯(W. A. McCall),民国十四年[1925]有柏克赫斯特(Helen Parkhurst),对于一般教学方法上皆有显著之影响,因此教学方法遂有重大的改进。(克伯屈(W. H. Kilpatrick)于十六年[1927]三月来华,当时正是全国注意于"国民革命"之时,可谓来得不是时候,故克氏之来,并未引起多大的兴趣。)民国十年十二月,中华新教育共进社与实际教育调查社(孟禄民国十年来华考察教育即系应该社之聘)等合并扩大组织中华教育改进社,成为全国教育界人士的一个最大的教育学术研究团体。自民国十一年[1922]至民国十四年共开年会四次(民国十五年[1926]以后无形解散),

---

① 舒新城:《现代教育方法》,商务印书馆1930年版,第449页。——编校者
② 林砺儒、程时烨:《中国之中等教育》,北京师范大学《教育丛刊》第4卷第2集(1923年)。

会聚全国研究教育学术者、众从事教育事业者于一堂,除全体举行学术会议、社务会议外,分组讨论各种教育之改进。其与教学有直接关系者,有国语文教学组、数学教学组、英文教学组、历史教学组、地理教学组、生物教学组、理化教学组、心理教育测验组等等,其研究及议决案,对于当时各科教学之改进,功绩广大。(其讨论与议决案皆载《新教育》所出之该社年会报告。)全国教育会联合会大会自民国八年起同时有关于改进教学法之议决案,其重要者如民国八年第五届议决有《革新学校教育方法案》;民国十年第七届议决有组织《客观测验方法研究会案》《推行小学校设计教学案》;民国十一年第八届议决有《推行中等学校生理科实验案》;民国十二年第八届议决有《新制中学及师范学校宜研究试行道尔顿制案》《推行教育心理测验案》;民国十四年第十届议决有《师范学校各科学员宜注意本科教学法以期增进毕业生之教学效能案》《中等学校宜采用弹性升级考试方法以宏造就而励自动教育案》《促进各省区中小学校自然科学教育案》。(民国十五年开第十一届会议后,无形解散。)各议决案原文郐爽秋主编《历届教育会议议决案汇编》(民国二十四年[1935]教育编译馆印行)均已辑入。此外,民国十一年,推士(G. R. Twiss)自美来华,任中国教育改进社之科学教学主任,从事中学自然科学教学之调查与讲演(调查计划见《新教育》5卷4期,调查报告见以后各期),当时之自然科教学因此有相当改进。民国十年,麦克秋(G. H, McColy)再来华任东南大学体育主任,对体育教学之改进颇著成效。民国十一年,东南大学教授张士一发表《英语教学法演讲集》(中华书局出版)提倡直接法(Direct Method),对于当时通用之翻译法亦有所改革。

此时教育官厅的威令已失效力,教育家组织之团体及各校教师既多主自由采用新法,自行实验;若有成功,官厅更从而承认之。因此,各种教学方法均自由的输入我国,其中比较影响最大,推行最广的,推设计法和道尔顿制。而心理及教育测验之输入,及教学上小问题之实验,在教学上亦发生最大之影响。兹分述如次:

关于设计法输入时的盛况,俞子夷说:"设计教学法的实行,最早的也不过是四五年(慎注:民国八、九年[1919、1920])以前的事;最盛行,大约在三年以内(民国十年[1921]以后)。短时期里,却出了好多种书,可以见得我们做教员的人对于这一方面的热心了。就我不完备的图书室里,再向各友人方面搜集一下,一共得到了十二本专书。此外杂志里散见的文章和实例,实在也不少。虽是近一年来,似乎不如二三年前那么多,但是前后总计起来,恐怕也有好几十篇。截至去年(民国十二年[1923])六月,《初等教育》一卷四期六〇八页的参考书表里已经有八十几种了。"①舒新城说:"我国民国九年南京高师首先研究,并在附小实验,斯年江苏附小联合会议决试行,各地小学相继而起。专著之发表,则以十一年[1922]三月北京高师之《设计教学法辑要》为始。现在(慎注:民国十六年[1927])专书有数十种,论文数百篇,小学之行此方法者亦已遍全国了。"②

设计法之优点,及我国试行之经过,袁希涛说:"设计教学法者,对于训育及教学,皆预设计划,准儿童心理发达之程序,取社会环境接触之事物,使能完全自动,以了解其教学之意义。其预设计划,可就问题之大小行之,问题小者,自儿童之生活动作,以至教科讲授事项,随时提出,儿童各个研究,并共同讨论以决定之,教师居指导地位,于无形中鼓舞其兴会,并启发其思想。问题大者,联络各科,分组研究,以其结果提出讨论,为有系统之报告,教师于无形指导以外,更加以整理,而稍补充其不足,或更为有系统之讲述。其旧时按时分班分科讲授之定式,皆可变更矣。我国试行此法,在苏省有数师范之附属小学,先于国民学校之一、二年级试行;而南京高师之附属小学,并已试行破除时间制之大设计;各省亦已提倡试行。本届(慎注:民国十年[1921]第七届)全国教育会联合会并议决推广研究此项新教学法,使渐能推及于全国小学。施行新式教学法,对于故事及文字、历史,多以表演出之。使其意义透彻,兴味浓厚,而记忆益以真切,在试行新式教学之各学校多已参仿行之。以上新方法之试行,大抵在都市小学。"③民国十年第七届全国教育联合会议决案第三案即《推行小学校设计教学法案》,其理由曰:"按近今教育先进国,对于小学实施设计教学法,教材教法纯取活动的、准儿童心理发达之程序,取社会环境接触之事物,因势利导,以发展其固有之本能,学者既饶兴味,教者亦无扞格,法良意美,无逾于此;现在吾国试用其法者,渐见成绩,宜指定各省区师范学校将设计教学法加以研究,并由师范附属小学及城市规模较大之小学先行实施,作为模范,俾资仿效,庶教学良法,可逐渐推及全国矣。"④

俞子夷是提倡设计法最力的人,氏主任之南京高等师范学校附属小学(后改为中央大学实验学校)是实施设计法的中心。该校从七年[1918]秋起,一部

---

① 俞子夷:《读了十二本设计教学法专书的书后》,载《教育杂志》第16卷第10号,民国十三年[1924]。
② 舒新城:《现代教育方法》,商务印书馆1930年版,第188页。
③ 袁希涛:《五十年来中国之初等教育》,载《申报》馆编印《最近之五十年》,1923年。
④ 邰爽秋等:《历届教育会议议决案汇编》,教育编译馆印,1935年。——编校者

分学校,"试验连络教材的教学法"。八年[1919]秋起,试验设计教学法。九年[1920]秋起,试验"分系设计法。试验时把旧用科目,分做 Oberservation play, band-work, stories, physical exercises 几系,分别把各种问题,设计学习"。十年[1921]秋起,试验自定时间表作业与废除时间表作业。十一年[1922]秋起,采用混合设计法。十二年秋起,全校行设计教学法,"试验时一方面打破学级和时间的两种限制,一方面又采用道尔顿制研究室的编制"。①

直至抗战前夕,国内各著名实验小学对于设计法之介绍仍多努力不懈,关于道尔顿制输中国之情形,舒新城说:"道尔顿制自一九二二年输入中国后,其第二三年之间,颇引起教育者之注意,因文字传播之力,几至于家喻户晓,甚至全国的教育联合会亦议决推行。其时各地中小学行此制者,亦日有增加;但因人材、习惯上之种种关系,失败者多,而成功者少。竟于一九二四年消沉下去。直至一九二五年七月,柏女士自费来中国讲演,始又复兴。(慎注:柏克赫斯特女士在我国讲演之讲词及讨论文字,有许兴凯编《柏女士讲演讨论集》②,北京《晨报》社出版,十五年[1926]。)此制在中国之前途,就社会组织及历史背景看来,均有发展之可能;因为中国原系小农制度的社会,对于工业社会制度之班级教学,并无特别需要,只因变法时迫于外患,计求近功,遂致不问国情如何,而一律承受世界通行之教育方法。现在班级教育之种种弊端既经发现,而社会上之各种组织,又非如工业社会都具有整批生产的精神,社会上一般人亦无此种要求,则改行农业社会之小组织的教育制度,其势至顺;而历史上书院制、私塾制遗留下来的个别教学,与学术家遗留下来之个人独立的精神,均有振兴之必要。我们应以道尔顿制的个别学习方法为本,创造更适宜于中国国情的方法,以复兴个人独立创造的固有精神。(近来国内学者思想上之有此倾向者甚多,但尚未闻有创造较适宜之方法耳。)"③民国十二年[1923]九届全国教育会联合会议决案之第一案,即为《新制中学及师范学校宜研究试行道尔顿制案》。其理由曰:"道尔顿制为新式教学法之一种,其用意在适应个性,指导研究,打破学年制度,诚改善之教学法也。吾国学生乏研究之心,教师缺指导之力,个性莫由发展,年制又难免除,似非改善不可。现各省新制中学及师范学校日多,似宜择班数较多、设备较完、经济人材较充之校,酌量试办,而在试办之先,须有充分之研

---

① 中央大学实验 N_1 学校编辑:《一个小学十年努力纪》,中华书局1928年版,第9—10页。
② 编校者按:完整书名为《柏克赫斯特演讲讨论集》,《晨报》社出版部,1925年。
③ 舒新城:《现代教育方法》,商务印书馆1930年版,第261—262页。

究,如果试验确有成效,不妨逐渐推广。"①

舒新城是国内宣传道尔顿制最力的人,译著关于道尔顿制的专书计有多种。国内首先(十一年[1922]秋)实验道尔顿制的,是氏主任之中国公学中学部。关于中公中学部之实验,据周予同说:"则只在《教育杂志》出一专号宣传宣传而已。"②十一年冬,廖世承主任下之东大附中亦起始计划筹备实验道尔顿制,他的计划是"做一种比较的实验(control experiment)。将智力和学力相等的学生,分两组:一用道尔顿制,一不用道尔顿制。比较两组成绩的高下。"十二年[1923]秋开始实验,十二年冬举行结果测验,凡分组和比较成绩,都用精确的测验。自开始计划至结果测验,廖氏曾著有《东大附中道尔顿制实验报告》(商务出版③,民国十四年[1925]八月),详为叙述。其结论谓实验班成绩稍逊于比较班,且说:"自从这次实验以后,我们觉得道尔顿制尚有许多问题,一时不易解决。自十三年[1924]春季起英文、理科数学程,暂行取消道尔顿制办法,只留国文、数学、地理三科,继续实验。一学期觉得这个办法很不妥当。因为局部试行,一方面既有了固定的课程表,道尔顿制的作业时间,绝少伸缩。所以决计从缓采用。""上学期美国哥伦比亚大学附属林肯学校主任卡德威尔博士(Dr. Caldwell)来华,曾到附中参观。著者同他讨论道尔顿制问题。他说道尔顿制虽发源于美国,然在美采用的很少。即林肯试验学校,也未试行过。据他个人的意思,此制或适用于校中特殊班学生。所谓特殊班,就是指'天才生班'或'低能儿班'。特殊班中的学生人数较少,教材进行,不按常则,所以此制似适宜。我个人也有这种主张,将来或须在附中组织一特殊班试行。""我们所提出的困难问题,未尝没有补救方法。实际我们已经想法救济了一部分。所最困难的,就是经济问题。要是学校经费不充足,教师人数不增加,就收不到道尔顿制的最大效果。这层困难,并不是人的问题,实在是方法的本身问题。"④自廖氏报告出版以后,使国人迷信道尔顿制可以解决一切教学困难问题,发生极大觉悟。采用道尔顿声浪亦日趋沉寂。在此实验道尔顿制声浪将日趋没落时,在北京(当时尚未改名北平)忽又放一异彩,即艺文中学之创办,成为今日实行道尔顿制之鲁殿灵光。艺文中学是民国十四年高仁山、胡适、查

---

① 《第九届全国教育会联合会议决案》,见邰爽秋等合选《历届教育会议议决案汇编》。——编校者
② 周予同:《中国现代教育史》,良友图书公司,1934年,第169页。
③ 编校者按:原文作"中华出版",经查应为商务印书馆,径改。
④ 廖世承编:《东大附中道尔顿制实验报告》,商务印书馆1925年版,第12、185—186页。——编校者

良钊诸人"鉴于当时国家乃教育之需要,提议创办一实验中学校,命名'艺文',盖取科学知识与文学技术兼容并包之意"。董事会成立后,推高仁山为校长,于十四年九月正式开学。"高校长苦心经营,不遗余力,采'道尔顿制'教学原则,以期实现创办'艺文'宗旨。"①十六年[1927]九月末高氏因政治问题入狱,该校遂于十二月停办。十七年[1928]一月高氏遇害,狱中著有《道尔顿制教学法》三章。此书不仅为高氏之最后遗作,亦为提倡道尔顿制以来之最后一本的专著(十九年[1930]商务出版)。艺文中学于十七年秋复校,十八年[1929]呈准国民政府拨给常年费补助费,董事人选皆一时重望,并由查良钊继任校长,因此艺文中学对于道尔顿制之实验得以不堕。直至抗战前夕为止,该校成绩亦楚楚可观。

以上是叙述几个道尔顿制之重大实验,在十二年[1923]与十四年[1925]中间全国中小学行此制者虽无确切统计,其数当在数十校等或百校以上,观乎《教育杂志》第17卷第9号(十四年九月)附白所载《道尔顿制教学实施概况调查表》,虽仅有14校,然此14校分布于山东、山西、江苏、安徽、江西、福建、浙江、湖南等八省,可见当时影响之大。实行道制者当绝不仅此14校。至现在为止,当时遗留之专书略有二十余册,文章数百篇。②

心理与教育测验对于当时教学之影响,据袁希涛说:"心理测验,与教授上有极密切之关系。其大别有二:(一)智力测验,测验其智能发展之程限,则用以入学编级与升级,可与教学进程适相吻合。(二)教育测验。测验其学力与常识之进度,则对于平时学业,与其所接触之事物,可确知其所受教育之结果。最近二年(慎注:民国九、十年[1920、1921])间,南京高师教育科,试行心理测验于附属学校,并其他学校之学生,得其测验结果,乃以智力及教育测验,施之于附属小学之入学试验。而苏省省立师范附小与其他数小学,及北京高师附小,多已试行测验,将渐推之于各省矣。本届(慎注:民国十年第七届)全国教育会联合会,议决《组织客观测验方法研究会案》,提倡研究此项测验方法,冀可充分推广,使全国教育得收最大之效益。"③

测验在我国开始施行,虽可上溯至民国四年[1915]克雷顿(Creighton)在广

---

① 见《艺文中学十周年纪念册》中之《沿革概要》,二十四年[1935]。
② 据《儿童教育》第6卷第10期(二十四年[1935]八月)所载吕绍虞等编《中国儿童教育书目汇编》,其中收录道制专书已有20册。又据邵爽秋等编、彭仁山增订《教育论文索引》(民智书局1932年),其中收录道制论文已有约90篇。
③ 袁希涛:《五十年来中国之初等教育》,载《申报》馆编印《最近之五十年》,1923年版。

东举行之心理测验,此不过主持者尝试之意,并无介绍之用意。①迨至民国七年[1918]俞子夷编造《小学书法量表》②,民国八年[1919]陈鹤琴、廖世承在南京高师开设智力测验的学程,始糅用心理或教育测验作教学之帮助。民国十二年[1923]麦柯来华后,编制测验及应用测验之兴趣,始更见浓厚。麦柯的有名的TBCF制③,就是当时创始的。当时关于智慧测验,已经编造的标准测验有:陆志韦《订正皮纳西蒙智力测验》④;廖世承《团体智力测验》;陈鹤琴《小学图形智力测验》及德尔满(即台曼)《调查用非文字智力测验》等数种。关于小学适用的教育测验,已经编造的标准测验有:陈鹤琴《小学默读测验》,俞子夷《小学算术应用题测验》;陈鹤琴《小学常识测验》;杨国荃《本国地理测验》(中小适用);华超《新学制国语教科书阅读测验》等十余种。关于中学的教育测验,已经编造的标准测验有:陈鹤琴《中学默读测验》,廖世承《中学文法测验》;徐则陵《中国本国史测验》及廖世承、陈杰夫《中学混合理科测验》⑤等数种(以上各种测验均商务出版)。当时入学考试、班级编制及成绩考察皆曾一度尽量利用标准测验或"非正式的测验",即测验式新法考试。

教学之实验研究始于廖世承之在东大附中用等组法实验道尔顿制是否优于普通教学,此后东大附小更继起为小学教学上之各种小问题之科学的研究,其所实验之问题,如:1.生字教学讲解法与练习法之比较实验;2.练习大字,究于小字成绩有若干裨益之实验;3.中国文字横写与直写之比较实验;4.注意写字与随意写字之比较实验;5.毛笔、钢笔、铅笔书写之比较实验等。自东大附小提倡后,各地实验学校,努力于此类教学上小问题之实验者相继而起。至民国二十一年[1932]止,其"总成绩"《第一次中国教育年鉴》(戊编《教育杂录》,第四《教育研究概况》,第三章《教育实验》)曾分类(国语科、算术科、艺术科、外国语科)列表叙述44个实验之"实验问题"、"实验教校"、"实验年级"、"实验方式"、"实验步骤"、"实验结果"及"可靠度"。观其总成绩另无重大之收获,然此种研究改进教学之热忱实为促进优良教学之必备条件。

---

① 关于《中国教育测验史略》及各种测验之说明,可参看教育部编《第一次中国教育年鉴》(开明书局1934年版)戊编《教育杂录》,第四《教育研究概况》,第192—204页。
② 编校者按:《小学书法量表》即《小学国文毛笔书法量表》,载初等教育研究会编辑《小学校》第10号(1918年)。
③ 编校者按:参见《教育杂志》社编纂《麦柯测验法》,商务印书馆1925年版。
④ 编校者按:皮纳(Alfred Binet, 1857—1911)又译作比纳或比奈,法国心理学家,智力测验的发明者。商务印书馆1924年版《订正比纳西蒙智力测验说明书》,题目作"比纳",书中又偶作"皮奈"。
⑤ 编校者按:《中学混合理科测验》的作者署名顺序应为陈兆鹏、王家楫、廖世承。

第六阶段。在前一阶段中，各种新方法纷呈迭出，试行之后，并未得着良好的结果，外国新教学的几个字已失去了一部分的信仰。国人因此有自创教学法之动机，于是陶知行的"教学做合一"就首先出现了。他说："我自回国之后，看见国内学校里先生只管教，学生只管受教的情形，就认定有改革之必要……（节去之句，已见第一节）……这是实现教学合一的起源，后来新学制颁布，我进一步主张：事怎样做就怎样学，怎样学就怎样教；教的法子要根据学的法子，学的法子要根据做的法子。这是民国十一年[1922]的事，教学做合一的理论已经成立了。但是教学做合一之名尚未出现。前年（十四年[1925]）在南开大学演讲时，我仍用教学合一之题，张伯苓先生拟改为学做合一，我于是豁然贯通，直称为教学做合一。去年（十五年[1926]）撰《中国师范教育建设论》（慎注：载《新教育评论》3卷1期）时，即将教学做合一之原理作有系统之叙述。我现在要把最近的思想组织起来作进一步之叙述。教学做是一件事，不是三件事。我们要在做上教，在做上学。在做上教的是先生，在做上学的是学生。从先生对学生的关系说：做便是教；从学生对先生的关系说：做便是学。先生拿做来教，乃是真教；学生拿做来学，方是实学。不在做上用工夫，教固不成为教，学也不成为学。从广义的教育观点看，先生与学生并没有严格的分别。实际上，如果破除成见，六十岁的老翁可以跟六岁的儿童学好些事情。会的教人，不会的跟人学，是我们不知不觉中天天有的现象。因此教学做是合一的。因为一个活动对事说是做；对己说是学，对人说是教。比如种田这件事是要在田里做的，便须在田里学，在田里教。游水也是如此，游水是在水里做的事，便须在水里学，在水里教。再进一步说，关于种稻的讲解，不是为讲解而讲解，乃是为种稻而讲解；关于种稻的看书，不是为看书而看书，乃是为种稻而看书。想把种稻教得好，要讲什么话就讲什么话，要看什么书就看什么。我们不能说种稻是做，看书是学，讲解是教。为种稻而讲解，讲解也是做；为种稻而看书，看书也是做。这是种稻的教学做合一。一切生活的教学做都要如此方为一贯，否则教自教，学自学，连做也不是真做了。所以做是学的中心，也就是教的中心。'做'既占如此重要的位置，宝山县立师范学校竟把教学做合一改为做学教合一。这是格外有意思的。"在实际上，施行"教学做合一"的方法最认真者，是十六年[1927]陶氏创办之晓庄学校（该校于十九年[1930]四月因事被国民政府勒令解散）。该校的校训定为"教学做合一"，可见其重视了，但除晓庄学校外，其他学校亦很多标榜施行"教学做合一"的。陶氏在民国二十一年[1932]开始倡导之"小先生制"、"工学团"亦是为实现"教学做合一"的学说，才创造出来的一种办法。"小先生制"是小生在学校学会了认字即以此去到社会每个角落里对于不识字的人做"即知即传人"的工夫,从这"即知即传"的做上,又可以得到不少的学习。"工学团"是将工厂、学校、社会打成一片。儿童生活在这种"工学团"社会中,这种生活即是做学教。"教学做合一"的专书至现在已有好几册,若连论晓庄、"小先生制"及"工学团"之书算上,已有数十册。①

"组织教育"是定县平民教育促进会最后对于他们所实验的导生制(或导生教学制)及导生传习办法的新命名。导生制是民国二十二年[1933]七月,该会在定县实验区东建阳村实验学校开始实行的。最初是学校内实行高材生指导普通生、高年级辅导低年级,后来又有导生传习办法即是利用学生为"小先生"去家庭与社会中作传习教学。瞿菊农(该会的最高主持者之一)曾叙述"组织教育"之概要说:组织教育的原则在方法上可以说是以大队组织、导生教学与综合活动三方面合成的。

1. 大队组织。儿童与青年、成人都可以大队组织为组织方式。例如小学里可'将全校学生编成大队。以每分队为基本单位,合四分队为一中队,合两中队为一大队。每分队队员自八个至十二个学生不等。以一人任分队长,以队员四人分任政治、文化、经济、卫生等工作,为工作队员,其余为普通队员。每中队设中队长一人,大队设大队长一人,大队副一人或二人。各级队长及工作队员一方面作导生,一方面作处理行政学校的助手。至各种工作队员的工作分配,亦各有确定的规划。例如经济工作的工作队员所担任之勤务为学校用品的收发与登记,实习农场或劳作之管理,自然常识的讲述,指导普通队员上算术课等等。其他文化、政治、卫生队员亦各有勤务,如此教育与工作合为一个过程。再以汇报、工作讨论及学术研究等会议,经纬其间。综计整个工作的支柱,系由一个教师、三级队长、四种工作队员组成之。……如果运用好了,便可引发政治的、文化的、经济的力量,那就是教育的收获。同时在大队组织下的学生并可负学校行政责任,以减少教师精力之浪费'。(关于组织教育的实施,请参阅中华平民教育促进会出版的《定县农村教育建设》及在印刷中的《组织教育实施纲要》。)此种办法,在民众学校里,可以同样的运用。尤其注重运用组织,实施秩

---

① 专书如陶知行:《教学做合一讨论集》,儿童书局1932年版。白桃著:《教学做合一概论》,大华书局1933年版。关于晓庄的,如孙铭勋等编:《晓庄批判》,儿童书局1931年版。关于小先生制的,如陶行知:《普及教育》及其续篇,儿童书局1934、1935年版。关于工学团的,如马侣贤等编:《山海工学团》,儿童书局1934年版。再如儿童书局印行的《生活》半月刊是对于教学做合一等运动作宣传及研究的专刊。(二十三年[1934]二月创刊,出至第三卷停刊。)

序训练(军事的基础训练)与活动训练。

2. 导生教学。导生办法就是一种学生教学生,学生领导学生,学生教导一般应该受教育者的教育方法。应用这种办法,在人口较多的集居村子,不但可以解决乡村小学一个教师要教多数学生的困难,更可以使学生自己集团的活动起来,构成全村的教育总动员,以传习处的办法,使需要教育而又不能到各种教育场合的儿童、青年、成人得到相当的教育。导生办法的运用,除在学校范围之外,还有家庭与社会两方面。应用在家庭方面者系'学业传习'的办法。每日将学校所习者介绍给自己的家庭;同时又将每种材料(传习画片)所引起的反应,报告于学校。使学校与家庭之间引发一种教育作用。应用在社会方面者,即为设立传习处,在任何场所,山坡上、树林下、廊檐下、坑沿上都可以实施教育,而这种办法的运用,根本在背后有组织——有组织才能分配,才能规划,才能统制。

3. 综合活动。生活教育,应该是真的生活。人的教育内容(课程)应该就是整个生活的各方面。教师所有尽力的只是辅导'学生'个人的与集团的活动——生活的各方面。时代的需要尤其要注重集团的活动,教育的效能是社会的效果,是生活的改变。'我们认为生活是整个的,综合的,一方面可与任何方面都发生联系的活动,实在需要各种知能而可以把各种学科都消纳在里面。'使各样科目所授与的知识与技能,在改造生活的活动上能得到实际的与连锁的了解与运用。活动的结果在社会方面得到实际的效果。因此,关于教学方法我们更主张'综合活动'。综合活动是用某一农村建设的活动单元为对象(例如调查户口,乡镇选举,选种,市集种痘等,都是经过实验的综合活动单元),'有计划、有方法认真地做一件具体的事情。所有关于政治、经济、保健的各种工作,都可以当做一个大单元的综合活动而实际去做;以某种活动为领导或中心,而把其他活动也包括在内。……如此,活动的过程是教育,活动的结果即是建设。'(《定县农村教育建设》四章二节。)而综合活动的枢纽仍必须有组织才行。①

关于"组织教育"详细实施办法,该会印行有《组织教育实施纲要》(讲者未曾获读),及《导生传习办法在定县的实验》(二十五年[1936]四月)。此外该会每年一度出版之《平教工作概览》亦有简略之记载。民间社所出之《民间》半月刊为该会半官性质刊物,对于组织教育亦时有文登出或消息披露。(二十三年

---

① 瞿秋农:《从定县教育实验中得到的教育看法》,载《中华教育界》24卷8期,二十六年[1937]二月。

[1934]五月创刊出至第四卷,抗战前已停刊。)

廉方教学法是李廉方(步青)在开封教育实验区大花园及杏花园实验学校(大花园实验学校创办实验于二十二年[1933]秋,杏花园校成立在后)所实验的一种小学教学法,初名"二重制",因最初时校之组织采用类式二部制之组织,即一班在课室授课,另一班则在课室外工作,故名。后更名"二年半制",后因其实验之目的在"以一般小学学龄儿童二年半授课时数修完部定四年课程",而完成当时理想中之义务教育。二十五年[1936]教育部举办短期义务教育训练班,延李氏演讲其方法,彼遂以此命名。李氏所创方法之要点在"非取强注期待手段,而在顺应儿童生活,减除从来学习时间的浪费,使其可能的进度与容量,达到必然的速率"①上之弊病,其方法最大之贡献,尚不在能经济教育年限,而在革新过去我国教学而创一适合国情之优良教学法。二十五年河南省地方教育行政会议通过推广李氏教学法时,乃又更名为"廉方教学法",以表示其有独到之见解,新颖之方法。抗战后,开封沦陷,李氏莅汉,教育部请其主办实验教育班,以推广此种教法。李氏不愿以己名命名此教学法,乃以该法之实验在"统合文字工具与知识材料为一",遂名之曰"最经济的合科教学法",又以该方法不采用固定课本,应用卡片教学之处甚多,亦称之曰"卡片教学法"。关于本方法,李氏在开封教育实验区时代,著有《国语改造方案》②三期(第三期仅出有上册),最为国内教育者所推崇。教育部实验教育班时代,著有《最经济的合科实验教学法》③,为李氏方法最近之总说明,惜未完篇,局外人难于窥其全豹。此外前开封教育实验区出有季刊及各种小册子讨论李氏之方法。

在此阶段中输入之外国教学法,有社会化教学之介绍、德可乐利教学法之介绍、莫礼生教学法之介绍与实验及文纳特卡教学法之介绍与实验。

社会化教学法(Socialized Recitation)之介绍:赵廷为在民国十三年[1924]曾于《教育杂志》第16卷第8期《新刊介绍》栏中介绍鲁滨士(C. L. Robbins)之《社会化教学法》一书,陈德徵著的《社会化的教学法》(商务印书馆,民国二十年[1931])即是取材于是书,为现时唯一之社会化教学法专书。钟鲁斋说:"此种

---

① 李廉方:《以一般小学学龄儿童二年半授课时数修完部定四年课程之实验经过》,载《开封实验教育季刊》第2卷第1期,二十五年[1936]四月。
② 编校者按:该书全名为《改造小学国语课程》,开封教育实验区出版部,1934年6月,1935年2、12月。
③ 编校者按:该书为河南开封教育局编,年代不详,共192页。湖北教育厅1940年印行名为《最经济的合科教学法》,共364页,正文340页。另外,中华书局1939年出版有《合科实验的廉方教学法》。

方法在外国已经通行，且有许多专著出版。例如 Robbins：the Socialized Recitation；McMurry：Method of Socialized Recitation。而吾国或早已采用其原则，而详细的介绍与讨论，当推李曰刚《社会化教学法之理论与实际》（中央大学《教育丛刊》第 1 卷第 1 期，二十二年[1933]十一月出版）一文。现在中小学用讨论式的教学，是直接应用这种方法的原理。"①（李氏之文是二十一年[1932]秋，著者在中央大学讲授普通教学法时，班中之期考论文。）近年来，关于社会化教学法之论文，杂志上并不多见。

德可乐利（Ovide Decroly，1871—1932）教学法之介绍：黄建中曾于十五年[1926]十二月在《新教育评论》3 卷 5 期著《狄珂尼教学法及其试验学校》一文从事介绍。十六年[1927]一月舒新城在《教育杂志》第 19 卷 1 号亦著有《德可乐利教育法》一文从事介绍。厥后教育刊物中亦曾有几篇介绍文章。二十一年[1932]九月崔载阳译德可乐利著的《新教育法》在中华书局出版。钟鲁斋谓："惟其无甚特点，传入中国的历史太短，在吾国教育方法上，并没有若何的影响或贡献。"②其实，李廉方创制之廉方教学法，对于此法曾有所"取舍"，是其对我国之影响与贡献。

莫礼生（Henry C. Morrison）教学法之介绍与实验的情形如此：舒新城首先在《教育杂志》第 19 卷第 5 期（十六年[1927]五月）《新刊介绍》栏中，发表《马礼逊的中学教学法》一文从事推荐。赵廷为编《小学教学法》③（商务印书馆，二十年[1931]）亦曾简单地提及。廖世承近三四年来在他论中学教育的文章中亦常谈到一点。但是国内专讲莫礼生教学法的论文非常稀少，是一怪事。讲者于廿五年[1936]曾应《陕西教育月刊》编者之请将讲之普通教学法班上关于莫礼生教学法之一讲，录登于该刊 2 卷 10 期，是为杂志中对于此种教学法最详尽之介绍。（复旦大学教育系主编之《教育论文摘要》第 1 卷第 3 期曾摘录其要点。）天津南开大学校的中学部从二十一年[1932]起，试验喻传鉴所主持的"在试验中的一个教学法"。其中对于莫礼生教学法中之单元组织、纯熟公式皆尽量采用，可以说是莫礼生教学法之一部分的试行。《南开教学》第 2 卷第 1 期（二十二年[1933]三月）曾将初步试验情形作了一个简单的报告④，并刊印了按单元组织编辑的国文、算学、地理等课本。（非卖品，著者前曾蒙该校赠送一套，披览一

---

① 钟鲁斋：《八年来中国教育方法之研究》，载中山大学《教育研究》第 65 期，二十五年[1936]二月。
② 钟鲁斋：《八年来中国教育方法之研究》，中山大学《教育研究》第 65 期，二十五年[1936]二月。
③ 编校者按：该书全名应为《小学教学法通论》。
④ 编者按：报告即喻传鉴著《在试验中的一个教学法》。

过，觉得确有参考之价值。）可惜在抗战前即因时局关系，并未积极地继续试行。知道该校有这种试验的人亦太少。关于莫礼生教学法的专书有二十四年[1935]商务印书馆出版的胡毅著《中学教学法原理》（《大学丛书》）。该书乃根据莫礼生著《中学教学法之实施》（*The Practice of Teaching in The Secondary school*, 1926, *Revised* 1931)①之基本原理及原则，去其"繁琐"，"博采其精义，加以引申及讨论"②而编述者。

文纳特卡制（Winnetka Plan）之介绍及实验情形：据钟鲁斋说："吾国人提倡此制，在十七年[1928]七月商务出版的《教育杂志》刊有李宏君《文纳特卡制的大要》一文。至二十年[1931]春华虚朋博士来游历，自沈阳而北平而天津而南京而上海，上海各大学和许多教育团体都请他讲演。其时儿童教育社刊印《儿童教育》（3卷5期）"文纳特卡专号"，作者也在商务印书馆《教育杂志》23卷2期，发表《华虚朋与文纳特卡制》一文以资介绍与提倡。……作者为好奇心所驱使，曾于民国二十二年[1933]指导几位厦门大学附设实验小学的教员，用等组法去实验文纳特卡制。其实验材料一部分编入拙著《小学各科新教学法之研究》，为各科教学的示例。其结果一部分编为拙著《教育之科学研究法》的附录。（这两本都是商务出版之《大学丛书》）。此外还印有作者与侯国光的《文纳特卡制实验报告》，为厦大教育学院研究丛刊之五③（厦大印行）。此次实验，用文纳特卡制的成绩竟较优于普通教学法，惟其可靠度不高，还望热心新教学法的教育家，继续把来实验。"④开封省立第二小学中级亦曾于二十一年[1932]度上期举行实验，其《文艺科实验报告》⑤曾刊载于《河南教育月刊》，断断续续地登了好几期，并未刊完，故其"困难与意见"部分，无从得知。据序言讲："试行了一学期以后，虽导师和学生们对于本制感觉到有不少的满意和不满意的地方，然为我们人力、财力的不济和试行时间过短的缘故，不但对于本制不敢有所批评，实在也谈不到什么结果，自然是更谈不到什么实验报告。"⑥直至最近，中文出版的文纳特卡制专书只有龚启昌、沈冠群合译华虚朋（C. W. Washburne）著的《文纳特

---

① 编校者按：莫氏著作又译作《中等学校之教学实际》，英文名无"the"。
② 编校者按：萧氏引文与胡毅《中学教学法原理·序》之文字略有出入。
③ 编校者按：该文刊载于《厦门大学学报》第2卷第2期（1934年）。
④ 钟鲁斋：《八年来中国教育方法之研究》，《教育研究》第65期（1936年）。
⑤ 编校者按：该文全名为《省立开封二小中级文纳特卡制文艺科实验报告》。
⑥ 郑匡华：《省立开封二小中级文纳特卡制文艺科实验报告》，载河南教育厅出版《河南教育月刊》第4卷第7期（二十三年[1934]五月）第8、9、10期及第5卷第2期。该刊于第5卷7期停刊，本文未载完。编校者按：该刊第4卷出版于1934年，作者原作民国二十二年，径改。

卡新教学法》，一名《适应个性的教学法》（中华书局，二十五年[1936]）。开封教育实验区曾预告有华虚朋著《新教学法》及《儿童态度之培养》二书之译本出版，广告甚久，惜至抗战后，该区停顿时，仍未见出书。

在此阶段中各级学校之教学，对于心理及教育测验之应用表面上似不如前期之轰轰烈烈，盖前此所编之各种标准测验因课程标准已更改而失时效，此时之研究则又因研究之态度趋于审慎，且手续力求完备为受试者之人数有加多至六万余人者（从前仅三四千人），举行测验之区域有推广南北各省者（从前多在江浙沿海各省通都大邑），故一时正式公布结果者甚少，致不能广事应用。在此期间正式公布者：关于智力测验方面，有陆志韦等重订《皮纳西蒙智力测验》①及萧孝嵘订正《墨跋量表》②（均商务出版）；关于教育测验方面，有艾伟汉字测验（是表载国立中央大学《心理教育实验专篇》第1卷第2期，艾伟著《汉字测验》③），艾伟中学文白理解力测验（是表载《心理教育实验专篇》第2卷第1期，艾伟著《中学文白测验结果之比较研究》。此测验之主要目的在解决中学教授文白之争论。其建议为初中二年级起，应逐渐加工磨治文言文之工具。最近教育部拟订改编国文教材之方针，为初中逐渐加授文言文，高中完全授文言文，即受此研究结果之影响）；周学章作文测验（小学至中学适用，是表载国立北平师范大学研究所印行之《作文评价》，作文评价系载量表及供练习评判之文章一百一十篇），等等。据《建国教育》创刊号（中国教育学术团体联合办事处主编，二十七年[1938]十一月）所载《中国测验学会最近一年来的研究工作》④一文中报

---

① 编校者按：陆志韦《订正比纳西蒙智力量表》初版于1924年，1933、1934年又分别出了重订的《订正比纳西蒙智力测验说明书》第一版，1937年再版了《第二次订正比纳西蒙测验说明书》。以上均上海商务印书馆出版。
② 编校者按：该书全名为《萧孝嵘修订墨跋量表》，商务印书馆1937年版。
③ 编校者按：该文发表于1934年，或名《汉字测量》。
④ 中国测验学会为全国研究测验者所组织，创于民国二十年[1931]。其主要贡献为出版一种专门杂志，定名为《测验》，创刊于二十一年[1932]，至抗战前夕止，共出有9期。标准测验因缺乏量表而未能广事应用，但对于非正式的测验，即新法考试采用，则于此时在小学教学中最为流行。吴南轩并于民国二十一年在中央大学教育学院开设新法考试一学程从事详细介绍其学理及技术。《测验》第2期并出有"新法考试专号"，专门供小学教师进修用的，江苏教育厅出版的《小学教师半月刊》（民国二十二年[1933]创刊），及浙江教育厅出版的《进修半月刊》（民国二十年[1931]创刊）亦继之而出专号。专书译著之刊行亦继踵而起，如史美煊著《考试新论》（民国二十二年[1933]，民智书局）、浦漪人、黄明宗译《新法考试》（民国二十四年[1935]，正中书局）一类之书出有多册。新法考试流行之后遂引起记分方法之学理的讨论。刊有此种专论之杂志有《教育杂志》、《浙江教育行政周刊》，及各省供小学教师进修之刊物。参加讨论者，更有专门学者如艾伟、沈有乾两教授。江西省教育设计委员会并刊行赵可师著《小学记分法》小册子，以供该省小学教师进修之用。

告,工作已完成而尚未正式印行公布者,关于智力测验方面有萧孝嵘订正《古氏(Goodenough)儿童智慧测验》,萧孝嵘《小学入学智慧测验》①;关于教育测验方面有艾伟《九省英语测验分析》;关于教育测验方面,尚在继续进行者,有艾伟指导之七种小学教育测验,"包括国语、算术、常识、史地、社会、自然等科","参加测验者约有六万人。测验常模现已确定。至精密之分析工作则仍在进行中"。开始修订者有萧孝嵘指导之《教师能力倾向测验》②。

  学科心理之介绍,对于此阶段教学之改进,亦有相当之贡献。艾伟于民国十五年[1926]在东南大学开始开设"学科心理"学程。此后报章、杂志亦时有此类论文发表。《师范学校课程标准》亦定学科心理为教育心理一科中之一大部门。近来师范教本用之教育心理多辟专章数章讲小学各科之学科心理。学科心理研究中之问题,我国学者最感兴趣者为与汉字有关之种种问题,如字汇研究、横直排列问题、简体字问题、别字问题、汉字之形状与认识之难易问题等等。教育部于民国二十年[1931]以部令颁布《小学初级分级暂用字汇》③,作为书坊编辑初小教科书用字之标准,即系受学科心理研究之影响。

  本期除上述之各种情形外,尚有一点值得吾人注意者,即十九年[1930]三月十日教育部训令:《中小学教员一律用国语为教授用语》④,其文曰:"本部为励行国语以期语言统一起见,从前曾经令饬小学不准用文言教科书,初中入学考试不考文言文,初中教科书多用语体文,师范学校注重标准国语……真不止'三令五申'了,可是从前的命令,注重在文字方面,对于教员的教授用语,并未提到。国语的教学要是一面用语体文,一面把国语做教授的用语,使学生看的和听的趋于一致,那一定会'事半功倍'的。为此申令各厅局仰饬所属中小学教员,在可能范围内,一律用'和标准国语相近的语言'做教授用语。有些教员要是不能说和标准国语相近的语言,那么应该特别练习;教育行政机关,也应该替他们设法,或开夜班,或开星期班,或开假期班……使他们有练习这种语言的机会,以便应用。再有两点声明的:一则幼年儿童听话的能力很强,用国语教授,不消两三个月,他们便能懂得,不要以为他们不易听懂,便阳奉阴违,仍用土语教授;一则除标准语外,所谓国语,总不免南腔北调,不大纯粹,用不纯粹的国语

---

① 编校者按:此项测验为中国测验学会会员蔡素芬在中大教育实验所之研究,由萧孝嵘指导。
② 编校者按:本项工作为《教师能力倾向测验》之修订,实际由中国测验学会会员程法泌主持。
③ 编校者按:教育部颁布《小学初级分级暂用字汇》令当在民国二十四年[1935]。
④ 编校者按:教育部训令题为《饬知转令所属中小学教员一律用国语为教授用语以利国语推行令》(第235号)。

做教授用语,虽然不很惬意,但是总比用土语教授的好得多,教员们不要因为自己所说的国语不很纯粹,便梗着不说。要知国语是愈说愈好的,开始便梗着不说,将来哪里会说得好呢? 以上的意思,仰各该厅局知照,并仰恳切转告所属中小学教员,一律知照。"这篇训令说得多般恳切,不过究竟效力如何,因为还没有人做过全中国小学教师教授用语类别调查,确定的答复认为是不可能的。不过据一般地观察中小学教师教授用语似乎仍是土语较国语占据优势。

综观以上各阶段之演进,确有不少的进步。但是这种情形都是几个优良的学校成绩与宣传,并非一般的现象。若就一般状况,从坏的方面来看,情形就大不同了。关于小学方面,吴研因同翁之达说:"多数小学,并未有若何的进步。虽有较好的课程和教学方法,也不过供少数小学应用而已。而一般思想较旧的人,到现在,连语体文和教科书采用'物话',还以为是大问题呢!"① 关于中学方面,廖世承说:"现时中学校太没有革新气象了! 什么事都率由旧章,不去发表问题,虚心研究。课室内死气沉沉,除了教师讲解的声音,学生呆望的态度,绝少变化的气象、生动的精神。"② 郑宗海说:"今日中等学校之教学,因不谙方法之故,浪费滋多。以下各种情形,颇非罕见:(1)国文教员将选文注解写满一黑板。(2)初中一二年级学生令读桐城派味淡声希的古文,或充满了哲学意味与深奥理论的白话文。(3)英文上课时只听到教员讲读,不闻学生有口语练习。(4)算学上课时尽由教员讲,不去引起学生自己的思想。(5)先指名,后发问。(6)复述学生答语……不但中学而已,即小学教员之师范出身者,于教法能得充分之修养与锻炼者,犹不多见,其他更何论! 师范教育,已有三十余年之历史,而求教学技术之精美者,尚寥若晨星,此可为叹息者也。"③ 国联教育考察团(The League of nations' Mission of Educational Exparts)(二十年[1931]冬来华考察三个月)的报告书——《中国教育之改进》(*The Reorganisation of Education in China*, 1932)中之小学教育章中说:"学校之教授法,概以演讲出之,教师用此法以灌输知识于全级儿童,学生不过为接受知识之人而已。盖中国学校之学生罕有由教师加以问答者,更鲜有令其从事独立之工作者。此种方法实施之结果,徒使学生对于四围之环境起一种沉思之态度,而不能鼓励儿童之活动力与创造

---

① 吴研因、翁之达:《三十五年来中国之小学教育》,载庄俞等编:《最近三十五年之中国教育》,商务印书馆1931年版,第23—24页。
② 廖世承:《三十五年来中国之中学教育》,载庄俞等编:《最近三十五年之中国教育》,商务印书馆1931年版,第50页。
③ 郑宗海:《教育方法必要论》,载《教与学》创刊号,二十四年[1935]七月。

力,若就任何社会状况之改造,此种活动力与创造力,实万不可少也。"又在中等教育章中说:"许多中学之教学方法,应加以彻底的改革。以讲演为唯一的或最好的教学方法,吾等在论小学时已注意及之,此种观念在中学流毒尤甚。据吾人所曾屡次参观之课堂,即在初级中学,亦尝见教师在堂上讲演,而默然无声貌似驯良之学生,则从事于笔记,有时教师仅依教本宣读,学生亦各有教本,但仍照样笔记。此种方法,及其所演成之独脚戏,不但虚耗时间,亦且使学生与教员同感苦恼……"

国联教育考察团还有一段话是许多学教育的人不大愿意听的,而一般人又最误解的,我认为很可玩味。他们说:"教育制度之良窳,与教职员之效率有密切关系。因此,如何训练称职之教师,实为实施任何教育政策时之重要问题。……最须注意者,即训练教师时,不应仅授以普通教学法,而应同时使其对于小学各种课目均有完备之知识。对于中等学校教师,后一点尤为重要。盖在小学教员,因其所教者为年幼儿童,故最重要者,为具有良好之教学法;而在中学的专科教师,则对于其所担任之课目,必须有彻底的了解也。……在欧洲文化甚发达之国家,训练小学教师时注意教学法,而训练中学教师时则特别注意其所选之科目。在美国,因美国人视教育学为极重要之学问,于是教育自成一独立之课程,事实上自成一科学,内包含心理学、社会学、教授法、学校管理、卫生等等。大学校制出之教育家与年俱增,换言之,即造出大批中学教师,彼等熟稔教育学中所包含之一切学问,而对于课程表中所列之科目,则无一专长。有人谓许多此种中学教师,'知道如何教授自己所不知之科目'实非过言,且亦非戏谑,乃师资养成上之一大问题。现在因教育学上各方面之研究,关于儿童的科学实已有迅速的进步;但儿童教育之本身,却反因此陷入危途。在现状之下,使一人研究此种门类纷繁之教育学(包含实验心理学以至学校管理法),同时又专精于将来在中学所将担任之自然科学或语言科学,实非人力所能胜任,或至少非如今日数年短促读书期间所能办到。欧洲多数国家,因承认此种事实,于是在训练中学教师时,对于教育学已不复如此着重。欧洲许多大学之增设教育课程及其中所包含之多种科目,实经过长久的犹豫期间。美国则采取一种完全不同之态度,极力发展教育科学。每种科目之代表,对于教师之训练皆有所主张;关于'学分'问题常生争执;最后,教育学上所发生之科目,既如此繁多,遂无力顾及自然科学与语言科学矣,换言之,遂无力致意于教育上最重要之学问矣。其结果,虽力求教学方法之完善,中学生之科学程度,终于降低,此实最为可惜者。"①国联教育考察团的话有一点矛盾,既批评中学校教学方面除了讲演外,没有方法,又说太偏重于方法。这种矛盾是我国教学实情之反映。一般未受过师资训练的,只知道一点教材,除了讲演外,对于方法毫无认识。而学教育的,又只知道讲各种方法,而忽略对教材作深刻的探讨。讲者认为今后教学之改进,重在培养优良的师资。优良的师资是对于教材内容有丰富的知识,对于教学方法能彻底地了解,并且有一个优良的教学人格。培养小学教师与中学教师的分别并不在偏重方法或偏重内容,任何教师对于教材及教法均应有充分的准备。不过小学教师对于小学各科的教材与教法均应明了,中学教师对于所担任之科目应有专长。只知道教法或教材都不会产生优良之教学。知道教法及了解教材亦不会产生优良之教学,还要有一个优良的教学人格。

---

① 国联教育考察团著,国立编译馆译:《中国教育之改进》,国立编译馆、商务印书馆、中华书局1932年版,第97—98、117、124—127页。关于我国教学之进展,还可从下列三方面去探索:1.从中小学课程标准中所见之教学法;2.教授用书中所表现之教学法;3.教学法一课程在师范课程中之地位及其内容。此处因为篇幅的限制,兹略去。

第二讲　教学之基本概念

第一节　导言

本讲所将讨论的教学之基本概念，不在阐明教学方法与教学材料之一元化①，或叙述教学概念在历史上之变迁，而在析论近人对于教学所孕育之三种不同的基本概念。此三种概念即是：(1)教学是一种经验的或实地的艺业，(2)教学是一种应用科学，(3)教学是一种美术（或作艺术）。前者为一般人之概念，后二者为教育学者所争执之两种概念。

教育事业在我国直至现时还是在筚路蓝缕的过程中，教育学术当然还不能为一般人所了解、所重视。教育学术的研究尽受到一般人的热嘲冷讽，或破口漫骂。② 关于教学，甚至有人认为："凡智识阶级，人尽可师，教育原理，并无秘诀，不比他项职业，筋肉技巧，非熟练不可。"③如此，则直认教学可不学而能。在这种空气之下，一般人心目中就根本没有方法，尚谈不到认教学为经验的或实地的艺业(an empirical or rule-of-thumb trade)。比较对于教学的工作稍微了解的一般人，则认为教学的艺术虽非生而具有，但并不需要多少学问，只要实地去教学，经验丰富之后，即可应付裕如。这种观念，在教育学术尚未昌明之昔日，欧美各国人士亦多是如此信念。英国在1846年所采行的教生制（Pupil-Teacher

---

① 参看 J. Dewey, Democracy and Education, 第十三章。(邹恩润译：《民本主义与教育》，商务印书馆1928年版。)氏在讨论教学法时，开始即云："学校里面有三件事情，实在是联络贯串，成为一体的。第一件是教材，第二是教学法，第三是行政。……现在先从教学法谈起。但是未讨论以前，先请读者注意，关于教学法的理论，含有一个紧要的意义：就是教材与教学法是彼此互相联络贯串的。"

② 如傅孟真[即傅斯年。该文作者署名"孟真"。——编校者]著《教育崩溃之原因》(载《独立评论》第9号，二十一年[1932]七月)，谓："哥伦比亚大学的教育学院毕业生给中国教育界一个最不好的贡献，"是崩溃原因之一，并开玩笑地译道尔顿制为"窦二墩制"，又谓："所谓教育行政、教育心理等等，或则拿来当做补充的讲义，或则拿来当作毕业后的研究，自是应该，然而以之代替文理科之基本训练，岂不是使人永不知何所谓学问？"再如韩湘眉著《汤尼等教育报告书与近代中国教育》(载《中华教育界》第20卷第1期，二十二年[1933])[编校者按：汤尼(R. H. Tawney)，英国伦敦大学政治经济学院教授，国联中国教育调查团4位委员之一。《汤尼等教育报告书》即国联中国教育调查报告《中国教育之改进》]谓："自从新大陆的美国发明了这似是而非的新科学，如教育学、社会学，各大学生凡无勇气读纯粹科学如理化等科，而又不近文艺的，就都入了'教育'之门。全不知道'教育'是不能独立的，也不是专门学问。"

③ 民国十五年[1926]浙江教育行政会议废除师范生待遇案中语，见《浙江教育月刊》十四年[1925]七月号。

System),是一个最好的例证。当时认为良好的教学之产生只在实践的技术之熟练。故当时师资之训练方式与工商业之训练学徒相似。现时欧美教育学者已莫不承认教学绝非艺业,乃是专业。良好之教学绝不是教书或教授某种学科,而是教千变万化、活活泼泼之个人。我们现时所迫切需要者绝不是率由旧章、照本宣读之"教书匠",而是因事制宜、临机应变之教师。关于此点,第三讲论《教职之特性》时将有所申论,故本讲对于此种概念置而不论。

  教育是科学,抑是艺术?欧洲的学者,大都认为是艺术。美国教育学者因近来提倡教育科学研究之缘故,对此问题则有对峙之言论。杜威在1929年Kappa Delta Pi(国际教育荣誉学会)年会中演讲《教育科学之资源》(*The Sources of a Science of Education*)(印有专刊),即是专门讨论此问题。近来国人对此问题亦感觉有兴趣,杜威之演讲,国内就已有两种译本。① 书籍杂志中亦常有讨论此种问题者。② 教育如是科学(或艺术),教学为其一部门当然是科学(或艺术)。但著者并不企图研究教育是科学,抑是艺术;求得大前提后,再作推论。关于教学是科学抑是艺术,已有专家辩难,足资引证。美国芝加哥大学(University of Chicago)教授福礼门(F. N. Freeman,1880—1961)③与哥伦比亚大学师范学院(Teachers College, Columbia University)教授巴格来(W. C. Bagley,1874—1946)曾于1930年2月同时在美国全国教育协会教育行政长官组(The Department of Superintendence of the National Educational Association)年会中作辩论式之演讲。福礼门发表其《教学是一种应用科学》(*Teaching as an Applied Science*)之主张,巴格来发表其《教学是一种美术》(*Teaching as a Fine Art*)之主张。两篇讲稿又同载于《教育方法》(*Educational Method*)杂志第9卷第8号(1930年5月份)。④

---

① 张岱年、傅继良合译:《教育科学之源泉》,人文书店1932年版。丘瑾璋译:《教育科学之资源》,商务印书馆,1935年。
② 吴家镇曾搜集各家说法,著文两篇:1.《教育为科学乎抑为艺术乎》,载《中华教育界》第24卷第10期(二十六年[1937]四月)。2.《教育为科学抑为艺术或技术之又一研究》,载《大公报》附刊《明日之教育》第161期(二十六年[1937]三月一日)。钟鲁斋著《教育科学研究的现况及其困难》,亦是为讨论此种问题而作,载《中山文化教育馆季刊》第4卷2期,二十六年[1937]夏季号。庄泽宣著《新中华教育概论》[中华书局1932年版],吴俊升等著《教育概论》[正中书局1935年版],皆曾讨论此问题。
③ 今译作弗里曼。——编校者
④ 本章第二、三节所述之理由部分,完全依据此两文之说法。顾克彬曾撷译两文之大意,著《教学原理之两面观》一文,载《教育杂志》第23卷第4号,(二十年[1931]四月)。本讲之撷译者与顾氏译文多有出入之处。

第二节　教学是一种应用科学

一、理由

福礼门主张教学是一种应用科学之理由，谓教学有许多方面很显明地是一种应用科学，例如教师可由心理学的原则与假设（例如"学习律"）中得到许多技术，由许多标准测验或教师量表中可评估教育工作之得失，等等。福礼门曾将教学的问题分为三类，每类提出几种证据，说明教学确是一种应用科学。兹依据福礼门之说法，另易我国之研究以为例证，或可较为亲切。

1. 特殊方法中的问题（Problems in Special Methods）

所谓特殊方法的问题，系指教学中之特殊问题，例如书法、读法、等等。关于书法，如小学儿童练习写字，究应如何指导才算适当，这是一个内容很复杂的问题。言字形，有大字、中字、小字之分；言字体，有行书、楷书之别；就练习方法而说，有描写（描红、双钩描、骨骼线描）、映写及临写之分；就练习时间而说，有集中练习及分配练习之别；写字之纸，有用格子者，有不用格子者；写字之笔，有硬者，有软者；而字之意义须顾及学生兴趣与程度，写字成绩更须顾及速率与优劣二项；所以要解决本问题，必须分别予以实验，观其结果，以为准绳。① 关于读法，如汉字之认字心理，汉文之横直排列问题，等等，必须取决于实验之研究。② 又如简体字究竟应否提倡（教育部曾于二十四年[1935]八月用部令颁布简体字，并令教育厅局推行，旋被国民政府明令取消），与其取决于个人之意见，毋宁诉请于科学之实验。③ 再如关于中学教授文言白话问题，其争论之解决，实

---

① 国内小学作此种实验者甚多，但惜尚无规模较大与方法精密之实验。
② 国内心理学家对此种研究甚感兴趣，如艾伟、沈有乾、杜作周、周先庚、郭任远、陈礼江、张耀翔、蔡乐生、刘廷芳等，皆有重要之一部分的实验与贡献，最早从事此种研究者是刘廷芳，始于1916年。研究之范围较广、规模较大而收获较多者推艾伟。可参看艾伟著：《汉字之心理研究》（中大心理系出售，此系艾氏早年博士论文之汉译本。编校者按：该文亦见于《教育杂志》第20卷第4、5号[1928])，《汉字测量》（国立中央大学《心理教育实验专篇》第1卷第2期，二十三年[1934]三月），《国文横直读之比较研究》（载国立中央大学《教育丛刊》第1卷第1期，二十二年[1933]十一月。编校者按：原文作二十年一月，经查该期时间为二十二年十一月。径改），及《教育心理学》第十三章《国语科的学习心理》（商务印书馆，1937年。编校者按：《国语科的学习心理》一文载于国立中央大学《心理半年刊》第3卷第1期《应用心理专号》。《教育心理学》第十三章并未见载有该文)，以及邵爽秋等合选《教育参考资料》第一种《教育心理》及《学科心理学》中所选之论文。
③ 关于简体字问题之实验，下例三文，可供参考：(1)周先庚：《繁简体字在学习效率上的实验》，载《教育杂志》第26卷第1号，二十五年[1936]一月。(2)沈有乾：《简体字价值的估计方法》，载《教与学》第1卷第8期[编校者按：原文作第2卷第8期，经查应为第1卷第8期]，二十五年二月。(3)艾伟：《从汉字心理学研究上讨论简体字》，载《教与学》第1卷第12期[1936]。

有赖于科学之研究。①

2. 普通方法中的问题(Problems in General Methods)

所谓普通方法，系指测验之应用，各种教学法之比较研究，等等。如诊断测验(Diagnostic tests)可以侦察学生对于某门功课弱点及优点之所在，而经济时间，加增效率。标准测验(standard tests)可以衡量教学之效果，设计法是否优于平常之教学法，不是空想的讨论所能解决而是要实验的证明。②道尔顿制在中国闹得兴高采烈时，因廖世承在东大附中之实验证明弊多利少而日见消沉。文纳特卡制由钟鲁斋等在小学五年级部分地实验之结果，证明略优于普通方法，但其实验系数仅 0.22③。故文纳特卡制究较普通方法为优胜与否，尚待精确实验之证明。

3. 管理与控制的问题(Problems in Management and Control)

所谓管理与控制的问题，如是否应施行体罚等。现时各国学校对体罚之废止，乃于无组织的长久的社会实验的结果，证明其在教育上的效果很少，对于儿童的不良影响却很大。若是我们用科学实验的方法，则许多管理问题可于最短期间求得最适宜之处置，其造福于儿童，增进教学之效率，当匪浅鲜。例如我国小学虽经规程规定不得施以体罚，而实际多不遵守。民国二十四年[1935]全国儿童年实施委员会乃拟定"小学废止体罚及解除一切束缚"的问题，呈请教育部，令饬各省市教育厅局，转知各地小学教育研究会分别研究，其结果已于廿五年[1936]七月由教育部撰编报告。④ 结论谓体罚之"利害方面，两相比较：觉得害的方面，实在可怕；利的方面，可都不能成立。使儿童有戒心，不一定用体罚，惩一儆百，更是野蛮的办法；所以体罚应当绝对禁止"。如此，则体罚之应绝对废除非独基于教育部主观之见解，实得之于全国小学客观之报告。

福礼门认为教学是应用科学，而应用科学与抽象科学是有别的。抽象科学注重在分析，但因分析极微，对于实际应用，一时不能得到结论。如物理学、化

---

① 参看艾伟：《中学文白测验结果之比较研究》。（国立中央大学《心理教育实验专篇》第 2 卷第 1 期，二十四年[1935]六月。）
② 可参看 H. L. Tate, 陈子明译著：《设计教学法估价》(*An Evaluation of the Project Method*)。此文乃近年（本文发表于 1936 年 10 月）关于设计法极有价值之一个实验报告。译文载《中华教育界》第 24 卷第 9 期，二十六年[1937]三月。本实验证明设计法在某些方面并不优于平常的教学法。
③ 参看钟鲁斋著：《教育之科学研究法》，附录二《文纳特卡式的教学法实验》，商务印书馆 1935 年版。
④ 《全国"小学废止体罚苛罚及解除一切束缚"的研究报告》，刊载《教育公报》第 8 卷 31 至 40 期。报告中对于体罚及苛罚之范围，国内小学仍施行体罚之原因及体罚之害，讨论甚详。

学、生理学、心理学皆是如此。应用科学注重在直接研究实际问题，一方面分析环境，以得到抽象的概念，一方面综合事实，集中于实际问题的解决。如医药学、工程学、教育学皆是如此。应用科学是应付复杂环境的，是从抽象科学中取得其结果，以帮助解决实际问题的。抽象科学是表明单独的事实，而包含单纯的专门问题。既是如此，教学是应用科学而有别于抽象科学。由此观之，科学研究做智识的指导达到了如何程度，教学法是应用科学亦就达到了如何程度。科学供给我们多量的智识，且继续不断地供给我们知识，这是毫无疑问的，科学能做知识的指导，则亦能做教师的指导。

福礼门对于认为教学是艺术的见解有四点：1. 教学是实用艺术（Practical art）而非美术（fine art）；2. 艺术的教师是训练成功的；3. 认为教学是艺术，乃指应付临时问题而言；4. 教学和艺术并不是相反的。详述之如下：（1）教学是实用艺术而非美术。这并不是说，教学法没有审美的元素，不过说教学的活动重在实用。教学的艺术是实用的技能，是练习得来的；说教学是实用的艺术，原因即在此点。一个人要作名教师，就需要练习，仅有科学的知识，是不够用的。医药、工程亦是如此。刚出医校的学生，不能使他诊治疑难的病症；刚毕业工业专门学校的学生，不能使他建筑很大的桥梁。这并非说练习可以代替科学，乃是说，要使所学习的科学知识能应用自如，练习是需要的。（2）艺术有时释为先天之嗜好，即是说艺术是天生的，不是人为的。因此，教育上亦有此种说法，以为名教师是天生的，殊不知大部分的优良教师是训练的，是教授他们应用科学的。（3）教学法亦可以说是艺术，因为在教学中有临时发生的问题，此类问题之解决原无一定之方式，有待于各人之判断。此种能力，半由于智慧，而半由于经验。这并非把艺术分于科学以外，而是判别各人之努力程度如何。（4）科学和艺术不是相反的，只有传习（tradition）是反科学的。第一，传习是掩蔽判断的；第二，传习是阻碍科学研究而使人依赖前人成绩的。有科学的证据陈诸吾人之前，我们是不会反对的，但是被惯性胁迫以后，那就要被动地反对科学了。寻常以为教学法是艺术和教学法是应用科学为相反的，也会发生这种同样态度。我们以为艺术为辅助科学的，而不是替代科学的；不过我们承认教学上需要训练、好尚、判断等，犹如医药工程等需要练习、好尚、判断一样，而行为之基本的指导还是在乎科学。

二、批判

此种概念之优点有二：（1）偏重于客观的事实，而不重主观的意见。主观的意见容易有所偏蔽,客观之事实则较近于真理。(2)能合潮流。现时各种职业之趋势多注重客观的研究,即管理方面亦采用所谓科学的管理法(Scientific Management)。

此种概念之缺点有七:(1)容易看轻教学中之人格要素(Personal elements)。教学决非机械之历程,乃师生间人格之共鸣。教学之技术与材料不渗透教师之人格者,乃是死的知识之灌输,而非活的人格的开展。(2)会引起对于难领会之结果(intangible outcomes)不注意到,其中大部分又是不能测量到的。理想的学习结果不在知识的增加,而在气质的变化。知识较易考验,气质殊难测量。如推特(H. L. Tate)对于设计法之估价,即云:"在这个实验期间有一种正确详细的记录,从这种记录中可以知道设计教学法有一种所谓'不可测量的结果'存在着。表现此次实验之特殊结果是自治,团体意识,及社会计画。"①(3)重视由大多数中求来的常模(Norms),也许会抹杀理想的标准。标准测验之常模非已达生理限度之一般成就,乃从某一时期大多数人在此测验中所表现之一般成绩而求得。此系现状之呈露,而非理想之标准。如以标准测验为评估教学得失之依据,也许有一般教师因其学生之成绩均高于常模而矜矜自喜,裹足不前。其实常模与理想之相隔也许千百余里。(4)心理学学派很多,意见不能一致。即以现代之"学习律"而言,举其大者,尚有试误说(Trial and Error)、交替反应说(Conditioned Reflex)②、完形说(Configuration)三派。教学若务以"学习律"为圭臬,则不禁有"一国三公,吾谁适从"之感。不仅派别很多,而每派自身之学说亦不健全尚在修正之进程中。即以我国一般人所最崇敬的桑代克之学习三大定律而言,近年又加一相属原则(The Principle of Belonging)。而此相属原则,仍是破绽甚多。③ 心理学关于智慧之理论亦是众说纷纭,莫衷一是。④ 故波特(B. H. Bode, 1873—1953)在《教育心理辨歧》(*Conflicting Psychologies of Learning*, 1929)序言中说:"在教师的专业课程上,心理学的价值,在于能够阐明学习的过程。所谓学习,到底是习惯的范成呢,抑是领悟的培养呢,抑或是固有倾向的自由发展呢;这是教师必须抉择的。不幸这种抉择,不能根据于实验,而终必推究到心智的理论;这种理论的构成,

---

① H. L. Tate 著,陈子明译:《设计教学法估价》(*An Evaluation of the Project Method*),《中华教育界》第 24 卷第 9 期(1937 年 3 月)。
② 编校者按:"交替反应说"即"条件反应说"。
③ 参看萧孝嵘著:《学习定律分析》,钟山书局 1933 年版。及《桑代克"相属原则"之解剖》,载中央大学《教育丛刊》一卷 1 期,二十二年[1933]十一月。
④ 参看萧孝嵘著:《实验儿童心理》,第五章,中华书局 1933 年版。

绝不限于实验的材料。这是教师的苦难,却也无法避免。在他,修习了心理学,而依然不了解心智的性质,便依然没有学什么'心理'。现在教育心理学的一大部分,并不怎样关心于这种问题。它所最详的题材,于教师反是最琐屑无关的。从教育的观点上看,他几于不知道有什么心理学。有的是众多的心学理派。"①(5)教学的领域很复杂,容易引起对于客观的张本(objective data)得来的结论有不成熟的信仰。心理学所研究之问题多是许多方面之一方面,而非全体。情境亦是限制的,而非真实的情境。现时各种"学习律"多是根据比较心理学之研究,以动物作实验而类推及人。人究竟是人,而不是动物,这就是值得考虑的一点。而罗素(Bertrand Russell,1872—1970)在 1927 年出版之《哲学》(*Philosophy*)一书中,作滑稽的评语,谓世人所观察的动物"表露观察者之国民性。美国人所研究的动物行动若狂,努力奋进,最后则借机遇而达其目的。德国人所观察的动物静坐而沉思,最后则由内心的意识获得解决之道"。② 假定其研究的结果之本身是真理,应用时亦许会误解。我国小学教师仍然施行体罚的原因,据教育部报告:"教员受着学习心理效果律(Law of Effect)的指示,以为希望儿童某种错误行为终止,应加以相当的痛苦,利用体罚来很爽快地解决越轨问题,或强迫儿童用功。"这亦是原因之一。假定效果律就是真理(何况还有破绽),如此应用亦是误用。(6)虽然对于教学原理具有素养确是最好的教学之要素,但是对于教学原理具有最好的素养,并不一定担保教得最好。这是很可以相信的一个推论,因为知道原理是一件事,运用原理又是一件事,而运用的技巧程度亦有等差。孟子说:"离娄之明,公输子之巧,不以规矩,不能成方圆;师旷之聪,不以六律,不能正五音。"(《[孟子·]离娄[上]》)孟子又说:"梓匠轮舆,能与人规矩,不能使人巧。"(《尽心[下]》)这两段话最足以证明这个道理。规矩(原理)虽为工作之所必需,但规矩并不能使人即有良好之工作(巧)。(7)在科学的心理学成立以先,已经有了很好的教学,这是大家承认的。如我国古代之孔子(公元前551—前479),欧洲上古时代之苏格拉底(Socrates,公元前469—前399),等等。

第三节 教学是一种美术

一、理由

巴格来主张教学是一种美术,类似"创造的"艺术(creative arts),如绘画、雕

---

① 译文从孟宪承、张楷合译:《教育心理辨歧》,正中书局 1936 年版。
② 引见 P. Sandiford, Educational Psychology, 1928, Chap. X. Laws of Learning. 所引。

刻、建筑、文学,等等。教学确是美术而不是应用科学,其理由很显明而且很重要,但是难以用言语文字来形容。教师与技术家(Technologist)如医师、工程师显然有分别,教师固然需要一种技术学问(Technology)。此种学问只是一种辅助的工具,而非中心的要素。反之,技术学问则为医师、工程师之中心要素。此处所谓教师之技术学问,不是指教师所介绍的学问或技能,乃是指教学的技术与平日所谓之教育的科学。心理学(教育的科学)的材料之所以对于教学技术无十分可靠之贡献者,盖此种技术须与教材具有密切之关系,甚至可以说,此种技术须得自教材而不可强勉施之于教材之上。教师之素养与技术家不同之处,在教师除应有技术学问以外,还要:1. 对于他所教之材料能运用自如;2. 热烈地欣赏此类材料对于人生之意义;3. 恳切地盼望学生了解并欣赏此类材料;4. 对于学生因求知而发生的困难有同情之了解;5. 善于运用足以克服此类困难之方法。此处所提及之欣赏、同情不是从教学实施方面可以得来,亦不是从学习时代所受的特殊训练得来。它们的来源是某些势力(forces),这些势力就是领悟(insights)、直觉(intuitions)与灵感(inspirations)。欣赏与同情的元素对于教学远比技术学问为重要,但难以捉摸而已。在一方面,教师对于教材要能够感觉几种有益于人生之要素;另一方面,他对于学生要能够感觉其好尚之性格,所以教师感觉之灵敏与真正艺术家一样。

巴格来曾引用美国生物科学家的泰斗奥士蓬(H. S. Osborn, 1857—1935)①的话,来证明自然科学家的工作较生物学家简单;而生物学家的工作虽然困难,又较心理学家简单。同样看法,工程师的工作较医师容易,医师的工作又较教师容易。因为基本的定律与原理对于前者应用较易,后者较难。从这方面看,教学很难成为应用科学。奥士蓬的话是如此:"近来天文学上因为科学家有统一的定律和定理可寻,所以有伟大的发见,于是对于天文,更能了解。简言之,如物理学、天文学、化学等,皆入于真实的科学范围以内,可以测量,可以计算,可以确定,可以推想。在生物的科学界中,古代与近代,究有什么不同,质诸大多数天文学家,及对于天文和数学有热烈嗜好的人,我相信他们会承认他们的问题还远不如我们的繁难。在解剖学、生理学、病理学、遗传学各方面,我们从精确方面讲,还是未得其门而入。以我们继续不断的努力、揣摩和智巧,我们才知道人类解剖上的各部器官粗的构造和细的构造;我们经过以往的时间,才知道各种器官的由来、功用和关系,但是还有许多是不知道的,或是没有方法知

---

① 编校者按:今译作奥斯本。

道的。在世界不了解的万物中,人是站在前线的,而在人类所不了解的万物中,最大的困难,是人类的智力、人类的记忆、人类的愿望、人类发现的能力、研究和战胜困难的能力。"

巴格来在演讲的开始时,即引用寇柏来(E. P. Cubberley,1868—1941)[①]著《教育与教学概论》(*An Introduction to the Study of Education and to Teaching*,1925)第十三章《教学之进程》(*The Teaching Process*)中之语,申论教学进程之基本是科学(As its basis a science),而教学进程之实施是艺术(In its practice an art)。证明教师并不是一个科学专家,能够精巧地运用教育心理学的原理,而是一个真正的艺术家。教学绝非应用科学,乃是美术。巴格来所节引寇柏来之语如下:"教师的重要责任,在使所养护的人类发生需要的变化,而免去不需要的变化。……如果教师能如此支配人类的天性而陶融之,在理论上说,他应当知道人类的天性之性质愈多愈好。要知道人类的天性和人类行为的规律,无论如何,是需要很健全的科学知识的。……生物学、心理学、伦理学以及政治学——特别是心理学——固是学校的基础科学,但是以这些科学的知识应用于人类和人类的反应,却是很大的艺术。……我们要有艺术家的能力,能够以科学应用于实际的环境。科学是知识,而艺术是应用知识的能力。……每一个干练的教师都是一个艺术家;他从事于他的艺术,犹如琴师从事于技能一样。他和缓地触动人类思想上和情感上的心弦,供给丰富有力的印象,刺激之,安慰之,兴奋之,鼓励之。有时以全副有力量的人格,拨动心弦发出较高的调子。当他的目的达到时,则又使人入于温和的情感中,而陶融其品性。……忠实的教师,在起始时常没有什么特殊实用的技能,他好像研究艺术一样,而能创造他的教学的技术。过了些时他浸沉于最有兴趣之工作中——一种富于人类喜乐、哀怨、希望、情感的事业——于是他就逐渐地不知不觉把他的身心完全放在其中。他教授学生,是因为他天性中所有的优良品质使他去教的,他于是乎成了一个艺术家的教师。"

巴格来认为教学是美术,但是并不反对客观的研究。他的结论是在以教学为美术观点之下,我们还要用各种方法,鼓励进行客观地研究教学的技术。不过这种研究的结果是辅助的工具,而非中心的要素。

二、批判

此种概念之优点有七:(1)承认教学上"创造的"元素。仅知声韵格律,未必

---

① 编校者按:今译作克伯莱。

即能作李太白之诗;仅知颜色配合,未必即能作吴道子之画;仅知教学之理论与方法,未必即能为优良之教师。盖犹有创造的元素存焉。教学是浑一的进程而非分析的进程。能熟识许多字,未必即能作出"风乍起,吹皱一池春水"。这九个字分析起来都很平凡,容易理会,但合拢起来,却非常新鲜,意境很高,非富有创造的天才,不克臻此。教师能领会许多心理的原则,并不困难,而能融会贯通,很顺利地以经验结晶之教材,传之活动不居之儿童,非有敏锐之灵感与创作之心裁,不能望其有功效。(2)承认教学中之人格要素居首要之地位。学校虽具有丰富之教学设备,若无优良之教师,其设备是有若无。教师虽具有渊博之学识与练达之技能,但无教学之热忱,则学识技能之渊博练达,亦无由表现。况教学乃精微奥妙,而又浑沦深致之心灵交感作用。在某些时,无言之教还胜于有言之教。宜乎我国古时扬颂伟大之教师,不曰学识渊博,不曰方法练达,而曰"风月无边,庭草交翠"(朱熹赞周敦颐语)①,而曰"光风霁月"(黄庭坚赞周敦颐语)②,而曰"汪汪若千顷陂"(郭泰赞黄叔度语)③,而曰"在春风中坐了一个月"(朱光庭赞程颐语)④。(3)重视教学技术之生长有无限量的可能。教学若是应用科学,则科学之发见至如何程度,教学技术之生长最多亦至如何程度。认教学为美术,则热情与灵感无穷,技术之生长亦无止境。(4)解决采用一种"普通"方法可以包含所有一切的教学法之危机。所谓"普通"方法就是一种"理论的"态度("doctrinaire" attitude)。教学是以日新月异之学问传授于千变万化之学生,最主要者在以适宜之教材帮助个别的学生去学习,精细地观察其所发生之困难,同情地帮助其解决问题。最优良之教法是教师审度自己之才识、学生之个性、教材之性质,而取其在此三方面皆能产生最大之效率者。此种方法也许是设计法,也许是演讲法,也许是某种方法之一部分,也许是各种方法之综合。方法乃附丽于教师、学生、教材所产之情境之上。在实施上,绝无单独存在之最优良的方法。普通方法是理论的原则,此种原则虽有助于教学,但非中心之要

---

① 编校者按:语出朱熹《朱文公文集》卷85《六先生画像赞·濂溪先生》。文曰:"道丧千载,圣远言堙。不有先觉,孰开我人。书不尽言,图不尽意。风月无边,庭草交翠。"
② 编校者按:语出黄庭坚《豫章先生文集》卷1《濂溪诗》。文曰:"舂陵周茂叔,人品甚高,胸中洒落,如光风霁月。"
③ 编校者按:语出《后汉书》卷53《黄宪传》:"郭林宗少游汝南,先过袁闳,不宿而退;进往从宪,累日方还。"或以问林宗。林宗曰:"奉高(袁闳)之器,譬诸泛滥,虽清而易挹。叔度汪汪若千顷陂,澄之不清,淆之不浊,不可量也。"萧氏原文作"千顷波",据《后汉书》改为"千顷陂"。
④ 编校者按:语出程颢、程颐《河南程氏外书》卷12《传闻杂记》:"朱公掞来见明道于汝,归谓人曰:'光庭在春风中坐了一个月。'"

素。(5)重视教学为一终身事业。如认教学为应用科学,易趋于沉闷单调、机械板滞之生活,则优秀之士殊难终身乐此而不疲,况教职与名利无缘,而工作又极艰巨,如此更不能满足人生之欲求。如视教学为美术,则可得精神之兴奋与安慰,自觉妙趣盎然。学而不厌,诲人不倦,以至废寝忘餐,安贫乐道,终始不渝。真正之美术家能终身穷困而死,不易其业者,史乘屡见,必有所使之然也。(6)重视师资之训练。在第一章中吾人曾述及国联教育考察团一方面批评我国太讲求方法,一方面批评学校之教学毫无方法。此种矛盾之现象,即以教学为应用科学之观念所造成。我国师资训练机关多只谈理论的原则,而少切实训练教师之人格,能谈设计法者、道尔顿制者、文纳特卡制者、形形色色之方法者,多于车载斗量,而能真正实行此种种教学法者,稀如凤毛麟角。理论只能指引方向,而不能确定一切程序。理论可供参考,而不能直接解决一切问题。理论是死的,人是活的。将欧美所有之教学原理输入中国,并非难事,训练教师亦如欧美优良教师之能称职,确非易事。如认教学是一种美术,必认训练教师之重要,远过于教学原理之介绍。(7)减少教学服务中高级与低级及城市与乡村之分别。此种分别之起,由于认教学仅为知识之传递,或认为低级需要方法较多,高级需要知识较多。其实在教学上,由最低之年级至最高之年级,亦无论在城市或乡村,皆同样地需要观察敏锐、热情澎湃之教学。教学是一种美术,有如绘画,只问其作品本身之美恶,而不问其所画为巨幅或为扇面,所用者为纸或为绢。

此种概念之缺点有二:(1)也许会过于重视教师的活动而忽视学生的活动。在以教学是一种美术概念之下,既重视教师人格的要素,又重视创造的活动,也许因此有人认为学生的活动不关重要。尤其是现时所谓应用的教育科学,如教育心理多侧重于学生学习动作之分析研究,在否认教学是一种应用科学,并认为教育科学是辅助的工具,而非中心的要素,这种情形之下,也许因为有人认为学生学习动作的研究没有多大用处,而专门注意于教师之活动。此处连用几个"也许",只是表明有这种危机,并非必然地有这种缺点。美术家的雕刻家,其雕刻图章,必须先精细地观察图章之品质,为金、为玉、为水晶、为象牙,性质或硬,或软,形式之大小,及字体之笔法,然后审情度势,而决定用何种刀,如何下手刻。同理,美术家之教师,其教授学生,亦必先观察学生之能力、习惯、兴趣、好尚,及教材之难易、简繁,然后应用慧心,凭藉想象,设身处地为儿童着想,而决定教学方法之程序,如何组织教材,如何指导学习。(2)也许会将教育的科学研究之旨趣(significance)缩至最小程度。一般人多认美术与科学是对立的,也许因此认为教学即是一种美术,则并不需要明了儿童之本性、学习之原理,以及测验之运用等科学研究。其实文学家之赋诗填词,必先很严密地斟酌每一个字之涵义,甚至一字之成而捻断数根须①,或因"推""敲"难决,忘其所至而冲大尹之道②。同理,美术家的教师在教学时,必深究儿童之本性,学习之原理,测验之运用等科学研究之结果。

第四节 结论

巴格来与福礼门之意见,并非绝对相反,不过侧重之点不同,所用之名词遂显然有别。福礼门侧重在方法之原理,但是亦不主张呆板地遵守原则,遂有应用科学、纯粹科学之分。不过认为方法之原理——科学——是重要的,艺术——运用原理的技术——是辅助的而不能代替科学。巴格来侧重在原理之运用,原理只是辅助之工具,中心之要素在教师之灵感与热情,有敏锐之灵感与丰富之热情,方能充分运用教学之原理,审度情势,抉择攸宜。教学既是实际的活动,教学当然是一个美术,毫无可疑。福礼门所谓之应用科学,其涵义是很广泛的,须待详细之解释,而一般人最易认为既是科学,即应遵守一定之原则,一律采用,如此则极易使教学流于机械的呆板的进程。讲者个人认为从事实上观察,教学之初步,乃是科学,而教学之极境,确为美术。孔子自道修养经验说:"七十而从心所欲,不逾矩。"[《论语·为政》]这是道德修养的极境。"从心所欲,不逾矩"也就是教师教学活动的极境。优良的教学绝非只是循规蹈矩,遵守教育科学的法则,而是在循规蹈矩中又能纵横如意,无心于法则而自合于法则。教学之法则非固定的行动之规则,而是自己判断和观察的工具。教师对于技术、学问之关系乃是"应用之妙,存乎一心"③、"神而明之,存乎其人"④、"从心所欲,不逾矩!"教学确是一种美术。再从前节所述对两种概念之批判看来,在主

---

① 编校者按:语出唐卢延让《苦吟》诗,全诗为:"莫话诗中事,诗中难更无;吟安一个字,捻断数茎须;险觅天为闷,狂搜海亦枯;不同文赋易,为著者之乎。"形容作者创作的艰辛。见(五代)何光远《鉴诫录》卷5《容易格》。
② 编校者按:事见(五代)何光远《鉴诫录》卷8《贾忤旨》。文曰:"贾岛……忤旨授长江主簿。……忽一日于驴上吟得'鸟宿池中树,僧敲月下门'。而欲著推字,或欲著敲字,炼之未定。遂于驴上作推字手势,又作敲字手势,不觉行半坊,观者讶之,岛似不见。时韩吏部愈权京兆尹,意气清严,威振紫陌。经第三对呵唱,岛但手势未已,俄为官者推下驴,拥至尹前,岛方觉悟。顾问,欲责之。岛具对:'偶吟得一联,安一字未定,神游不觉,致冲大官,非敢取尤,幸惠至览。'韩立马良久,思之,谓岛曰:'作敲字佳矣。'"
③ 编校者按:语出《宋史》卷365《岳飞传》:"陈而后战,兵法之常,运用之妙,存乎一心。"
④ 编校者按:语出《周易·系辞上》:"化而裁之,存乎变;推而行之,存乎通;神而明之,存乎其人;默而成之,不言而信,存乎德行。"宋张载《横渠易说》卷3《系辞上》云:"道至有难明处而能明之,此则在人也。凡言神,亦必待然后著,不得形,神何以见","然则亦须待人而后能明乎神"。

张教学是一种美术的概念之下,是利多弊少。如此,从利弊上着想,讲者个人亦宁倾向于主张教学是一种美术。

教学是一种美术,不仅巴格来如此主张,美国之著名教师如杜威、鲍墨(F. H. Palmer,1853—1936)①、马慕瑞(F. M. McMurry,1862—1936)②皆有同样之信念。

一、杜威在《教育科学之资源》中说:"教育是一种科学……就教育而论,我可以立即承认。……就具体动作而言,教育是一种艺术,或是机械的艺术(mechanical art),或是美术(fine art),并无可疑。假如科学和艺术之间确有相反,无可调和,那我不得已时,宁倾向于主张教育是一种艺术。但是科学和艺术虽有区别,却并非相反。我们不应为名词所误。就实际运用言,工程学也是一种艺术。但这种艺术有加无已地把科学如数学、物理学、化学等加入于其自身之中。他所以为艺术,正因其含有科学的题材,以引导其实际的运用。在这里,特出人才的创作擘划及大胆设计仍有发展的余地。但其特点不是因其与科学背驰,而是因其把科学的材料作一次新的整理,变为新的用处。在教育上,如果心理学家或任何方面的观察者和实验者把所发现的归纳为一致采纳的法则,则其结果将只是妨害教育艺术之自由运用而已。"

"但这种恶果之产生,不是因为采用科学方法的缘故,而是因为离开科学方法的缘故。一个能干的工程师决不会让其科学的发现成为迫他非严格遵依不可的进程或办法。惟有第三流或第四流的人才会这样。而且只是无技巧的劳动者才会依这种进程或办法。纵使所采取的办法,是从科学那里来的,是惟赖科学才能发现出来和应用的,但如果把他变为一律的进行法则,则成为经验的呆板的进程了,——这正如一个人能机械地运用对数表,而不知道一点数学一样。

"在教育上企图应用科学方法,还是晚近的事,在这个阶段中危险是很大的。教育还在由经验的状态到科学的状态之过渡情形中,这是没人要否认的。在专凭经验的场合中,决定教育的主要因子是传习、模仿、对种种外界压迫的反应(其中最有力的人方能摆脱此种种压迫),以及教师个人先天的和获得的优越才能。在这种情境中,有一种强烈的趋向,以为教学的才能即在于能利用直接产生成效的教法;其所谓成效又以教室中的秩序、学生对于功课指定的正确述

---

① 编校者按:今译作"帕尔默"或"派默"。
② 编校者按:今译作"麦克默里"。

习、考试及格、按期升级之类为准则。

"就大部分而论,这些就是一般人评判教师好坏时所用的标准。准备做教师的人们来到训练学校中,不论师范或专门,他们心意中,也全然地存着这些观念,他们很想知道怎样做去才最有成功的希望。干脆地说,他们想得到秘诀。自这般人看来,科学的价值是在这个和那个特殊的方法上,加上一个最后认可的图章。科学这东西很容易被人看作销售货物的保证,而不认做照物的光线、行路的明灯。科学的被重视,是由于他的保证的价值,而不是视为个人明察或个人解脱的工具。科学之被赞许,是因为认为他能使在教室中执行的特殊方法,得有一种无疑问的威信。依此种看法,教育之为科学就真与艺术不相容了。"

"……科学研究的结论,没有一个可以直接转变为教育艺术的法则的,因为教育的实施没有不是很复杂的;即是说:没有不是含着许多别的情况或因子而为科学的发现所未含的。"①

从前面所引杜威之话看来,认教学是一种应用科学,是很危险的。杜威在本书中曾提出三点意见来警告所谓教育科学:"第一,借用自然科学方法是有限制的,因为心理历程非如物质之可分为若干单元,并且所测量的对象究竟不知是什么东西。第二,课程之数量的分析是不可靠的,因为它只能发见量的价值,不能发见质的价值。并且它不肯承认传统的社会教育为学校应给的教育。第三,教育科学的结论不能应用为实际教学的规律,因为教室的情景与实验室的情景是不同的,并且教育是一种艺术,决不宜使其变为机械作用。"②杜威在1934年所发表的《教育的哲学基础》一文中又曾提出"教师是艺术家抑为机械师"的问题,他的结论是:"真正的教育家不可凭藉以往所得的结果,而当作最后的完善的标准。教育家要像一个艺术家常常创作以前所无的东西。"③

杜威在他的全球驰名的教育名著《民本主义与教育》④第十三章《教学法之

---

① 原书第7—19页。译文与张岱年等及丘瑾璋两种译文颇有出入。编校者按:杜威原书英文名为"The Sources of A Science of Education"。张岱年、傅继良译本作《教育科学之源泉》,人文书店,1932年。丘瑾璋译本作《教育科学之资源》,商务印书馆,1935年。
② 邱椿归纳杜威所论要点之语,见跋张岱年、傅继良译文。
③ Dewey, The Need of A Philosophy of Education, The New Era, Nov [1934]. 中文译文有章育才译:《教育的哲学基础》,载《教育杂志》第25卷第4期,二十四年[1935]四月。
④ 此书有法文、德文、俄文、匈牙利文、保加利亚文、希腊文、意大利文、西班牙文、瑞典文、阿拉伯文、土耳其文、日文等译本。参看 Kandel. I. L., John Dewey's Influence on Education in Foreign Lands. In John Dewey the Man and His Philosophy, Cambridge, 1930.

性质》中也说:"简括说起来,教学法就是一种艺术的方法,就是根据目的,应用智力指导的动作方法。但是实习美术,并不是一件立刻可以使人豁然贯通的事情。我们还要研究已经大告成功的前辈怎样做法,研究他们所已得的结果。在我们未实习这种艺术以前,总先有了一种沿传的方法,或艺术的各种学派,能使初学的人得着印象,或常能使初学的人倾心佩服。无论那一门的艺术家,他所用的方法,也要靠他对于材料与工具十分熟悉;譬如油画专家,他必须知道他所用的帆布、颜料、刷子与其他工具的用法。他要获得这种知识,必须对于客观的材料,用一番忍耐的专心的工夫。他一方面试用这些工具,同时还要注意哪一件用得有效,哪一件用得无效。有人误会,以为如不遵循现成的法则,便要全恃天赋的才能,如不利用刹那间的神会,便要自己死用苦工,这两面非彼即此,没有转换的余地;这种武断的假定,无论哪一种的艺术的进行程序,都是与他不符的。

"上面所说的关于已往的知识,关于现行方法的知识,关于所用材料的知识,关于利用种种的途径,使最好的结果可以因此获得,——诸如此类的材料,可供所谓'普通方法'的应用。一个人未着手做他的事情的时候,世界上已经有了逐渐聚积成功的妥稳方法,可以用来达到所欲得的结果;这种逐渐聚积成功的知识,是经过已往的经验与理智的分析,可以靠得住的,如果用得着它的人忽略了它,是很冒险的。但是这种现成的方法,如果用不得法,也是很危险的。我们在前面讨论养成习惯的时候,已经说过,这种现成的方法往往成为机械的呆板的方法,用它的人,非但不能自由运用,拿来达到他自己的目的,反受它的牵制。不过这也是用不得法的流弊。成就永久事业的改造家,常能利用许多旧法,连他自己与他的批评家都不觉得。他能把这种旧法供应新的用处,把它改造过,使这种方法能够适应他自己的目的。

"艺术有它的普通方法,教育也有它的普通方法……这种普通的方法,不特不与个人的创造力冲突,不特不与个人的做法冲突,并且能够增加个人做法的效率。因为就是最普通的方法,与预先定好令人呆照它做的法则,彼此大不相同。预先定好令人呆照它做的法则,是直接指导别人怎样做法;普通的方法乃启人思路,间接生出它的效力,使人对于自己所采的目的,与用来达此目的的方法,有更明澈的见解。……在艺术方面,虽能把现成的做法用得十分纯熟,也不能保得定可以成功艺术的工作,因为艺术的工作也要凭藉生动的意象,不是呆照成法可以成功的。教育方面也是这样。

"……总而言之,教师每事的成效,都要看他自己的应付方法怎样,所以他能成功与否,有许多也要看他应付的时候,能怎样利用别人已有经验的知识。"

所谓普通方法就是教育科学所供给的原则,这种原则是辅助的工具。虽是辅助的工具,若是我们忽略了它,我们的工作是很冒险的。教学的成败,最后决之于"个人的方法"。个人的方法就是个人的态度。个人的态度是个人之本能的倾向及获得的习惯与兴趣所形成的。此二者人各不同,故个人之方法亦随之而异。良好的态度有四个特别重要的元素:"1. 直往的态度;2. 对于知识有随机应变、兼取众长的兴趣,或有愿意承受的虚心;3. 有专一不分的目的;4. 对于自己的活动(包括思想)肯负责任。"①

二、已故哈佛大学(Harvard University)教授鲍墨于 1910 年著《理想之教师》(*The Ideal Teacher*)一书②,乃积 39 年之教学经验而作者,但寥寥万余言,其精粹已可想见。故是书之出版迄今已 30 年,仍为研究教学的艺术者应精读之书。鲍墨认为理想之教师必须认教学为一种专业,及为一种重要而艰巨之美术。能有此信心,方能得此中乐趣,而无暇计及他事。不受名利之诱惑,不辞工作之艰辛,甚至愿舍其生命以探讨教学之精微。理想之教师应具备四种特质:1. 设身处地之灵敏(Vicariousness);2. 已丰富之积累(Accumulated wealth);3. 奋发学生求学的生气之能力(Ability to invigorate life through knowledge);4. 不求人知之准备(Readiness to be forgotten)。兹撮述其要义如下。

1. **设身处地之灵敏** 设身处地之灵敏起端于陶冶学生之热诚。教师任务,不在知识之取得,而在知识之施舍。教师之主要目的不应在造成自己为一大学者,而应努力于帮助学生获得他们所需要的知识。但是有此种热诚,而无想像力以辅助之,仍属无用。所谓想象力,即是个人对于他人之情境,发生一种体贴的同情心。教师所处之情境与学生不同,教师以为甚简单浅近的知识,学生视之,往往觉其繁复艰深。教师所传授之知识,乃己身已经阅历而通达者,学生对此则是无知无识。故教师须设身处地,为学生着想,体贴学生初学时所必有之迷惑,按照学生现有之思想状态,去其迷惑,助其领悟。

设身处地的想像不是有意的装腔作势,如在教学时,决意不用自己的主观眼光,而完全用学生的眼光看待。如此则学生之注意集中于教师装腔作势,于

---

① 杜威著,邹恩润译:《民本主义与教育》,商务印书馆 1929 年版,第 309—313、315—330 页。
② 本书于宣统二年(1910)之《教育杂志》2 卷第 11 期的《调查》栏即有节译之介绍文字,题为《理想之教员》。后梁同被全文译出,题为《理想之教师》,载《教育杂志》第 11 卷第 10 号,八年[1919]十月。《中华教育界》第 14 卷第 4 期(十三年[1924]十月)又有李铭新之译文,题为《理想教师》,并将本书序文译出。

知识本身并无所得。理想之教师应随时在生活的各方面养成"勿以己度人,宜以人度人;勿视一己所私有,宜视人人所共有"(基督教徒信条)之习惯,尽力使此种习惯有如第二天性。在教学之时,则当肆意放任,自由发表意见,而不为任何理论所拘束。人与人相处应出乎自然,我们若不将为人设身处地的态度养成第二天性,我们总不会深深的感动人。

2. **已丰富之积累** 理想之教师应蓄有最丰富之学识。学生在知识上都是饥饿的,他们需要教师源源不竭地供给精神食粮。若教师预蓄有充分之知识养料,则学生极易丰盈。若教师自身知识馁乏,学生亦必羸弱。如此,则教师个人不求进步,即是阻碍多数学生之生长。这种罪恶远过一切罪恶。教师之学识须具备两个条件:A. 教师所有之知识应超过于所教授之知识。所教者虽简易,而所准备者应渊博。如此在教材方面方能观察全体,选其精粹。在教学之时,方能左右逢源,滔滔不绝,而产生一种不可思议之势力。此种势力,能使学生热烈地信仰教师,勤奋地从事学问。B. 知识须预先求得不可临时搜集。临时搜集也许会一无所得,即使有所得,亦必顾此而失彼。

教师的知识不在自身享受,而在供应学生之需求。如此,则教师之知识应具有广博之背景。"生也有涯,知也无涯",虽然个人穷一身之力,而不能博古通今,但应当抱负着一种"一物不知,儒者之耻"的态度。没有一事一物,教师可以置之不闻。是以凡属宇宙间之真理,无一不属教师应讨求之范围。教师学识须力求广博,并非专为学生,亦是一部分为自己。凡是想做伟大教师的,须有伟大之人格。伟大之人格又建筑于多方面的兴趣之上。例如数学家可研究音乐、诗歌,文学家可研究自然、博物,如此,各人才能得着一点消遣,调剂灵性,免其枯竭。教师所专门研究者皆应以如何传授学生为念,惟有所不专者,方可不负责任,随意研究,怡然自得。

3. **奋发学生求学的生气之能力** 学问本身非具有兴趣之物,可使学生快乐而不疲。学生之好学,必须有待于教师之鼓舞。教师鼓舞之方法不在语言之教导,而在其有活泼伟大之人格。他的庄严正直的仪表,精确丰富的知识,刻苦从事的热忱,以及坚决不移的自信,在无形之中,自然流露于外,其感化学生之力量,非言语所能形容。学问本身无教育作用,惟教师之人格有教育作用。学问常摧残学生之生气。学生在初学时,一无所知,必须虚心受教,接受知识。久之,完全养成一种服从的态度,死气沉沉。理想的教师必能使此二者得其平衡,而无所偏重。当帮助学生,自己观察,自己思索,自己判断,一方面接受知识,一方面创造活动。

4. 不求人知之准备　教师是真理与学生间之通体透明的媒介物。教师之目的应使真理直接照耀于学生之心灵。教师应使学生直接专心致志于学问,而忘其有教师。高妙之教学艺术,非学生所能了解其万一,亦不必求其了解,更不应求学生之感谢。教师所认为重要者,未必即是学生认为重要者。教师所认为小节者,也许影响学生之终身。教师若亟欲求学生之欣赏,必徒然自寻烦恼。教师只问自己讲解是否真正清楚,而不必过于考问学生是否真正欣赏。"但问耕耘,莫问收获",就是教师不求人知所应有之态度,教师须有掩藏其艺术之艺术(It is our art to conceal our art),始为上乘。教师之努力虽不易为学生所能了解,却往往引起学生深挚之爱慕。受人爱,更优于受人知(It is better to be loved than to be understand)。

上面所举的四种特质是无止境的,因其无止境,故教学艺术之生长无穷,而教师之乐趣亦无穷。

三、马慕瑞是哥伦比亚大学师范学院的教授,为美国有名之小学教学法专家,于 1926 年 7 月因年老退休,其同事及门人六百余人为之设宴庆祝。马慕瑞本其四十余年之教学经验,即席演讲《教学中之最大事件》(The Biggest Thing in Teaching)①,词极简而意甚赅。一代名师数十年经验结晶之语,弥足珍贵。他说:"假使我能重度我的生命,根据我现有的知识,我将怎么的计划?自然,我还是去任教学;但是,我定要远超既往直接的致身于教学中的最大事件。……教师的最大功能:是'帮助学生寻着他们自己'。……对于一个学生如果不知之深切和真有信心,就是,同他有密切的友谊,一个教师难以发生若斯的影响。以此,据我看来,一个教师最大试验只看他与学生间友谊的限度和他利用这友谊以求学生益处的限度。教学含有两个分子:一个是讲授(Instruction),关系知识与文质;其他一个是情义或同情(Affection or sympathy),关系人的交谊和情感。而两者之间以后者为巨擘;盖一个热心肠,引起热烈诚挚的友谊,在教学中实比讲授的技能为较大事件。

"然而这个意思并不是说讲授可以忽视的。他乃是使教师与学生能彼此相知的主要媒介;并且如果他在学生方面不能得到高度的敬重,友谊的发生是要受阻碍的。所以,讲授的技能必预为之备。但是知识和正当的心灵习惯只是间接的目标而已。

---

① 原文载 Teachers College Record, Nov. 1926;查良钊译:《教学中的最大事件》,载《新教育评论》第 3 卷第 14 期,十六年[1927]三月。译文从查译。

"如果我能重度我的职业上生活,这些事实对我将如何发生影响?我必不使友谊的增进听其自然。我要留出很多时间以与学生接洽;如果可能,则用的钟点要与授课一般之多。许多种种不同的学生,他们决不自动来看我的,我也盼望与他们很多人相遇。我与他们在一起的时候,我愿意多作些学生的研究,并且我认为,对于他们肯同我所慎重谈论的任何或所有事件加以忠告是我最高的功能。

"交友的能力之增进,乃是必然有的一件事,而我盼望体验一体验,这含有对于学生同情之推广,对于他们需要上感觉之锐进,对于他们可能性所发的信心之增进,使人对于学生益益宽厚。我们都相信智慧的质能之增进,为何不同样的坚信情感的质能之增进呢?至其结果必能增进几度的对于学生忠告的技能和智慧。

"我在此地讨论这个问题的理由乃是因为这个问题虽然是绝端重要,但近来很受忽视的。我们对于科学的讲授法、测验等兴趣之大,竟至对于讲授以外之教学责任比四十年前还少注意的多呢。近来关于这个问题的著作之缺乏足以证明此说。我的一个朋友曾经研究'教师对于学生之人的影响'预备写篇文章。他近来对我说关于这个题目他没能寻得有价值的著作,尚无一书能比得上杭廷顿氏(Bishop Huntington)的小册子。这本书的名称是:《教师的无形报酬》(Unconscious Tuition)仅有25页,出版至少在四十五年以前。如果信、望、爱乃生命的无上之事物——唯一可常存的事物——则他们在教育上所站的相同地位应得到更多的注意。"(此处所节录者约占全文三分之一。)从前面所引的话看来,马慕瑞认为教学不应重视科学的技术,而应重视教师之热情,如此亦是认为教学应是一种美术,而不是应用科学。

从上面所列举的认为教学是一种美术的几位学者看来,也许有人会疑心编者有意偏袒于一方面,因为杜威与鲍墨都是哲学家,哲学家当然主张教学是一种美术。而教育是科学抑是哲学,在现在亦是一个教育学术上辩论的问题。[①]巴格来与马慕瑞在美国教育学术界中又都是著名的稳健派,教育科学是晚近方萌芽的学术,当然不容易被他们所重视。此处似有再举出几位从事教育科学研究的学者的话之必要。

罗格(Harold Rugg 1886—1960)在哥伦比亚大学师范学院教授中是从事教

---

① 参看:陈科美著:《教育学为哲学乎抑为科学乎》,《西洋近代教育学术上之论战》,载暨南大学《教育季刊》第1卷第1期与第2期,十九年[1930]九月。

育科学研究之一人,他于1934年在师范学院学报(Teachers College Record)11月号中发表《三十年来教育中科学方法》(*After Three Decades of Scientific Method in Education*)一文,申述教育在实质上是一种艺术,并且是不能成为科学的。兹录其要点于次。①

"(一)教育不是一种科学——第一点意思要提出的就是教育不是一种科学并且是不能成为一种科学的。教育实质上是一种艺术,一种技艺。不像物理学、化学、生理学一样,教育学自身并没有一套已经证实的基本概念。教育学不过借用了自然科学的假设与方法,应用了生理学、心理学、社会学里面已经树立的基本概念。有如医学应用了生理学、内分泌学的概念以建造身体;工程学应用了力学、数学的概念以建造机器,教育学应用了生理学、心理学、社会学以及自然科学的概念以建造人格。

"(二)因为教育是一种艺术,所以教育的进展以关连的科学中基本概念的发现与应用为转移。假使后者没有进展,教育的艺术当然亦不能有进展。假使教育者不能充分应用有关连科学中已经发现的概念,教育当然更加落后了。试一考察1900年以来教育中科学方法的应用,则教育进展的迟缓不为无因。其原因,一方面由于关连科学如心理学、社会学、政治学、经济学中基本概念的贫乏,一方面由于教育者忽略已经树立的基本概念。

"(三)教育中的科学方法是从自然科学搬来的。自然科学最注重精确的测量,而三十年以来,教育科学家亦倾全力于测量和统计的分析。教育学不但师承了自然科学的方法,而且因袭了自然科学家的宇宙观、人生观、教育观。下面四条是最重要的:(1)人是机械而不是机体,人格是各种性能的总和。(2)凡存在的东西,都是有数量的并且是可以测量的。一件事物除非能测量,能用定量的术语来叙述,我们不能算了解了它。(3)人的性能本系质量的融合,是可以化为量的单位的。(4)我们对于一个人的某几种性能可以切实控制住,并且可以用相关法测量他种性能中所发生的变化。这种对于人性的观点——人性是一种机械而不是机体——究竟有无科学的佐证? 四十年来生物科学的研究似已切实证明人的身体与人的行为的有机性与完整性。Cannon, Crile, Herrick, Childs诸人的研究都证明机械论者的浅薄与错误。

"(四)教育中科学的运动的探讨使我们对于这班教育者的教育观亦有所怀

---

① 陈选善摘要:《三十年来教育中之科学方法》,载《教育杂志》第25卷第8号,《世界著名教育杂志摘要》栏,二十四年[1935]八月。此处所录要点从陈氏摘要。

疑。他们深信欧、美、日本、各国的工业文明是根本健全的,因此这些国家现有的教育亦是健全的。他们相信教育:(1)是指一年一百九十天,一天五小时在学校里的工作而言,与学校以外社会的和经济的生活是隔离的;(2)是生活的准备;(3)是指文字的学习、抽象符号的学习和技能的学习而言。因此,课程是一些预先决定了的技能、事实和原则;教育就是这些技能、事实和原则的学习。二十五年来教育中科学的研究,大部分是这样的假设的。

"(五)总括我的立场:在教育中科学运动的初步大家都注意于事实的可靠度或客观性的决定与提高,而对于事实的正确度反未加以切实的注意。他们对于理论的、哲学的和属于价值的问题完全没有顾到。总之,本文所讨论的问题是值得详细探讨的。我们并不主张摈弃科学方法,但是我们应该确定科学方法在教育中应占的地位。"

一切科学研究皆有假定(assumptions)作根本,教育科学之假定既不健全①,则认教学为应用科学是很危险的。

国立中央大学教育学院艾伟院长是国内研究学科心理的权威,艾氏历年所发表的论文多是科学研究的报告,对于教育之科学化是很努力的了,而他在他著的《教育心理学》第十四章《算术科的学习心理》中说:"……可见教学一件事不但是科学的,而且是艺术的。所谓'神而明之,存乎其人'。"②诚然,科学之研究只是辅助之工具,中心之要素在艺术,"神而明之,存乎其人!"

最后我更愿藉美国芬赖(R. L. Finney)③的《教育社会哲学》(*A Sociological Philosophy of Education*, 1928)④一书中之最后的一段话,来申述我国近日有提倡教学为一种美术之迫切需要。他的书之最后一章是论教育者之专业训练,他在最后一段所说的大意如此:教学是一种科学,亦是一种艺术。教师对于知识与文化的资源,应具有热烈的欣赏。优良之教师需要具有优良之教学的技术,但优良之教学的艺术并不能造成一个优良之教师。优良之教师的中心需要是艺术家之灵感(artist's inspiration)。一切伟大的教师,其成功的秘诀无他,唯

---

① 除罗格外,近时美国教育学者亦多有怀疑教育科学之假定不健全,著文加以指摘。可参看胡毅根据 Scates 所作之《教育研究之基本假定》一文,载《教育研究》第 67 期,二十五年[1936]四月。及 P. M. Symonds 著,黄觉民摘要:《教育上科学研究的通病》,载《教育杂志》第 25 卷第 2 号,《世界著名教育杂志摘要》栏,二十四年[1935]二月。
② 商务印书馆 1937 年版,第 151 页。
③ 编校者按:今译作芬尼。
④ 中文译本有余家菊译述:《教育社会哲学》,中华书局 1933 年版。译作系"意译"与"节译"。编校者按:余氏译本英文名为:The Social Philosophy of Education。

在对于知识具有感染的热情而已。第一,能在知识本身之中得到纯洁的愉快,其愉快有如欣赏爱好的戏剧,有如获得个人的成功,甚至有如发生浪漫的恋爱(romantic Love)。第二,能信仰知识是丰富人生的工具,其信仰类似宗教家之信仰上帝是拯救人类的。他热烈崇信正当的知识可以救个人,救国家,救世界,不但增进人类的财富,实且足以增进人类健康、和谐、能力,以及其他的种种幸福。如是的愉快与信仰,始具有感染传播之力,而使接触其声音笑貌者为之同化于不觉。此是伟大教学之神秘处。伟大之教学过去总是如此,将来永是如此,格龙维(N. F. S. Grundtvig, 1783—1872)等能拯救丹麦于危亡之际者,即在此。他们确信知识是救国的工具,丹麦人受其感染,遂蕴为全国的国民信仰。丹麦果然因此而日趋富强,今已为欧洲之天堂矣。①

我国今日之遭遇更甚于19世纪时之丹麦,吾人现时迫切需要富有宗教般的热情之教师,而非仅有教学技术之教师。教学是一种美术,教师应充满着爱文化、爱学生之热情及学术可以救国救世之信念!

---

① 关于格龙维等热烈信念知识足以救国的事迹,可参看孟宪承译:《丹麦的民众学校与农村》,商务印书馆1931年版。

第三讲　教职之特性及教师之人格

第一节　教职之特性

巴格来与克玉斯著《教学概论》一书,首句即云:"教学为一种魔力极大的职业,这是忠忱的与成功的教师所深信的。"[1]教职具有极大魔力,能吸引许多优秀分子从事此种职务的原故,归纳巴格来等之意见计有五点:(1)教学是本能的活动:"教师常和青年接触,自然而然的使一般成人被青年所吸引,而发生兴趣。——成年人保护未成年的,是一种本能。教学四周的环境,最能激起此种冲动而发展之。这是一种很严重的责任,时时需要热诚的服务;但是许多人确因从事于此服务,遂寻得生活之最丰富与最圆满的价值。"(2)教学能受幼性的潜移:"教师对于儿童和青年的种种天性,如轻快、期望、热诚等,当然发生反应。良好的教师,因受幼性的潜移默化,而保存其青年精神。他们的年齿,尽可增加,但没有别种职业,能有同等的刺激和机会,以保存其青年态度和热诚,所以热诚的教师,可以重视青年的精神,重圆青年的好梦。"(3)教学的工作变化无穷:"教师虽然可把全副工作、生活,消磨于很狭的范围内,——譬如一个第四年级教室,或一个乡村学校,或中学校的英文科,——但每班都是新而不同的,学生也各个不一样。教师所应付人的材料,其种类多至无穷。意思就是说,必须解决的问题,其种类多至无穷。单调的机械化的工作,为耗费心血的苦工。在教学上虽然也有许多紧要的惯例工作,但教师做这种工作,绝不是纯粹的机械历程。教学往往有进步的可能。——即使做最简单的工作,这一次比上一次也会有进步。"(4)教学使知识继续生长:"成功的教师,于应付人所得的利益以外,于他所教授的材料上,也能寻得一种知识继续生长的来源。他们所授的材料,就是在最低年级的教育,也非常丰富的。若将小教课程,看作很简单,很粗浅,实在是极大的错误。这种功课确是根本的,主要的;倘能研究得宜,便能达到那发明和发现的区域里去,以引起最高的智识。成功的教师,优游于这种发明区域之中,饱受陶镕,准备充足,因而得着丰富的材料,重新奋斗。他们用新方法,

---

[1] Bagley, W.C. and Keith, John A. H., An Introduction to Teaching, Macmillan, 1929.(林笃信译:《教学概论》,商务印书馆1931年版。)编校者按:林译克玉斯作克玉书,其所采底本为1931年版;萧氏以下所引译文与林氏译文出入较多。

以寻出旧真理。这又是无限的快乐和刺激知识生长的来源。"(5)教学是主要的"生产"职业:"忠忱的与成功的教师,因所做的工作在社会上有重大的意义,而获得无限的满足。教学不但有许多机会为他人服务;而且这种服务,确乎为国家为人群生活所必需的。学校实在是现代文明的特征;普通教育,是实行民治主义国家的基石。民族主义,在今日世界文明民族中,是一种最有势力的社会组织。所以教学,不仅是一种重要职业。在目下情形看来,实在是一种绝对的基本职业。教师确是基本的'生产者'。——所谓生产者并非是指生产些生活的必需品,如衣食住的直接生产者,却是指有训练的启迪的智慧生产者。一国之中,四海之内,如果没有这种智慧,现代文明,将立刻消灭了。"

我国孟子在两千三百年前早就认为教学是君子的三乐之一,虽南面王而不易。孟子曰:"君子有三乐,而王天下不与存焉;父母俱存,兄弟无故,一乐也;仰不愧于天,俯不怍于人,二乐也;得天下英才而教育之,三乐也;君子有三乐,而王天下不与存焉。"(《孟子·尽心[上]》)余家菊释曰:"父母俱存,兄弟亲好,此天伦之乐也。不愧天,不怍人,内省无咎,此良心之乐也。得前者,则群居足乐;得后者,则独居亦乐。群居乐,则人生之兴趣盎然;独居乐,则一己之浩气勃焉;非有天下之所能易也,信矣。得天下英才而教育之,其乐亦非享有天下所能比拟,此其故何耶?盖非以天下为己任者不能知也。人类之所以得进于康乐之境者,其所凭藉者,果何物耶?曰:文化而已。文化之所依以绵延光大者,又何物耶?曰:人才而已。人才者,实文化所赖而不绝,所依而前进者也。故曰:人能弘道。有文化,则人类文明;文化停滞,则康乐止熄。故从事教育者,实以人类之苦乐自置于一己之肩者也。庸凡之众,能享受而不能够创造,能保守而不能推进者也。使得特殊英才而教育之,共肩文化之大任,以先觉觉后觉,俾斯民得其所依,斯文得其所传,乐以天下之君子,当然虽南面王不易也。诚以政治功效,存于一时,人存政举,人亡政息,而教育功效,则遗泽百世,吾以是传于人,人复以是传于人,天下后世将无不被其泽矣。"①总之,"父母俱存,兄弟无故",是天伦之至乐;"仰不愧于天,俯不怍于人",是良心之至乐;"得天下英才而教育之",是职业之至乐。

教学不仅为一种魔力极大的职业,而且教学职业之得失关系民族之盛衰。证之史乘,确是如此。在欧洲方面,几次历史上著名的民族战争中,教师曾受了极大的礼赞。1815年滑铁卢之役,惠灵顿归功于英国"公学"之教师,说是在倚

---

① 余家菊:《孟子教育学说》,中华书局1935年版,第15—16页。

顿(Eton)的运动场上战胜的。1870年普法战后,毛奇亦归功于普鲁士的小学教师。盛誉之来,并非无因。缘1806年拿破仑征服普鲁士,订立《铁尔雪特(Tilsit)和约》①。当时德国大哲学家菲希德(J. G. Fichte,1762—1814)②乃于1807年12月13日至1808年3月20日,每星期日晚于柏林公园作《对德意志国民演讲》(Reden an die Deutsche Nation)③,凡十四讲,认为"一八〇六年普军之所以溃败,由于自私自利之心之发达,人人知有我而不知有全体,故对内则偷安,对外则怯懦。然自私自利之心过于伸张达于极点,则并一己之小利亦不能保,故曰因自私自利乃必然之结果,非偶然之遭遇"。而民族复兴之关键,乃在于道德的与精神的复苏,成之者利而不亡,厥惟教育,他认定必须以新的教育培养一辈新的国民,"听任此辈儿童自营共同的生活;除少数教师以外,完全与成人隔绝,以免被其熏陶而致堕落"。其信教师与民族之兴衰有如此密切之关系。菲氏既相信教育可以恢复民族的道德与精神,乃极力倡导普及国民教育。更因教育之能收此种功效者,乃在于有"完全人格"的教师来形成学生有"完全人格"。于是他在演讲中极力赞扬"精神之父"的裴斯泰洛齐(J. H. Pestalozzi,1746—1827),并再亲身到瑞士去参观裴氏的教育事业,回国后又大为表扬,于是普鲁士教育部派遣学生17人学于裴氏,使亲炙其为教育牺牲的精神,而学其人格之感化,同时开办师范学校罗致崇信氏之学者如欧惠卜(B. H. Overberg,1754—1826)④、丁铎尔(G. F. Dinter,1761—1832)⑤、哈尼希(C. W. Harnisch,1787—1864)⑥、迪德维希(F. A. W. Diesterweg;1790—1866)⑦等充任校长,于是普鲁士成为师范教育及国民教育最普及与最完善之先进的国家,因此报复了柏林之围的仇恨,而实现了巴黎之围的希望,并且完成德意志大帝国。

在东亚方面,我们的国仇日本于明治维新之初,即首重师范教育,步步仿效德国,于师范学校内,首先施行军事训练,并注意培养忠君爱国的精神及顺良、信爱、威重诸美德,到了日俄之战(1904—1905)日军凯旋的时候,伊藤博文也学

---

① 编校者按:今译作《蒂尔西特条约》。
② 编校者按:今译作费希特。
③ 张君劢译有倭伊铿节本《菲希德对德意志国民演讲》,《再生》杂志社,1932年。编校者按:张君劢译本题作《菲希德"对德意志国民演讲"摘要》,连载于《再生》杂志1932年第1卷第3、4、5期;同年中国国民经济研究所亦出版了张君劢译本《菲希德对德意志国民演讲》一书。
④ 编校者按:又译作欧维尔柏格,或奥弗贝格。
⑤ 编校者按:又译作丁特。
⑥ 编校者按:又译作哈尼施或哈尔尼斯。
⑦ 编校者按:今译作第斯多惠。

着毛奇大将归功于小学教师。

在我国方面,最近,蒋委员长以此次抗战之能胜利在握者,实赖小学教师之尽瘁作育,并轸念其生活之特别艰苦,乃通电嘉勉(二十九年[1940]一月十六日发),电文①有云:"教育为救国之本,而作育儿童之小学教育,又为救国教育之本,诚使全国儿童皆得优良之教育,以为之陶镕,俾克造成健全贞固之国民人格,则以之建国,人人皆能各称其职,完成一切建设之大业;以之卫国,人人皆能勇于赴难,胥为铜筋铁骨之健儿,昔一八七零年普法战役,德国获胜之后,其主将毛奇论定勋绩,以战胜之功归于全国之小学教师,一时传诵,叹为确论。我国小学教育,在最近十余年来,设校数量与就学人数日见增加。各地小学教师多能忠勤本职,更以余力从事社会教育,一本三民主义之精神,激发民族复兴之志气,此种潜在之力量,实为国族所托命,抗战既起,昔年教训之苦心,遂乃彰著其明效,我全国同胞国家观念与民族意识之蓬勃发扬,不唯远胜于满清甲午战役之时,即与九一八当时情形相较,亦复不可同日而语,丁壮则荷戈以争先,老弱皆输力以报国,若干战地之儿童,且能自动组织,甘受艰苦,不避危险,以参加抗战工作,同仇敌忾之气,充满于四万五千万同胞精神心志之中,用能奋斗三年,愈战愈强,收精神克服物质之功,定胜利必属于我之局。此种进步之现象,固由国民之觉悟,而所以造成之者,其最大成分,实赖我全国小学教师平时不断之努力。我小学教师诸君对于国家民族实已有伟大神圣之贡献,有光荣不朽之勋绩,加之各地小学大都经费支绌,教师待遇均极菲薄,而教师诸君乃能刻苦自励,穷且益坚,奋斗艰难生活之中,贯彻鞠躬尽瘁之志。总理谓人生以服务为目的,诸君实为最良之楷模,故我全国同胞,无论为公为私及表彰服务道德,均应对当前小学教师诸君,致其尊崇之敬礼与深挚之感谢。而我小学教师诸君实亦受之而无愧。中正对于诸君尤复敬佩有素,深念诸君在学校教室为国尽瘁功效之伟大,不下于疆场转战之官兵。认定兹后建国大业,唯教育界宜为之先驱,而实现三民主义完成基层建设,尤必赖小学教师诸君出其热诚,献其才识,分布乡村,埋头苦干,为广大长久之努力,始克有成功之希望,故于去岁手订《县各级组织纲要》时,自乡镇以至保甲之基层组织中,决然采取三位一体之制,将乡镇一级之乡镇长、中心小学校长、壮丁队长及保甲之一级保长、国民学校校长、保壮丁队长之职定为一人兼任,其乡镇保之经济、警卫、文化、卫生等建设事业之执行,亦由小学教师负责分掌,所有组训民众,实行自治之使命,完全以小学为中

---

① 编校者按:电文名为《告全国小学教师书》,载《战时教育》1940年第5卷第7期。

心,亦即完全付托于诸君。故诸君兹后之任务,不仅应为培养现代儿童健全之师保,更已进为担当建国之基干,训育全民之师导,其职责之艰巨,固已十倍于前,而国家之所以期望于诸君者,则更百倍于昔。……"

二月二十一日电勉各级学校校长、教职员,负责指导学生思想品性,增进学生体格精神,俾造成有志气,有作为之青年,为国家开拓新运命时,其中又有云:"试就抗战二年余之经过而言,凡前线之见危授命,临时毋免,以造成特殊之战绩者,后方担任各种实际工作之沉着刻苦,负尽职责,而有造于抗战者,询其生平,罔不后力于在学校时亲沐良师感化陶冶之所致。"换个方面来看,今日我国之蒙受倭寇无止境的侵略,蒙受这样的奇耻大辱,其故则是因为过去的教师亦有失职之处。蒋委员长在《革命的教育》①(廿七年[1938]八月廿八日出席中央训练团第一期毕业典礼训词)中,曾这样地讲:"各位从事教育,首先要问我们教育要教些什么?受教的人所必须学得的是什么?我们教出来的学生是要使他们成为怎样一种人?能担任怎样一种事业?这是我们教育家在办教育以前人人要确定的最紧要的根本方针。如果事先没有一个确定的方针,我们教人就没有目的,教出来学生究竟作怎样一种人,做怎样一种事,都没有目标,这就是无目的的教育,是害人害国的教育!我们中国近几十年来倡行所谓'新教育',在表面上似乎是理论方法,应有尽有,实际上这种'新教育'只是盲从、粉饰、凌乱、空泛、无计划无目的的教育,教出来的一般学生,大部分都不知道怎样做人,也没有立志要做怎样一种人,更不知道做人的道理,所以有许多学生什么事情都不能做,生在世界上,于社会于国家于他个人,都毫无益处,其结果,使我们国家民族到今天要受敌人无止境的侵略,蒙受现在这样奇重的耻辱!老实说一句,最近二十七年来的教育,几乎多是糊涂的教育,其影响所及,不仅足以亡国,而且将致灭种!这种无目的无方针的教育,简直就是亡国的教育!是灭种的教育!我们现在要挽救国家、复兴民族,首先要打破过去亡国灭种的教育,来实行抗战建国的教育。我们的教育,一定要能达到抗战建国的目的,才是现在时代中华民国所需要的真正的教育!本团此次召集各位校长教职员来受训练,就是要求你们修毕课业回去以后,共同一致来实行革命建国的教育,一定要使我们所造就出来的学生实实在在能承担建设国家、复兴民族的职责。这就是中国今后教育的根本方针和唯一的途径,也应该是各位校长教职员共同的理想和责任!"

再从现代师范教育之趋势上看,我们知道教学是已成为一种举世瞩目的专

---

① 编校者按:全文见《教与学》1938年第3卷第9期或《教育通讯(汉口)》1938年第36、37期。

业,即是因为此种专业的得失为民族兴亡枢纽。常导之著《师范教育之趋势》文中,归纳现代师范教育之趋势有四点:"(1)师范教育机关,从始即为实现国家教育政策之一种有效手段。……(2)现代师范教育之功能不仅为造就传授基本知能的童子之师,其更重大的任务乃在于造成真正之国民的导师。……(3)师范教育之内容为教材知识、教学技能与人格修养三者之综合,当力保平衡不容偏废。……(4)师范教育非仅为一种艺业的训练而是一专业的准备。"①教师不仅是"传授基本知能的童子之师",其重大任务乃是"真正之国民的导师",这不但是现代之趋势,亦是我国古代教师已表现其成绩者。蒋委员长在二十五年[1936]五月十六日地方高等行政人员会议闭幕词中,曾规定地方行政人员工作纲领,其第二十项即"改良教育与提高师资为关系国家兴亡之大事",在这一项之解释中,曾述及我国古代教师对于此方面之成就,吾人此时正应效法。蒋委员长说:"教育上根本急要之问题,还不在制度、办法与经费,而实在于师资,欲提高师资,必须特别注重于人格。凡有教之人责之学校教师等,无论大之在一国一省,小之在一乡一镇,均不仅为一个学校内之先生,而实在是全社会取仰望尊敬之师长,中国从前之所谓经师人师,如书院山长以及乡邑塾师,大都负一时之重望,为一般所敬畏,司转移风气振作人心之责任,所以必须具有清正高尚之人格,有自强不息之修养,刚毅不屈之精神,守道崇义,不避危害。凡遇非常横逆之来,或事变不测之际,尤必坚忍强毅,不屈不挠,是为后生之楷模,社会所效法。当此风气偷薄,人心浮荡,礼义不明,廉耻道丧的时候,我们要挽救国难,必先挽回人心,转移风气。欲达此目的,尤赖学校教师修德励行,以挽回世运自任。"近更鉴于广西早日所创之三位一体之国民基础教育,在抗战期间曾表现其伟大之成就,乃于二十八年[1939]手订之《县各级组织纲要》中,自乡镇以至保甲之基层组织中,决然采取三位一体制。使今日之小学教师要深切而明显地了解并实行其职责,不仅为学校之教师,且是社会之导师。教育部最近已开国民教育会议,准备大规模训练能负此项重任之教师。在中外教育史上,这都是最有意义的创举。除此处所提及的当局的设施外,二十五年[1936]夏中华儿童教育社开第六届年会曾以"良师兴国运动"为讨论之中心问题,这是近年我国教育界最有意义的一种自觉运动。②

教学成为专业即是一种现代的趋势,可见并没有长久的历史。我国虽自古尊师,重视教职,而教职在古时除了少数的经师大儒外,不过只是文人学士之一

---

① 载国立中央大学《教育丛刊》,第3卷第1期,二十四年[1935]十二月。
② 参看《儿童教育》第6卷第8期,二十六年[1937]一月。

种"优雅的职业",甚至是落魄的文人暂时韬光养晦之"临时职业"。在欧洲情形更坏,希腊时代一部分的教学职务尽委之于"教仆"(Pedagogue)。① 一直到19世纪,教学还非专业,亦不知尊师。"在十九世纪初叶以前,欧洲各国的小学教员,都不是受有专门训练的人充当的。充当小学教员的人,大多数是教堂里的唱诗人、旅馆的掌柜、皮匠、泥水匠、农伙、木匠、裁缝……等人。这等人不过是认识之无,当然谈不到专业准备了。当时的政府不但不取缔这些人当教师,有时还下令保障。在教育普及最早的普鲁士,一七二二年,尚规定乡村小学教师,应从裁缝、织布匠、铁工、车工和木匠之中挑选;一七三八年为扶助裁缝的生计起见,又曾特许他包办本村的教育;后来腓特烈大帝(Frederick the Great)又曾命令普鲁士的方言小学,聘用他的老弱残兵当教师。"②

教职确是一种专业(Profession)而非艺业(Trade),其理由至为显明而彰显,兹引密勒(I. E. Miller)著《人生教育》③中之说荄,以发其凡。艺业与专业之区别在:前者遵循已成之例规由熟练而成技巧,后者则利用原则,因事制宜而随机应变。前者,例如木匠、瓦匠,其事业或动作之范围常狭小。其所需之智识,只须对于各本业中工具方法及沿袭的惯例,具详细之观念而已足。其他则为若干之伶俐,足以履行工程师之命令与由实地练习而生之若干技巧。范围狭隘,专门知识所需不广。专门之技术亦但求其能支配所包之事业,而无不足之虑。后者,例如工程师、医师,其所遇之境况甚繁,其事业或动作之范围亦较广。故所需之基本的原理较多,而机械的技术较少。任此事者应有多量之自动的能力与独创的思考,审度情势、洞明底蕴,因事制宜,预为周密之布置,以达到各种之目的。教职应属于专业范围者,因为教学之事,时刻不同,且亦无成例可援,所涉之事,时时变化,且常繁复。故教师必须有判断之自由,及独创之睿智,决非奉行法令,率由旧章,习成技巧,便可完成其职责。

教职不仅是专业,还是最有趣味的专业。工程师、建筑师、矿师等系以物质为其职业之对象,而教师之对象系活活泼泼、方在开展中之儿童人格。农业家、园艺家、牧畜家等,他们的对象是低等生物,而教师的对象是万物之灵的人。自

---

① 参看 Monroe, A Cyclopedia of Education, E. N. Henderson 著 Pedagogy 条。希腊上层阶级(即自由民)在其奴仆中择一老成知礼残弱不胜劳役者,名为教仆,使彼伴随儿童上学,并在旁负监导之责任,儿童返家后,则完全由彼负教导管理之责。
② 见吴俊升、王西徵:《教育概论》,正中书局1935年版,第332页,根据 Emile Candaux, La Fonction Sociale de L'Education, p. 53 所述之语。
③ I. E. Miller, Education for the Needs of Life, 1918.(中文译本有郑宗海、俞子夷合译:《密勒氏人生教育》,商务印书馆1921年版。)引见第六章。

由职业中以人为对象的有医师、律师等。医师所遇到的是身受痛苦的人，找医师治病者，都是愁容满面、呻吟苦楚的。且医师的对象多偏重于生命之肉体方面而不及精神。律师所遇见的多是在法律上引起纠纷的人，且仅限于人事的一部分而不及于全体。教师所接触的，十之九是笑容可掬、活泼有趣之儿童及青年，其对象在儿童与青年之整个人格，其学识须笼罩人生价值之全体，其眼光须洞察开展中的人格之精微，其所建设者为儿童人格中之价值世界。"更进一步说，我们教师教的学生，决不是限定一种的人，形形色色，将来做工程师的也有，做农业家的也有，做园艺家的也有，做牧畜家的也有，做医生的也有，做卫生家的也有，做律师的也有，做法官的也有，做政治家的也有，做文学家的也有，做艺术家的也有，做音乐家的也有，就是做将来也可以教出形形色色的人物来的教师也有。教得好，看自己学生在社会上努力，多少有趣！"①

教职不仅是有趣味的专业，更是少有的一种利人自利的专业。因为教学的活动，正如老子所说的："既以为人己愈有，既以与人己愈多。"②梁启超在《教育家的自家田地》中说："无论做何种职业的人，都各各有他的自己田地。但要问那块田地最广大最丰富，我想再没有能比得上教育家的了。教育家日日做的终身做的不外两件事，一是学，二是诲人。学是自利，诲人是利他。人生活动目的，除却自利利他两项外更有何事？然而操别的职业的人，往往这两件事当场冲突——利得他人便不利自己，利得己自便不利他人。就令不冲突，然而一种活动同时具备这两方面效率者，实在不多。教育这门职业却不然，一面诲人，一面便是学；一面学，一面便拿来诲人。两件事并作一件做，形成一种自利利他不可分的活动。对于人生目的之实现，再没有比这种职业更为接近更为直捷的了。"③

其他各种专业不妨直接以营利谋生为目的，而间接有助于社会之进展及文化之提高。教师则应直接以效忠于民族、造福于儿童为职志，个人绝对不允许有谋生营利之目的。例如医师律师之开业，必须经官厅许可，教师之任职则有服务规程之限制，不许规避。由此既可见教职纯系为公的性质与营利谋生无涉。教师亦藉报酬而生活，此系社会之崇德报功。教师之受报酬是在"食功"而不在"食志"；孟子对于此点，早已剖析清楚。《尽心[上]》篇载："公孙丑曰：'《诗》曰："不素餐兮，"君子之不耕而食，何也？'孟子曰：'君子居是国也，其君用

---

① 参看俞子夷：《怎么做教师》，中华书局1934年版，第一章《做教师的兴趣》，第8页。
② 《道德经》第八十一章。——编校者
③ 《梁任公学术讲演集》第二辑，商务印书馆1922年版，第110—111页。

之,则安富尊荣;其子弟从之,则孝弟忠心,不素餐兮,孰大于是?"《滕文公[下]》篇又载:"彭更问曰:'后车数十乘,从者数百人,以传食于诸侯,不以泰乎?'孟子曰:'非是道,则一箪食,不可受于人;如其道,则舜受尧之天下,不以为泰;子以为泰乎?'曰:'否。士无事而食,不可也。'曰:'子不通功易事,以羡补不足,则农有余粟,女有余布;子如通之,则梓匠轮舆,皆得食于子。于此有人焉,入则孝,出则悌,守先王之道,以待后之学者,而不得食于子。子何尊梓匠轮舆而轻为仁义者哉?'曰:'梓匠轮舆,其志将以求食也。君子之为道也,其志亦将以求食与?'曰:'子何以其志焉哉?其有功于子,可食而食之矣。且子食志乎?食功乎?'曰:'食志。'曰:'有人于此,毁瓦画墁,其志将以求食也;则子食之乎?'曰:'否。'曰:'然则子非食志也,食功也。'"

我国是自古尊师的,《学记》有云:"凡学之道,严师为难。师严,然后道尊;道尊,然后民知敬学。是故君子之所不臣于其臣者二:当其为尸,则弗臣也;当其为师,则弗臣也。大学之礼,虽诏于天子,无北面,所以尊师也。"《国语·晋语》说:"民生于三,事之如一,父生之,师教之,君食之。"孟子亦认为"天子不得而臣,诸侯不得而友"①。一般人更以"天地君亲师"为牌位而供奉。可见当时师道之尊严如此。其故安在,亦勿庸另行引证,即可见尊师者在重道。当其为尸,则为祖先之代表,故不得以之为臣。当其为师,则为先王先贤所遗留下来的文化之代表,故亦不得以之为臣。再"化民成俗,其必由学",又"建国君民,教学为先"②,教师是负有文化上继往开来之重责的,要能以"先知""先觉"觉"后知""后觉"。是以建国之道,端在教师之能化民成俗。故"君子不得而臣,诸侯不得而友"。由此观之,近代教师如欲享受"西席之礼"(汉明帝尊桓荣以师礼,为之设西席,盖古人席次右尚),必须先扪心自问,自己是否已"经明行修"而能"化民成俗",不忝厥职。"师道之不传也久矣"(韩愈《师说》),无他,盖此日之教师多不能"吐辞为经,举足为法,绝类离伦,优入圣域"(韩愈《进学解》),而为"人之模范"!([扬雄]《法言·学行》)"师者,人之模范也。"

第二节　成功之教师

一、成功之意义

成功之意义对于各种不同的人有各种不同的解释。有的人以个人所积贮

---

① 编校者按:语出《韩非子·外储说右上》,谓为狂矞、华士二人所语,非孟子言。
② 编校者按:语出《礼记·学记》。

与保存的财产之多寡作衡量成功之标准。有的人以为站在举世闻名之地位者即为成功之人。有的人目光较深远,则以个人所努力的事业有无永久良好的影响来衡量成功,而不顾其物质之报酬和社会之声誉。

教师所追求之成功,当然属于第三种。教学是一种报酬低微、生活清苦的职业,这是近来人们所呼号的。此语固不十分正确①,但教职所得之报酬是有限制的,即使在优良情形之下,苟与他种职业比较,亦不能希望有多大经济报酬的机会。(例如现时在国内大学教授医学或工程学,按照教育部规定之教授月俸最高额只有 600 元,若从事医师或工程师职务,也许每月可有千余元之收入。)教师必须能"安贫"然后才"乐道"。若以聚敛金钱为职志的人,自然不能不舍此而他就。教师是无名的英雄,教职本身并无享盛名的机会。成功教师的令名有时只限于他所服务的学校,有时范围虽较广大,但亦只限于同类诸人;公众之间,仍是默默无闻。有些举世闻名的教师,亦无非是由他的著作或发明而著名,至于单为教师负而盛誉的,是异常的稀少,设有一二人,简直可以说是绝无而仅有。但教师孳孳矻矻从事于著作或发明,以求闻达,则对于教学服务上之障碍程度亦如何,亦实不易言。教师必须是一位"人不知而不愠"的"君子"。若志在博众望,求令名,亦必舍此而他就。所以,教师所追求之成功不是财富亦不是声誉,而是所努力的事业有永久良好的影响。夫如是,则教师所拳拳服膺之信条是"业患不能精,无患有司之不明;行患不能成,无患有司之不公"(韩愈《进学解》)。教师服务的精神亦正如老子所说的"生而不有,为而不恃,功成而不居"②。孙中山先生谓"人生以服务为目的",教师便是其最优良之楷模!

二、成功之条件

衡量一个教师的成功,是以受他影响的人之进步作为基本标准。达到教学上成功的首要条件,是把每日的教学工作进行得很顺利。要做到此点,大半是靠下列四个原素:1. 个人之人格;2. 个人对于所教的材料能运用自如;3. 个人对于学习者的困难有同情的了解;4. 个人有解决这许多教学上的困难之技能。但是成功往往受外来的许多因子的限制。例如:1. 个人在社会中的声望:近来常

---

① 若谓教师是一种报酬低微、清苦的职业,并不十分正确,因为若就乡村的中小学教师而言确是报酬低微,甚至"啼饥号寒"清苦万分,若以抗战前的情形而言,大学之新毕业生从事省立中学教师或其他公务员而言,则任教师之报酬有时尚可优于任公务员。

② 编校者按:语出《道德经》第二章。

有人指摘我国之"大学生最希望的是校长教授都是做大官的",崇拜留学生,崇拜博士,崇拜名流,对于有真实学问者,或因其未留学,或无学位,或非名流或无介绍职业之能力,而不能欣赏其学识,甚至借故为难。中学生亦往往只问教师来自著名之国立大学或本省之省立大学,而表示其好恶。小学生虽然比较纯洁天真,但是有许多也受了些传染。2. 个人与同事之关系:同事如是同出一门,又相亲善,则相互标榜,成功自易;同事如或非一校出身,或与个人有宿怨,或情性不相投,往往暗中拨动学生,散布流言,则偶有小小错误,尽会引起重大之反感。3. 个人对于人生及人生问题普通态度:对人生抱消极态度者,往往一经小的挫折,即表示灰心,不肯继续努力,当然难期有所成就。关于教学,有许多小事情,看来似乎不关重要,可做可不做,其实这些事情很足以影响教学之成功与失败。费尔勃斯(W. L. Phelps)在《普通教学法》(*Taching in School and College*,[*Macmillan*],1912)书中说:"关于教学伟大的艺术,没有事情是太小或太不关紧要。"是以本节所论成功的教师应注意之事项,有的在比较上是细小之事,有的是显明的大事。

（一）要有专业的态度与理想

教职既于名利无缘,投身教职而欲达到成功之教师的境界者必须对于教学认为是终身的专业,"贫贱不能移,富贵不能淫"。教学绝非容易的工作,亦非"优雅的职业",更不是"临时的职业"。1. 教学非容易的工作:教师每日授课的时间较短,而又有寒暑假之休息,因此有一般人认为教学是轻松的工作。凡志在求安逸而从事教职者,若不失望而自去,则将贻误受教之儿童。教学实是最繁难的工作。授的时课数虽少,课前的预备与课后的处理常超过授课之时数至四五倍。而此种工作又极精微繁杂,必须连贯不怠、始终不懈地集中精神。授课数小时后而不感觉极度疲乏者,在授课时定未充分尽其职责。至于寒暑假的休息,一半是用以恢复身心,集中精力,预备下学期的服务;还有一半,现在的趋势,是用在进修,以增高专业的素养。2. 教学非优雅的职业:教学确是一种"体面"的职业,但是这种事实,于教学本身的尊严和价值丝毫没有关系。教学的最要工作之一,即是化除人间阶级畛域,而养成同心同德的精神。因为鄙视他种职业,及认为教学是优雅的职业选择教学职业的人,其所抱之态度,断不能在现时平民主义的学校里有良好的服务。真正的平民主义者,断不请求或希望他人做自己所不屑为的事情。3. 教学非临时的职业:教学职业上现时所遭遇的最大障碍,即是有一般人以教学为进身他种职业的阶梯。无论大中小学多少总有一般野心家以之作为韬光养晦的场所,达则做官去,穷则教学生。身在教书,而心在升官发财;此种情形对于教学之弊害,可分三点述之：A. 教学原为一种最不易担负,而且最重要之责任。假设以教学为进身他种职业的阶梯,于是教学实即变为一种附带的手段,以达到与教学毫不相干之目的。如此,不但不将教学当作终身的志愿,慎重将事,迈力前进;反而看作暂时的雇佣,一旦做他种事业的时机来到,便弃之如敝屣,扬长而去。在此种情形之下,注意力自然不能集中,工作上和义务上亦不肯十分努力,所做之工作,只图其形式,毫无生气,敷衍塞责。B. 以教学为临时职业者,对于以教学为终身职业者有重大之妨害。因其以教学为临时职业,故对于教职之起薪数额常要求提高。在固定之教育经费下,起薪数额即提高,则最高薪数额不得不降低。因此最低月薪数与最高月薪数常相差有限。甚至形成我国现在按钟点计薪,而不问其服务之久暂。不但如此,社会上一般人之心目中,因此又把教学看做是偶然一时的,而非重要的终身职业。此种影响,对于以教学为终身职业的人,除经济上的障碍外,又添上了社会的障碍。C. 最不幸的结果,还是在学生方面。他们受这一批批生手的教师屡次摧残,以致读书数年,一无所得。以教学为过桥的人,不但不肯工作,而且又一等不到初步的事情办理娴熟,便离开了校门。即使有迟迟不去者,亦无非因较好的机缘未到;因此精神颓唐,而有愠色,成为一个和他的职业毫无同情心的教师。我们郑重地说一句："以教学为进身他种职业的人,他们竟忘记了他们所'蹂躏'的,便是民族的未来生命。"

（二）要有广博的学问

一个成功的教师应有广博的人生见解和丰富的文化基础。其学识要能笼罩人生价值之全,直贯古今,横通八宇。小而言之,对于自己所担任的科目更必须有充盈而正确的知识,知识的范围是愈广愈好,要比教科书或任何固定教材所有的广博得多,对于这些知识并要能运用自如。能够如此,然后对于培养学生之整个人格及传习本门之知识技能才能旁通曲畅,左宜右有,而成为一个优良的"理智的领导者"。广博的见解与丰富的教育并不是仅限于书本知识,还必须从社会实际生活中去探讨。固然书本知识是最重要的,在实际生活中,体察人们生活和工作的方法,以及人们兴奋的动机,修养的方式,遭遇的困难,及其解决的尝试,亦皆足以增进教学之专业的素养。斯即所谓"世事洞明皆学问,人情练达即文章"[①]。此外藉游历名山大川,探幽访胜,旅行各地,观风问俗,亦可

---

① 编校者按：语出曹雪芹《红楼梦》第五回。

以培养丰富的灵感。行万里路与读万卷书可以有同样的价值。不除庭草斋夫（即陶行知）有诗,可为佐证;诗曰:"宇宙为学校,自然是吾师,众生皆同学,书呆不在兹。"①

为什么教师要有广博的学问,才配做理智的领导者。我们可引杜威认为教师需要充盈的知识之"中心的理由",以概其余。他说:"这理由是:教师在教课的时候,必须有余裕,从事儿童心智反应的观察。儿童的问题,在教材上;教师的问题,在儿童心智上。如果教师对于教材不先有深透的熟习,使临时可以不假思索而使用出来,他就不能以全部的时间和注意,从事儿童心智作用的观察和解释。他对于儿童口语发表的意义,固须用心;就是对于他们的身体表现——惊奇、厌倦、领会、佯作注意、急于自炫、争先说话等——也要体会:从这中间,体会儿童理解和察观的程度。"②

（三）有继续生长的理想

成功的教师终身是个学习者,在任何情形之下,对于他的工作决不会停止研究,而必定从下列各方面以谋继续生长：A. 从自己从事教学所得的经验;B. 从参观别人的教学;C. 从阅读报章、杂志、书籍（专门的与一般的）;D. 从与校长及其他同事讨论教学的改进方法;E. 从讲习会（例如暑期讲习会等）、函授班（例如抗战前浙江省立杭州师范学校附设之小学教育函授班）、小学教育通信研究处（二十五年［1936］五月教育部训令师范大学、大学教育学院系、著有成绩之省市立师范学校及附属小学,及著有成绩之省市立小学附设此种研究处。现时国立西北师范学院已设立）及小学教育研究会（《小学规程》之辅导研究章曾规定组织本校、本区、本县、本省及全国之小学教育研究会）等。"教学相长"——继续生长——的理想是我国古今学者所极力倡导的。有人问孔子是不是圣者,孔子答:"圣则吾不能,我学不厌而教不倦也。"③凡人的我们,更是不可以厌且倦了！并且教师有求知的热忱,然后才能使这热诚传导于学生的心里。这种热忱也就是学生知识生长的不可缺的生活素！

---

① 不除庭草斋夫:《斋夫自由谈》,申报馆1932年版。《诗的学校》第一段,第232—233页。
② J. Dewey, How We Think——A Restatement of the Relation of Reflective Thinking to the Educative Process, Revised, 1933.（孟宪承等译:《思维与教学》,商务印书馆1936年版。第247页。）
③ 编校者按：语出《孟子·公孙丑上》。文曰：（公孙丑曰）:"宰我、子贡善为说辞,冉牛、闵子、颜渊善言德行,孔子兼之,曰:'我于辞命,则不能也。'然则夫子既圣矣乎?"(孟子)曰:"恶！是何言也？昔者子贡问于孔子:'夫子圣矣乎?'孔子曰:'圣则吾不能,我学不厌而教不倦也。'子贡曰:'学不厌,智也;教不倦,仁也。仁且智,夫子既圣矣。'夫圣,孔子不居——是何言也？"

(四)要抱科学的态度

科学的态度是虚心(open-minded)的态度。在教学上,我们不应泥古,亦不应迷新。新旧教学法的取舍不是取决于个人之好恶,而是诉诸客观之事实。一种方法的存在固然有它的效用,不过方法存在的本身,并不足证实其效用。同理,一个新的改革可以表示真正的进步,不过并不因为这个改革是新的,即足以证明它是进步的。

(五)教学方法要能变化

至少在现时没有一种公认为最完善之教学法,所以我们更不要做任何一种教学法之奴隶。有许多教师对于某几种教学法会感觉困难,用另外一两种,则教得很好,假若能运用多种不同的教学法都能达到相当的熟练程度,则岂不更妙。所以我们应时常变化我们的教学方法。可是变化教学法时应抱着实验的态度,审慎将事,体察其变化,评估其得失,来创造最适合于个人应用的教学法。莫礼生对于他个人所创造之方法,就不希望任何人依样画葫芦,生吞活剥去仿行。他说:"一个好教师用了不好的方法,仍然可比不好的教师用最好方法,容易得较好的结果。关于方法之讨论,以及其施行及效果,等等,现已渐成一专门学问,可名之曰'方法论'。但是虽然经过如此研究,教师之责任仍不能说即是在找出原则最好的方法而将其照办。因为在教学之中,除了所用方法之外,还有许多其他事件,教学的成功,多是靠教师及其运用特殊的知识精细地去解决问题的技能。要想写一本书,或创一新法,而希望任何人都能由照办而必得某种效果,不仅是从来未有人做过,将来也不见有人能做到。"(原书第221页。)①

(六)教学程序应富有弹性

在教学的艺术中,并没有什么一成不变的原则。教师的工作要能适应班上的环境。时时刻刻准备班上有何种新的问题发生,临机应变,立即解决。每日、每周及每学期之进行程序固应预为计划,但此种计划并非最后之决定,应视为暂时的,留伸缩之余地,准备着因事制宜。

(七)在知识方面要诚实

"知之为知之,不知为不知",是教师在知识方面应遵守之原则。倘若学生问一问题,自己一时不能回答,应当坦白地告诉学生:"我不晓得,待我查一查。"但是立刻自己就去查出来。或者告诉学生如何去找,找出来后,令其告诉同班

---

① Henry C. Morrison, The Practice of Teaching in the Secondary School, Chicage: The University of Chicago Press, 1926, p. 221. ——编校者

及自己。如此就算自认无知，精神上亦是愉快的。——虽然自认无知的次数太多，有损自己的声望，不过总比被学生认为"瞎吹"好得多。讲者个人认为在多次不能回答之后，再有问题时，最好指示相当范围令学生去查，不必自承无知。教师自己亦立刻去查，待学生仍未查得，或查得而不懂时，此时教师已有相当准备，可举而告之。

（八）教学的目的要注重质的精熟

教学的目的在求得实际的效果，故应注重质的精熟，而不应专求量的增加，虚有其名。现实我国一般教师的通病，即在以分量的多寡相标榜，而不问学生是否消化。"贪多嚼不烂"，教了等于未教。因此，现代一般学生的知识多是似是而非，即缘于教学时未能注重精熟。当正在学习之时，或尚可记得二三，过时稍久，则便模糊不清，甚至如烟消云散，一无所有。这种半生不熟的知识，当然不能发生变化气质之作用，亦就不能达到真正的教学目的。更进一步来看，自从班级教学制度兴起，普通教学之结果本来已产生一种弊端，即是仅有少数优良之学生可以达到纯熟之学习，而多数平庸之学生则只能达到部分之学习。于是有个别教导或自我教导的新教学法之提倡（道尔顿制，文纳特卡制），来匡救这种危险。莫礼生在其所创之新法中，虽仍采用班级教学制，但以全班学生都能获得纯熟之学习为准绳。于是他创造一种学习纯熟公式，作为他创的教学法之骨干。纯熟公式如下：预先测验→教学→测验结果→修改教法→再行教学与测验直达真正学习之点为止。真正学习之点即是十分纯熟，唯有十分纯熟之知识才可促起一种"适应作用"而对于行为有所改变。现时一般的教学法既不十分注重学习的纯熟，遂产生了一种几十分及格的记分制度。这种记分制度对于学生之品德方面很有危害。因为，在这种制度之下，教师所藉以评定分数的，是事实记忆的多寡，功课做得努力不努力，所指定的功课做完了没有。这些都是学生学习课业的成绩，而不是真正的知识。于是这种记分制度最容易养成学生的对付的态度，及"读日课"的态度。"行了，行了，可以及格了，完事大吉！""学校规定每门考九十分以上才可以得奖学金，我务必要考九十分以上！"这都是我们常常在学校中听见的。在这种记分制度之下，很少有学生偶然想到教育是他自己发育的进程，用不着对付学校，也无须学校来褒奖。他们在学校里只是谋对付及格，将来在社会上服务，亦一定是敷衍塞责，危害社会。"读日课"的态度，在社会控制上，亦有影响。例如读《公民》只是为读公民课而读《公民》，只学习了一些皮毛，既未能养成良好公民的态度，也不足变换他们在社会中的行为。社会组织本身有制裁力量时，他们可以做好公民。一旦社会组织发生了大变动，失了制裁力，他们于是仍然贪污、放纵、做汉奸，一切的罪恶便在社会中产生。他们知道什么是正路，但是他们向旁边走，因为他们所知道的真理只是读过的功课而已。我国古代的教学极重视纯熟，这是现时我们值得心向往之的！

(九) 选择及运用教本应当审慎

教本之本身的好坏尚在其次，最要紧者在自问个人教授此种教本能否胜任慰快，学生是否能真实获得利益。例如孟宪承所著之《教育概论》，本身确为最优良之普通师范教本，但若教师对于近代心理学无相当之素养，则第一章就不会教得明白。更有人个人既未懂清楚，又以之教简易师范，无怪其结果，学生谓在"读天书"。(这是讲者所亲闻的实例。)近日我国教学效率之低微，教师之无教学素养固为最大原因，不审慎选择教本，亦为一般教师失败的主要原因之一。审慎选择教本之方法，在广为搜罗书坊所出本学科之各种教本，比较参阅，而择其适合个人之教学能力所能运用自如者，以及学生之智慧程度所能了解明白者。教本本身虽不十分优良，亦较优良之教本容易获得较好之成效。各书坊所出之教本，在编著时虽然必须遵照课程标准，又须经过审定，但取材时仍有不少之自由。有详于此者，亦有详于彼者。所根据之学说亦时有不同之处。故教师运用教本时，必须注意著者之立场，有相反之学说时，应提出比较，以启发学生之思考，亦可促进其彻底明了，著者所忽略之处，亦应增加补充材料，使学生之智识不致囿于教本之内，上面所举之例虽是有关中等学校，其他各级学校亦可触类旁通。有一事，讲者认为最成问题的，即幼稚园以及小学所用之教本，多系上海书坊出版，其所取之材料亦多以江浙一带人民生活上通用之物件及词句为主体。例如鄂、湘、川、豫一带多通称圆形而浅薄的晒物用的竹器曰簸箕，江南一带则呼之曰匾，商务编的幼稚园读本，即于匾字之旁绘簸箕之图，在上述四省人士看来，如绘一门屏上的题额，或许较为妥当而通行。南人插秧、种稻、吃米饭、睡床，北人下种种麦、吃面食、睡炕，生活的方式各个不同，而上海书坊所编之小学教科书则多详于江南一带之生活而忽略其他各地之情形。我国幅员如此广大，生活情形各殊，此系难于避免之缺憾。补救之方，固可由书坊编制某一区域最适用之教本，而最有效者，还在各地教师于采用教本时，能因地制宜，修订增损，并尽量补充乡土教材。深一层言之：廉方教学法，以"我的学校"、"我的身体"、"我的家庭"、"我的乡土"为小学低年级学习之四大单元，统属一切教材，而不采用固定本之教本，因地制宜，利用卡片自编教材，施行教学。即因为

"现行课本为教学改进最大障碍物"。盖其编制"过重授课形式",不便于儿童自读自习之用。结果教学停滞于授课式之下,而不能引起自发活动。然亦不必"根本废除"教本,"而在编辑与方法之改变。"(引见《最经济的合科实验教学法》。)

(十)对于教学的技术要能运用自如

教学艺术之中既无不重要之事,故教学中之各种技术,例如:教室之管理,功课之指定,学习之指导,发问之技巧,皆应有明确之概念,运用自如,练达如流。

(十一)服从专业的伦理信条

伦理的目的是在陈述人类的善良行为之标准,供给人们做行动时的轨范,以减少人们盲目的举动,和虽有为善之心而不知为善之道的种种精神上的苦闷。专业的伦理信条即在树立某种专业应遵守之道德律,以俾从事某种专业者,在行动方面有所准绳。在美国许多州都有所谓教职之伦理信条的订定,使新进的教师,看了这个,对于自己道德上应尽的责任,有一个明确的了解,有经验的教师,看了这个,更增强他们的责任感,互相督促互相勉励,而圆满地完成他们应尽的义务。(可参看 T. D. Martin, Ethics in the Teaching Profession, NEA Research Bulletin, Washington, D. C.,1931。)教师是群伦之表率,更应有立法守法之精神。可惜我国对于此种教师的伦理信条现时尚无法定的条文,是一大憾事。最近教育部战时教育委员会委员陶恩川著《教师道德律》一文(载《教与学》4卷5期,二十八年[1939]七月),曾仿美国专业的伦理信条,"草拟一中国教师道德律",兹录于后,藉供参证,并以促进此运动。

教师道德律

一、教师和学生及学生家庭的关系

1. 教师应该常和学生接触,熟悉他们的个性,了解他们的困难,以便因才[材]施教。

2. 教师应该时时访问学生的家长,探讨关于学生的一切学业和行为上的问题。

3. 教师对于学生,不应该有所偏爱,无论贫富、亲疏、贵贱,应一律看待。

4. 教师对于身心上有缺陷的学生,应该会同心理学家、校医和训育人员耐心矫治。

5. 教师应该以身作则,感化学生。

6. 教师在校外或在家庭中遇到有拂意之事时,不应该以学生为发泄气愤的对象。

二、教师和国家社会的关系

1. 教师应该参与社会服务、劳动服务,不应自鸣清高,遗世独立。

2. 教师遇到社会上有什么不公道不合理的事情时,应该据理力争,但不应罢课怠教,以影响学生学业。

3. 教师对于政府的各种设施,应积极协助,随时贡献意见,对于总理遗教及总裁言论,应尽力宣扬,身体力行。

4. 教师应该时时将个人在教学过程中所得到的经验以及所感到的困难,报告社会,藉以引起社会人士对于教育事业之重视,备作政府改进之参考。

5. 教师对于种种和自身有关系的商业机关如书局、文具仪器公司等,应断绝一切瓜葛,不应徇私徇情,以得不正当之收入。

三、教师对于同事间的关系

1. 教师对同事,应互相合作,保持亲切之友谊,不应以派别或所出身之学校之不同,而有所隔阂或歧视。

2. 教师对于校务有改进的意见时,应先与校长商谈,不应越级控诉,或鼓励学生作破坏学校秩序之举动。

3. 教师对于其他同事担任之功课,应予尊重,不应仅着眼于自身所担任之课目,令学生作过分之预备,因而分散学生对于其他课程之注意。

4. 教师应该度德量力,不应专着眼于薪金之多寡而请求校方增加钟点,教其所不宜于教的功课。

5. 教师对于新进的同事,应该负责指导,使他们的行为能合乎正轨,不应作恶意的批评及谩骂,打断他们从事教育专业的兴趣。

6. 教师对于校方一切有关学生幸福的设施,应尽力协助,不得托故推诿。

四、教师自身应有的修养

1. 教师对于所教的功课,应有确切的准备,并应常常阅读各种有价值的书报杂志,使自己的思想见解能适应社会之潮流。

2. 教师应该参加各种有关自身职业的研究及学术团体,藉作进修之助。

3. 教师应该认定自己的责任，不仅是教"书"，还要教学生"做人"，所以对于自己的行为应常加检点，俾作学生模范。

4. 教师于接受聘约前，应慎重考虑，是否能实践聘约中所述各点，接受后即应切实履行，不应敷衍，或托故辞退，请人庖代。

5. 教师应有"职业的自尊"，认定教育事业为国家百年大计，做教师为一种高尚而荣誉的职业，不应视之为一种达到其他目的的手段。

（十二）严格地批评自己之人格

教师之人格为教学成败之重要关键，必须能有以自律。盖很坦白地接受他人之批评，这是难得做到的一件事情。自己时常努力去精密地考察自己，严格地批评自己，如此做去，则使自己逐渐达到善的地步。因此，第三节详述教师之人格，以供自省之用。

第三节　教师之人格

一、人格研究之重要及其困难

此处所谓人格并非完全含有道德的意味，乃指"个人的各种反应趋势之综合状态"（personality to be the sum total of an individual, reaction-tendencies）①。在美国自 1913 年克拉朴（F. L. Clapp）开始研究"良好教学的人格"（good teaching personality）以来，二十余年间关于教师应有之人格及教师成功与失败的原因之科学的研究，浩漫难数而其累牍连篇，亦可汗牛充栋。此种研究，能历久不衰，有增无已者，固由于其重要，亦缘于其困难。其重要的原因，系教学一事，根本就是个人历程，包括很密切的个人关系。我们虽竭力想出许多方法和计划，来帮助学习，使其容易进步，——如教本、图画、地图、图解、模型、仪器、图书馆、实验室、劳作室、学校园，——但学校的根本要素，还是在活的教师和活的学生。心智的实在接触，终究是教育历程中的基本。就养成学生之态度（约束行为的根本要素）而言，教师人格中之道德的粹质尤为重要。盖潜移默化远胜于直接灌输。孔子早就说过："其身正，不令而行，其身不正，虽令不从。"②古书

---

① N. L. Bossing, Progressive Methods of Teaching in Secondary School, 1935. 原书分五单元，共 19 章。中文本有黄式金、赵望合译：《现代中学教学法》，世界书局 1936 年版。但仅译出第五单元中之五章。第五单元原书分六章，亦尚有一章未译出。编校者按：英文注释部分原文空缺，据中文内容补齐。另，该注释疑有误。

② 《论语·子路》。——编校者

中又常常提到"以身教者从,以言教者讼"(《后汉书·第五伦传疏》),及"经师易遇,人师难遭"(袁宏《后汉纪》述陈国童子魏昭对郭泰语①),或"经师易求,人师难得"(《北周书·卢诞传》)。所谓"人师"即操行可以为人之师表者,有如《荀子·儒效篇》所云:"四海之内若一家,通达之属,莫不从服,夫是之谓人师。"总之,最优良之教师。便是最优良之教学。其困难的原因,系教学一事,其活动至为复杂,故教学中所需要之个人粹质便难以决定。个人人格的形成乃种种适应的结果。我们的遗传趋向,早年环境,学校训练,交游的朋友,所听的教训,所读的书籍、报章和其余许多要素,所占的分量既各不同,所影响的程度亦各有差异,拉杂错综,联合起来,便形成我们这样一个个的人。其次,在这些潜势力中,有几种为最具有权威者,但深藏于冲动之中,而为吾人所不知,或蕴蓄经验之内,而为吾人所遗忘,或吾人不愿回忆,或吾人能回忆而不愿告人。因而事实便不易获得。欲用科学方法,以解决问题,又非从事实研究起不可,事实既缺乏,故教学的个人粹质虽然经过二十多年之所谓科学的研究,而尚无一致之结果。

二、人格粹质之要素

关于教师之人格粹质的研究虽因种种困难尚未能达到完善之境界,但是我们从中外学者已论及的教师应有之资格已很可供吾人之参考。以下先介绍德国文化教育学派之说法,从哲学观点,阐明教师应有之典型的粹质。再取美国各种科学研究结果所常提及之成功的教师应有的粹质,略加叙述,最后更殿以一个美国最著名研究之全部结果,以供参证。至于我国先贤之看法及所表现者,一、二两讲及前面零碎之论述,稍加体会,当可贯通,故此处不再赘述。

1. 教育的爱

系据史普兰格(Edward Spranger 1882—1936)②的说法③,教育是社会的精神活动之"爱"的作用。"爱"是与追求共同价值者之他人同心协力之意识。教师的人格粹质之核心便是崇高纯洁之"教育的爱"(die padagogischen Liede)。教育的爱系"施与的爱",而异于"受容的爱"。例如男女之恋爱即其受容之爱。爱少艾,爱好色者,系倾倒于对方所既成之价值,而愿受容之。故遇对方愈年轻貌美,则爱力愈强,价值愈高,则爱之愈烈。施与的爱乃是儿童的爱,即愿将自

---

① 《后汉纪》卷 23《孝灵皇帝纪》。——编校者
② 编校者按:今译作斯普朗格。
③ 参看林砺儒著:《文化教育学》,文化学社,无出版年月。及姜琦著:《现代西洋教育史》,商务印书馆 1935 年版,第 411 页以后。

己所既成之价值接济儿童之贫乏而使之丰富。故遇对方愈未成熟，愈不完全，愈生硬幼稚，则爱之愈笃。教育的爱导源于对人类之爱（Lieb Zum Menschen）。故教育的爱，一面爱儿童，一面又爱文化价值。教育家深悉儿童之个性中，宿有价值发展之可能性，故愿导之体验价值，领略文化生活之意味，以实现其人格。教育家弥爱儿童者，以价值之所可寄托，所可蕃殖。故教育家一面对于各种文化，皆确切地理会其价值，而知其皆为人格发展之方向，一面又洞察儿童而必须以文化价值营养之，皆有与其个性适合之价值可能性，充实之。教师既以"教育的爱"为其生活之核心，故他的其他种种精神活动亦因之而流露一种异彩。第一，就理论的活动而论，一般的学者之生活往往向心于理论价值之采求，而忘却人生价值之全。倾注于事实自身，而排斥一切人类理念。学者的学问只是一笔冷酷无情的死钱。教师既是儿童生长与文化价值双方结合的媒介者，故对于两者必须有深刻的领会。他当然需要有渊博的学问，而是以之作为陶冶儿童人格之一宗活资本。第二，教师须洞察儿童之个性，并审情度势以文化的价值去开展之，此即为一种审美的活动。其指导儿童领略美的价值，则其自身亦应有艺术之修养。教师常不满足于现代之生活，而胸中堆集许多块垒，就此点言之，亦有类于艺术家。但艺术家只是游心于理想的世界，以艺术作品虚空地寄托其理想，而自浇其块垒。教师则脚踏实地对正儿童青年之人格，以求实现理想之人生，至于成败利钝，在所不计，决不图逞一时之快意，而聊以艺术之游戏以自慰其苦闷。第三，经济的精神活动，在教师的本质精神上似乎是绝缘的。因为经济生活型的人是以"假物自利"为中心，而社会生活型的人是以"舍己为人"为中心。两者之间，距离最远。教学乃是放弃名利的一种服务。教师必须牺牲个人以尽瘁于社会而不可有一点自私自利之心。然而经济的活动之本来意味基于力的计算之有效的活动，即所谓"用最小的劳力收最大的效果"的这个原则，当然可以有效地适用于教育活动之上。教师之经济活动只是在辅导儿童工作上，力求适合经济原则，及熟察社会经济生活之趋势，以便实施职业教育。对于个人"食功"之经济报酬，则听凭政府为之谋其保障。第四，教师要培养儿童为理想的公民，当然不能不理会政治生活的意义与价值。教师固绝不能做"理乱不知，黜陟不闻"[①]的遁世者，亦绝不自己献身于政治舞台。政治家虽亦为公，但不妨有功名心，更不免有权势欲、支配欲，然功名荣誉、权势利禄等念头，是教师之所最忌。教师是以崇高温厚的人格，使学生心悦诚服，而决不以权势支配人。

---

① 编校者按：语出韩愈《送李愿归盘谷序》。

孟子说:"以德服人者,中心悦而诚服也,如七十子之服孔子也。诗云:'自西自东,自南自北,无思不服,'此之谓也。"①第五,教育的生活与宗教的生活最为接近。宗教上之神佛皆系伟大爱力之象征,而教师亦坚信社会可以改进,儿童之个性可以发展。佛家认为"一切众生,都有佛性"。孔子则本"有教无类"之精神,自缙绅子弟以至驵侩大盗,皆"归斯受之"。陈宏谋亦相信"天下无不可教之人,亦无可以不教之人"(《教女遗规序》)。宗教家与教育家有同一之精神,以信仰为后盾,而向理想迈进。莫问收获,但问耕耘。然稍有不同之点即宗教家多超越现世而否定世间的生活。教育家如裴斯泰洛齐则以"往天国道路是在于遂地上之义务"为信条。要之,教师之生活形式是以子弟爱与文化爱为核心,使其他的理论的、审美的、经济的、政治的、宗教的精神诸活动都从属于这个核心的活动而结合。这就是教师之个性或人格。用抽象的话来诠释,实不易了解,兹请以中外教育家之典型者的生活来作例证。我国"大成至圣先师孔子"与外国"近世德国普通教育之父"的裴斯泰洛齐之生活,最足表现个中神髓。

"孔子抱负着伟大的济世理想,因为没有机会去实现他的主张,乃专力于著述与授徒。他的主旨,是要把他所认为足以促进其心目中理想社会实现之观念与方略,付托于众弟子;他虽然不能身见此伟大的理想之实体化,但盼望所抱济世之初衷,可能藉着曾亲受其陶冶者而实现出来;其爱人类之真挚,至今犹活跃有生气。"②孔子能有教无类、诲人不倦,及因材施教者,乃满腔之教育的爱使之如此。颜渊死,子哭之恸,又曰:"噫?天丧予!天丧予!"③盖孔子认颜渊为文化价值之最好的寄托与蕃殖者。子哭之恸,而说"天丧予"者,一面哭弟子之死,一面哭文化之寄托与蕃殖因优良弟子之死而蒙受重大之损失。兹录《论语》中孔子论颜渊之语,以为佐证。"子曰:'贤哉回也!一箪食,一瓢饮,在陋巷;人不堪其忧,回也不改其乐;贤哉回也!'""子曰:'回也,其心三月不违仁,其余则日月至焉而已矣。'""哀公问弟子孰为好学?孔子对曰:'有颜回者好学——不迁怒,不贰过,——不幸短命死矣!今也则亡,未闻好学者也。'"(《雍也》)"子曰:'语之而不惰者,其回也欤!'"(《子罕》)"子谓颜渊曰:'用之则行,舍之则藏,惟我与尔有是夫!'"(《述而》)

裴斯泰洛齐于1798年受瑞士政府委托任斯坦次[兹](Stanz)孤儿院的院

---

① 《孟子·公孙丑上》。——编校者
② 常道直著:《师范教育论》,立达书局,1933年,第65页。
③ 《论语·先进》。——编校者

长。于破庵之中,教育孤儿数十名,粗野愚顽,疾病满身,加以设备残缺,萧然四壁,而裴氏与群儿同起居,共饮食,只身独任,始终不懈,此亦满腔之教育的爱使之如此。他痛惜儿童和青年受不到教育时说:"我看见这人们的堕落,让我十分难过,好像一股奇苦的泉水。流到我的心中。"他描写他教育孤儿时的生活说:"我喜欢在我的儿童们身上用心,他们的幸福即是我的幸福,他们的快乐即是我的快乐,自极早的早晨到极晚的晚上,他们时时都能看见我,随时都可以接我的吻。他们的安全都是我亲手去办,他们的教诲都由我亲口去说。他们的手同我的手一块儿动,他们的眼同我的眼一块儿看。我们笑的时候一齐笑,哭的时候大家哭。他们不是在世界上,他们也不是在家里,他们只是在我跟前,我也只是在他们跟前。我们吃同样的饭,喝一样的水。我们有家务,没有朋友,没有佣人,我任何东西没有,只有他们。他们若是康健,我立在他们的中间,他们若是疾病,我立在他们旁边。就是睡觉我也睡在他们的中间。我同他们说笑话,讲故事,一直到他们睡着;他们喜欢这样。"①故凯欣[兴]斯泰纳(Georg Michael Kerschensteiner 1854—1932)在所著《教育家之精神与师范教育问题》(*Die Seele des Erziehers und das Problem der Lehrerziehung*)②之《序言》中说:"一个最贫乏的乡村学校,苟具有裴斯泰洛齐性格(Pestalozzintur)之教师,可以成为比较科目繁多,设备完美,且聘有许多哲学博士的教师之宏大的市校,而更有价值之教育机关。"其书中所论的教育家之精神亦完全以裴氏之精神为骨干。

2. 公正

从待遇学生方面看,一般教师往往喜欢聪明学生、漂亮学生、安静的学生,不喜欢笨学生、丑学生、好闹的学生,或是对于男学生或女学生有所偏爱,或是对于亲戚、同乡、朋友的子弟,则另眼相看。故美国教育家做过许多实验,命学生列举一个良好教师应有的品质,公正总是列在最高。盖中小学生最易注意教师的偏爱,而教师的偏爱亦最易引起学生的反感。一个人有喜恶固是人情之常,不容易克制,但是感情的表示上是可以克制的。所谓"发乎情,止乎礼义"③即是控制情感之表现。更有一般最不良的教师,对于幼弱和顺者,则多所苛刻;对于倔强顽皮者,则遇事迁就。谄媚阔人的子弟,鄙视贫穷的儿童。这种有关

---

① 引见刘钧著:《教育之父亨理裴斯泰洛齐》文中所引,载《河南大学学报》1卷3期,二十三年[1934]。
② 中文译本有余志远译:《教育家的精神》,商务印书馆1926年版。
③ 编校者按:语出《毛诗序》,全句为:"故变风发乎情,止乎礼义。发乎情,民之性也;止乎礼义,先王之泽也。"

气节操守的不公正,更易引起学生之轻视或仇恨。总之,如果教师不能控制其情感,严谨其操守,或者"爱而不知其恶,恶而不知其好"①,或者欺善怕恶、嫌贫爱富,其结果未有不众叛亲离,而身败名裂者。从介绍学问方面看,教师亦应有广大的胸襟,公正的见解,不可以一己的好恶为准绳而蔑视其他说法,或秘而不宣或作谩骂式之批评。不然,学生亦必相率而流为狭隘偏倚,党同伐异,社会将因此而杌陧。为教师之本身着想,为学生之品学着想,为社会之安全着想,教师皆应在各方面表示公正的态度。

3. 同情

教学系精神事业,故教师应有广大之同情,然后能乐人之乐,忧人之忧,而有保护学生福利之诚心,视学生之得失为己身之得失。正如孟子所谓"为政必先有不忍人之心,而以不忍人之心行不忍人之政"②。夫如是,言其大者,始能不以学生为工具,以谋个人之出路;言其小者,始能忠于职守,以最大之努力,帮助学生解决其学习上之困难。以教学之效率而言,教师富有同情,则与学生感情之关系深,中心无所隔阂,而教师之嘉言懿行,则易深入学生之心。

4. 幽默性

许多教师在班上授课,总是道貌岸然,滔滔不绝,有时班上的空气异常紧张与不自然,而最易感觉疲乏。故教师遇有空气紧张的时候,应当说一两句清淡的笑话,引学生松散一次。教师对于所授之作业固应十分严肃,但是自己不要表示过于严肃的态度,总要使学生觉得很自然。此即所谓"温而厉,威而不猛,恭而安"③。不然则使学生见师如见虎,因此而影响其对学习之态度。古人曾有打油诗一首形容此种情形。诗云:"读书年十五,见师如见虎。秦火未烧完,留下我受苦。"故在美国关于教学的优良品质之各种研究中,幽默性(或作诙谐意味)亦列在首要之地位。

5. 自制力

教师对于自己之情绪应有自制力,力求稳定。盖教师之情绪不稳定,学生之情绪亦渐趋不稳定。据鲍恩顿(P. L. Boynton)实验研究的结果确是如此。其研究之概要如下:"情绪不稳定的教师所接触的儿童其情绪亦渐趋不稳定;情绪稳定的教师所接触的儿童其情绪亦渐趋稳定:这是由研究 73 个教师和 1 095

---

① 编校者按:此语未见出处,类似语作"爱而不知其恶,憎而遂忘其善"(《贞观政要》卷三,魏征语)。
② 编校者按:语出《孟子·公孙丑上》。原文为:"孟子曰:'人皆有不忍人之心。先王有不忍人之心,斯有不忍人之政矣。以不忍人之心,行不忍人之政,治天下可运之掌上。'"
③ 《论语·述而》。——编校者

个小学五六年级学生的情绪所得到的结论。这些师生接触的时间仅有两个月至两个月半。教员以在三种情绪测验上分数最高之四分一为最不稳定组,以在最低之四分一者为最稳定组。各组教师所接触的男女儿童的情绪分数亦根据这三种测验分别计算。最堪注意的结果,就是所有各种情绪的比较在不稳定教师之下的儿童,其情绪平均都比在稳定教师之下者较不稳定。两者相差甚为显著,不稳定教师的学生其情绪在一百机遇中有九十九较不稳定。由此可见教师情绪刚强者足以激发危害儿童的情绪,教师情绪稳定者亦足影响儿童使其情绪稳定。此种事实极关重要。学校教育应以心理健康为主要目的之一,须知所聘教师倘无力自制易发情绪,则两个月期间内与其接触的学生,心理便有被其影响成为不健全的危险。"①

教师在情感上若不能保持平衡,亦最易有失态之举动而引起班内秩序之紊乱。俞子夷主张教师应先明白自己的心理,以克制情感之冲动。他说:"做教师而教出风潮来,可以说是最大的失败。但是学校里的风潮在开始的时候,十之八九,是师生间彼此心理上的不了解。到后来大家精神兴奋了,只讲面子,丢开实际,所以弄到非开除学生,便辞退教师,仿佛师生间形成了一个势不两立的情景。若是能知己知彼,即使学生们意气用事,我们做教师的尽可以平心静气的来应付。受教的学生,在心理上发起狂来,或者一时没方法自己节制。然而施教的教师却不应使自己的心理完全受感情的支配而不会自己约束。要是也和学生一样的,只知意气用事,我们自己的修养程度,不是和学生在同一水平线上了吗?有人说,教育是教人自制的。未入学的幼儿,一切任性而行,不容易自己节制自己。我们教育学生,希望他们自制的能力与年俱进。发生风潮,这一点上便显露了我们平时教育的缺点。退一步说,我们所教的学生,已经犯了不能自制的大病,若我们自己也不能自制,和学生同一见识的闹意气,争面子起来,我们如何可以再来教学生自制?明白自己心理,而能节制,是做教师很重要的一个条件。"②俞氏认为在下述五种情形之下,教师最不易保持情绪稳定,而应特别注意,努力克制。A. 在忙的时候,容易发怒;B. 在倦的时候,顶容易怕烦;C. 在病的时候,或者将要发病,或者才发过病还没有恢复康健的时候,亦容易发怒,亦容易悲观;D. 在出于意料外的时候,往往心理上受到一种特别强烈的

---

① 引见《教育杂志》第 26 卷第 5 号,《世界著名教育杂志摘要》栏中,黄觉民摘要:《教师与学生情绪稳定的研究》,二十五年[1936]五月。编校者按:原文作第 16 号,经查应为第 5 号。
② 俞子夷著:《怎样做教师》,第二章《先明白自己的心理》,中华书局 1934 年版,第 12 页。

刺激而生异乎寻常的反应；E. 自己性太急，或太聪明了，极容易恨学生。

6. 热心

教师对教学不热心则不会引起学生热心向学。教师能热心教学，才会对于教材有充分之准备，对于教法有不断之改进。自己能学而不厌，诲人不倦，才能激励学生发奋忘食，乐以忘忧。但是热心并不是过度的紧张，热心的人做事亦应当静如处女，动如脱兔。

7. 忍耐性

教学必须具有忍耐性，因为"教学有如行路，中间须有停顿处所，不能一口气领导全体学生达到目的地。教工具科目，更须注意这层。四种重要的停顿处所为：（1）认识（Recognition）；（2）体会（Identification）；（3）了解或理会（Comprehension or apprehension）；（4）应用的能力或复述（Ability to use or reproduce）。试以圈点为例。当儿童初上学时，对于句子的点逗，似曾相识，他已达到第一步，认识的阶段；要是他能告诉你这是点，这是圈，他已达到第二步，体会的阶段；如他能说出圈点的用处，已达到第三步，了解的阶段；倘使他造句时能使用圈点无误，已达到最后一步，有应用的能力。从第一步到最后的熟谙一步，不是一年半年所可奏效的"。① 教学绝不能一蹴而成。教师若不能忍耐，则最足使迟钝之学生沮丧。一般人皆谓自身智力较高之教师最易躁急，其实并不尽然。教师之不能忍耐，皆是由于不明了学习进程之状态。聪敏的学生之解决问题，其思考的进程或可一跃数步，迟钝学生之思考则必须一步一步地前进，毫不能省却。聪敏的教师若能明了此点，当可用巧妙的问题，帮助迟钝的学生很快地一步一步达到预期之目的。

8. 自信力

教师对于其所教者能表示自信，方能引起学生之注意而努力学习。自然，自信是建筑在充分之准备与丰富之学识基础上。自信绝非自己夸大。自视过高，其为害与自视过卑相同。

9. 康健

康乐之精神寓于健全之身体，教者有精神则学者才感到有兴趣。吾人之思想感情行为莫不受身体之精力所支配。精力不充足者，则视听言动必不能端肃庄重，做事必不能持久不懈，思虑必不能审慎周密，感情必不能调和。所以身体

---

① 引见汤木生（B. J. Thompson）著，廖世承摘要：《实际上备教师参考的数点》，载《教育杂志》第26卷第9号，《世界著名教育杂志摘要》栏，二十五年[1936]九月。

荏弱,年龄衰老,都能影响教学。

10. 可爱的仪表

"以身作则"一语乃兼指身心两方而言,况幼小之儿童灵肉不分,身体方面对于儿童之影响自不少。我们固不能尽求魁梧奇伟、广额隆准之男教师,或美丽标致、窈窕丰盈之女教师,但短小之侏儒,或官体残缺者,其废疾者,畸形者,确能减少教师的威力。其残缺程度致使学生大感不快的教师,影响于学生尤大。仪容简洁,服饰整齐,从各方面看来,皆为重要。服饰既为"身之章",囚首丧面,不修边幅,或油头粉面,华丽妖艳,皆显然能产生不良之影响。教师与学生相处久,首入学生之眼帘者便是仪表,故教师之一举手,一投足,皆可与学生以深刻之印象。

11. 良好的声调

教师之工作,用声最多。俗语有句幽默话:"轿夫的腿,教师的嘴。"所以良好的教学声调,几为教师无价之宝。有许多人于其声音具有微妙不可思议之势力,以影响他人。雄狮一吼而百兽卒舞;丹凤一鸣而百鸟来朝。最好的教学声调是清晰而悦耳,和谐而抑扬,陈述一事,有轻有重,形容一物,有声有色。教学声调所最忌者,有:A. 尖锐、高亢、粗噪的声音;B. 喧哗或噪嚣的声音;C. 口齿不清,发音不正的声音;弱小低微有气无力的声音;D. 单调平淡而无抑扬顿挫使人入睡的声音。说话太响,太快或不清晰,实为教师通病。噪杂的声音,最为恶劣。因为无形之中,常引起教室中学生的吵扰与紊乱。如果班中初有纷乱的朕兆,试将声调降低,这个简单的救济法,常生奇效。低微含混和单调的声调,常可藉适当的练习来矫正。教学声调似为细节,然对此事的注意与否,常可决定教师的成败。我国教师对于教学之声调有一事尤须注意者,即能操熟练之国语以教学,使受教之学生亦因之而能听国语,讲国语。其对于全国人民情感之统一,当有不少的裨益。盖语言为通情感之媒介物。我国昔日之形成地方主义者,各地人民各讲其土话亦即其重要因素之一。凡曾游新加坡者,即可明了当地之华侨籍隶闽粤各处,而其情感之沟通,唯赖采用国语通话。彼等之能讲国语,亦即因当地华侨学校之教师采用国语教学。

第四节　人格之应用及改进

一、勿误用自己强健之人格

有些教师禀性和蔼可亲及具有其他可爱的人格,很容易受学生的爱戴,这种教师应当注意不要误用了自己的人格,切忌仅恃其健全和可爱的人格之感化力以施行训练。当教师的感化力继续存在而足以维持良好秩序和兴趣时,其结果固然甚佳;但一旦教师离校或学生升班,则此感化力随之消失,学生的不良性质因以暴露。一到这个时期,教师人格的健全,实已很显然地使学生的人格变为薄弱。他们早已完全凭藉着教师人格的刺激,而丝毫不能独立。他们所表现于功课的兴趣并非自己实在的兴趣,其良好的秩序亦无非教师之巧言令色所换得的。这种教学的成功不但是假的,而且是有害的。教学上真正成功的要道,就是养成学生不待指导而求进益的态度。使后继的教师,得因此而有较顺利而非较棘手的进行。如使后继者不能维持秩序,或引起兴趣,而自夸其教学之优异,则不仅有伤风度,并且失却教师的身分。

二、有许多人格粹质是可以改进的

一个教师对于造成一个良好的教学人格(teaching personality)之粹质(或作品质 traits)如果缺少几种,千万不要失望灰心,有许多人格粹质是可以养成的,虽然不能全部都可以养成。只要自己立意去养成,并不是一件很难的事。如果自己立意去养成,可以自己审查自己在应具有之人格粹质中,对于哪几种最缺乏,然后同最富于此种粹质的人来往,寻找机会,努力练习。如同教学的声调不好,可常常与长于演讲的人来往,练习自己的声调。卡特斯(W. W. Charters,1875—1952)[①]和华朴士(D. Waples)[②]在所著《民主政治下的教师训练研究》(*The Commonwealth Teacher-Training Study*, University of Chicago Press, 1929)一书中曾列举教师应有之粹质 83 种及粹质活动(trait-actions)767 条,复归纳为 25 种粹质,而依中小学及乡村学校教师需要之轻重,排列成表。兹译录其表及粹质活动之全部条文,附载于后,俾便教师自省之参考。[③]

[①] 今译作查特斯。——编校者
[②] 今译作韦普尔斯。——编校者
[③] 表载原书 18 页,粹质及粹质活动载原书 223—244 页。粹质及粹质活动已有两种译文:1. 邰爽秋、周祖训合译:《教学之品德及其品德动作》,载《开封教育旬刊》第 1 卷第 5、6、7 期,二十一年[1932]十二月;2. 曹刍译:《教师应有之素养与活动》,载《中华教育界》第 21 卷第 12 期,二十三年[1934]六月。两文均未译表,且译文各有增损芟面。此处乃参酌两文,全部译出。原表有误漏之处,或为两文未译此表之原因。原有粹质共 83 种,归并为 25 种,但表中仅列举 82 种,而"迅速"一种,又不见于原有 83 种粹质之中,共漏去"公正"、"坦白"两种。此处乃根据原书 67—69 页,将"公正"、"坦白"列于"诚实"之后。"迅速"之后,识以"*",以资区别。卡特斯等此项研究,费时三年余,用款 42 000 余元,参加者达数千人。原书计 666 页(四开本),而仅为结论之报告,其工作之浩大,可见一斑。

巴尔(A. S. Barr)在所著《教育视导科学研究概论》(*An Introduction to the Scientific Study of Classroom Supervision*,1931)一书中,曾谓此项研究之结果最为可靠,盖与巴尔及伊孟斯(L. M. Emans)归纳 209 种教师量表(rating scales)(美国教育行政当局实际应用者)所得之结果相同,仅每项人格粹质的重要性之次第颇有不同之处。故于后表,据巴尔之书,加添两栏,书为原表之平均等第,一为巴、伊两氏研究结果之等第。(见原书第 145—151 页。)据巴尔书所载,"有力量"一种在巴、伊研究所列之等第为 23,但讲者仔细观察全部等第之后,疑为 16,另参考 Bossing 著《现代中学教学法》所引证的此表,亦非 23,而巴、伊研究原发表于①。现时无从取阅此种杂志来作最后之订正,只好擅自更改,而识"♯"符号以作说明。

表后所附之号数系表明第几种粹质,以便检阅表后所附之粹质及粹质活动。原文以英文字母为序,其先后并无重要性之区别。

教师粹质等第表(Rank-List of Teacher's Traits)

粹质	各级教师需要之等第					分均等第	巴尔及伊孟斯研究所列之等第
	高中	初中	小学高年级	低年级及幼稚园	乡村学校		
1. 适应力 2	8	10	8	6	1	7	13
2. 仪表动人 8	17	14	9	10	15	13	3
3. 兴趣之广阔 9(对社会之兴趣 46,对职业之兴趣 47,对学生之兴趣 48)	1	10	11	15	2	8	4
4. 仔细 11(正确 1,确定 21,贯彻 80)	11	13	9	14	12	12	18
5. 体贴 14(欣赏 6,礼貌 19,仁爱 49,同情 78,有手腕 79,不自私 82)	17	3	1	1	3	5	5
6. 合作 17(乐助 36,忠实 51)	11	9	14	16	3	11	1
7. 可靠 22(一贯 15)	14	19	16	17	15	22	19

---

① 编校者按:"发表于"后原文空出一句,似为作者有意空出,以便将来补齐。

续　表

粹质	各级教师需要之等第					分均等第	巴尔及伊孟斯研究所列之等第
	高中	初中	小学高年级	低年级及幼稚园	乡村学校		
8. 热心 26(机警 3,有生气 5,感动力 43,天真 77)	9	4	5	2	11	6	12
9. 语言流畅 29	23	24	25	23	25	24	9
10. 有力量 30(勇敢 18,果断 20,坚定 28,独立 39,有目标 66)	5	4	18	19	13	12	16♯
11. 明辨 33(有分寸 24,先知 31,洞见 42,聪敏 45)	2	1	3	4	3	3	20
12. 健康 35	16	16	12	10	9	13	8
13. 诚实 37(公正 27,坦白 32)	7	12	7	9	6	8	22.5
14. 劝勉 40(忍耐 59,毅力 60)	19	8	14	13	17	14	17
15. 领袖的能力 50(独创 41,自信 71)	4	7	19	21	8	12	6
16. 吸引力 52(易于亲近 7,愉快 12,乐观 57,快乐 61,幽默性 73,社交精神 76,声调和悦 62,有机智 83)	11	4	5	3	9	6	2
17. 整饬 55(清洁 13)	20	16	13	4	18	14	21
18. 虚心 56	9	20	23	24	22	20	24.5
19. 创作 58(想象力 38,有方略 69)	22	22	16	12	19	14	14
20. 进步 64(有志气 4)	23	23	22	20	22	22	22.5
21. 迅速 Promptness*(敏捷 25,守时 65)	21	14	20	18	21	19	7
22. 文雅 67(合俗 16,嗜好高尚 34,谦逊 53,德行 54,简明 74)	14	20	2	8	13	11	15
23. 学者态度 70(追求新知 44)	5	16	21	21	20	17	10
24. 自制 72(沉静 10,自重 23,稳重 63,有涵养 68,庄重 75)	2	2	3	6	6	4	11
25. 节俭 81	25	25	24	25	25	25	24.5

（一）正确（Accuracy）　1.正确地记录学生成绩。2.考核学生之观察是否正确。3.对专门名词发音准确。4.使教材中事实的叙述正确。5.使学生

工作正确无误。6.所予学生之功课指定正确无误。7.历史上之年月日时说得正确。8.学校方面所规定之办法仔细照做。9.所制之报告及点名簿、记分单等均正确。10.报告送达校长前重校对一次。

（二）适应（Adaptability） 1.随时随地保持教师之身份。2.处世接物,就社会人士自身的地位而应付之。3.跳舞及玩牌如为社会所反对时,即不为之。4.善处不良环境。5.不存成见。6.如遇紧急事变,能变更原定计划。7.深入于团体的社会精神之中。8.应用所读与所闻者于自己的需要。9.从儿童所发的反应,去运用思想。10.与儿童共同游戏。11.善于适应谈话的趋向。

（三）机警（Alertness） 1.观察到正需要注意的学生。2.迅速得到新的观念。3.留心搜求新教材以应用于工作中。4.不让一事一物含糊过去。5.深切注意谈话的主题。6.能看到要做的新事体。7.对方兴趣缺乏即能看出并知其原因之所在。8.辨识迟钝儿童。9.在班上能迅速应付学生所发生的思想之新趋向。10.知道教室中工作进行的情形。

（四）有志气（Ambition） 1.修习大学所开推广科目。2.力求改正自己之缺点。3.进暑期学校。4.修养自己超过规定的标准。5.力图工作成功。6.努力服务以图在教育界获得较高之位置。7.求视导员示范教学,以期学得较好之方法。8.利用课外闲时余力以求进步。

（五）有生气（Animation） 1.谈笑自如。2.目中有热情之表现。3.使课业具有生气。4.不呆坐。5.谈话有力,带着情感热心与精神。6.讨论自己觉得有兴趣之问题时,要说得流畅轻快。7.使工作富有生气与兴趣。8.走路时步履轻捷。

（六）欣赏（Appreciativeness） 1.儿童能做某种工作,及将其做成者,常予以赞许。2.赞赏学生整饬之服装。3.称誉他人的良好工作。4.学生虽只有一点特长,亦加以称赞。5.劣等生如稍有可取之处,即随时予以赞许。6.对学生为他所做的好事,表示感谢。7.见学生做了好的工作时须微笑。8.赞扬最优秀之同事。9.向视导员说起自己特别受到帮助之处。

（七）易于亲近（Approachability） 1.熟悉如何与人相处。2.使学生感觉得都能明了他。3.易与人亲近。4.以和悦的态度与人相处。5.使学生常和他谈话。6.随时和学生接谈。7.不使学生对他发生畏惧。8.和学生共同游戏。

（八）仪表动人（Attractive personal appearance） 1.以优良之仪表自矜。2.行路时姿势端正。3.不要天天穿着同样一件东西。4.不始终穿着暗色的衣服。5. 不跂鞋。6. 头发梳得整洁。7. 着朴素而不讨厌之衣服。8. 装束形式优美。9. 皮肤保持健康的状态。10. 行路身体挺直。11. 服装合时。

（九）兴趣之广阔（Breadth of interest）　1. 兴趣不限于自己的教室与自己所教之学生。2. 阅报时不仅顾及与自己工作有关的部分。3. 凡儿童有兴趣的材料都留在手边。4. 在校外不始终"三句话不离本行"。5. 解答功课以外的问题。6. 以各种功课供给儿童。7. 明了世界的时事。8. 阅读杂志与其他定期刊物。9. 对公民活动有兴趣。10. 参加演讲和音乐会。11. 从事旅行。12. 与其他专业中人为友。13. 欢喜户外活动如打网球、打高尔夫球、游泳等。14. 能讨论各种问题。15. 对课外活动有兴趣。

（十）沉静（Calmness）　1. 不发脾气。2. 学生喧哗时不用强大的声音去压制。3. 动作沉着而审慎周详。4. 用和平的声调与发怒的家长谈话。5. 不轻易发生慌张之态。6. 声调或态度不现出激昂的气氛。7. 有特别的事项发生，应付时不着慌。8. 不感情用事。9. 不为细故所兴奋或困恼。10. 不烦躁。11. 不喋喋不休。12. 不常常坐立不定。13. 不对幼童突然发怒。

（十一）仔细（Carefulness）　1. 审查学生所申明缺席的理由。2. 先行对各问题案件的情形严密诊断后，再有举动。3. 校核工作计划能用过去之计划做参考，以便发现缺点而资改正。4. 考量要说的话。5. 判断时表示审慎。6. 爱护学校的产业和材料。7. 对于新的提议不匆遽采行。8. 照规定的办法仔细去做。

（十二）愉快（Cheerfulness）　1. 不呈忧郁之色。2. 一切举动，表示对人生甚为乐观。3. 对不快意之事怡然处理。4. 面现愉快之色。5. 使人欢欣鼓舞。6. 处逆境而恬然自适。7. 向学生道"早安"。8. 在教室中表现快乐之精神。9. 时常笑嘻嘻。10. 常带愉快的表情。

（十三）清洁（Cleanliness）　1. 保持服装的清洁整齐。2. 保持手指及指甲的清洁。3. 保持牙齿的美好。4. 保持身体的清洁。5. 使学生保持他们桌椅的清洁。6. 遇必要时能代学生洗面。7. 保持课桌的清洁。

（十四）体贴（Considerateness）　1. 将学校的规则告诉新来的教师。2. 学生有病时，亲去探视，或写一便信慰问。3. 编排自己授课时间表时勿妨碍他人的方便。4. 及早指定工作使学生有充分的时间预备。5. 体贴害羞的学生。6. 学生送请批评之成绩，不满纸乱写涂抹损坏。7. 使学生有机会陈述自己方面的情形。8. 不要在其他学生面前窘一个学生。9. 不允许本室内有喧闹之声扰及邻近室内的教师。10. 不要责骂学生,羞辱他们。11. 上课勿逾定时。12. 顾到其他教师的感情。13. 不任意妄为,不顾他人之痛苦,以达一己之目的。14. 其他教师对学生已有繁重的功课指定时,同时不再给以多量的写著工作。15. 对于能力低劣或生理上有缺陷的学生不加以窘迫。16. 令有耳疾的学生坐于可听到的地方。17. 不嘲笑于己觉得可笑的行动。18. 学生活动正在兴高采烈时,不使其停止而矫正其错误。19. 不能准时到校即通知校长。

（十五）一贯（Consistency） 1. 在不同时间内所说的话能前后一贯。2. 不今日发动作一设计,明日又跳到另一设计。3. 使每日做事的次序相同。4. 对于学生所做事的批评不时时变更。5. 不要第一天对于所有犯规者都忽略过去,第二天则对于任何学生敢随便说话者都加以冷语讥刺。6. 对于犯规行为的处置前后完全一致。7. 言行一致。8. 无论视导员是否在场,均是同样地教学。9. 办不到的事不威胁学生去做。10. 说了就做。

（十六）合俗（Conventionality） 1. 对饮酒吸烟及其他不大好的娱乐,表示一种可以作人表率的态度。2. 不梳怪状的头发。3. 服装合乎时尚以免惹人注目。4. 如社会反对跳舞或玩牌即不做。5. 在言语动作的态度上不标奇立异。6. 课余之暇,不过于花费时间在街上散步。7. 不要与中学生作单独同游的约会（date）。8. 在行为上立一种好的表率。9. 知如何介绍别人。10. 饮食时合乎通常礼节。

（十七）合作（Co-operation） 1. 愿意和校长、教育行政长官（Superintendent）及高级长官合作。2. 他人有事求助,即诚心诚意予以协助。3. 自动协助其他教师。4. 遇集会时有需己参加之处,不加推辞。5. 其他教师有事请教时,就立刻贡献意见。6. 对于分外增加的琐务,不辞劳苦,不出怨言。7. 无论为何种缘由要辞职时,必给教育行政长官以相当的通知。8. 以正当态度接受他人的批评。9. 作有利于学校的建议。10. 协助其他教师及行政当局对于训育事项之进行。11. 表示愿与其他教师,共同使用学校的设备。12. 如有事端先行报告教育行政长官。13. 报告拥护或反对学校的活动于教育行政长官。14. 与其他各部合作,共同纠正学生国语上的错误。15. 所做的工作与其他教师的工作,互相联络。16. 与家长合作,共谋解救学生之困难。17. 访谒视导员,并向之请教。18. 对于某种已定之计划,自己虽不赞同,亦协助校长,促其成功。19. 不在班上对学生批评学校行政之政策。20. 服从团体的决议。21. 同事中对校长关于教师之新规定有非议时,设法使其明了校长之意旨。22. 不因所教的一个或一组学生进行迟钝,而表示愤怨。23. 协助其他教师训诫顽强的学生。

（十八）勇敢(Courage)　　1. 自信为对的即拿出勇气来做去。2. 对于训诫豪富子弟无惧怕其家长之意。

（十九）礼貌(Courtesy)　　1. 以温和的友谊的声音呼唤学生。2. 上课时不申斥学生。3. 在路上遇到学生即招呼。4. 同市民招呼并攀谈。5. 对其他教师诚恳有礼貌。6. 学生对自己有不礼貌情形,表示能原谅。7. 面孔对着人谈话,不对人浑身看。8. 注意听。9. 以和蔼可亲态度,接见社会人士。10. 亲至新教师处以表欢迎。11. 殷勤招待来校参观的社会人士。12. 需人做事时,不用命令的态度,而用请求的态度。

（二十）果断(Decisiveness)　　1. 谈话开门见山,握定要点。2. 下确定的判断。3. 对学生提出一个结论,要来得斩钉截铁,不再变更。4. 对捣乱的学生谈话,态度不懦弱。5. 谈话恳切不移,坚持信念。6. 敏捷地解释并解决复杂之情境。7. 敏捷地规定每个学生在班上要做的各种不同工作。8. 已定之计划,务求实现。

（二一）确定(Definiteness)　　1. 谈话不离开本题。2. 清楚地提示教材。3. 确切知道所希望学生做的为何事,及其完成之方法。4. 向学生明白解释他们卷中错误的所在。5. 依循确定的程序,以达其目标。6. 对学生每日工作之准备,予以明白的指导。7. 用简捷明确的方式,叙述事实。8. 常问切当的问题,并予以切当的解答。9. 不以半点钟的时间说两分钟即能说完的话。10. 以敏捷简明的方式表明自己的意思。

（二二）可靠(Dependability)　　1. 时时把各种必需的材料放在手边。2. 付款迅速。3. 以完满的方法处置日常工作。4. 重视校务在其他社会及个人的事务之上。5. 负责做被派定的工作。6. 对于日常的职务表示忠实。7. 照料琐务,使教育行政长官有时间做更重要的工作。8. 教育行政长官不在校时不擅离学校。9. 做事有始有终。10. 履行对学生的诺言。11. 应做的工作准时做完,不借口推诿。

（二三）自重(Dignity)　　1. 见儿童有不正当之行为时,不表示要声张的样子。2. 在学生前不涂脂敷粉。3. 不坐在教桌上摇腿子。4. 学生以顽皮态度对他说话,不用同样的态度去回答。5. 不以事之不合于己而发卑鄙愁诉之鼻声。6. 对学生保持纯粹师生的态度。7. 以和蔼可亲的态度保持自身的身份。8. 不说不合于环境的笨话。9. 不对儿童过分表示殷勤。

（二四）有分寸（Discretion）　　1. 课余之暇，不以过分之时间在街上游逛。2. 不以不大妥当之校外活动向其他教师夸说。3. 对于娱乐的活动慎加选择。4. 注意和中学生谈话的题目。5. 不以校务会议席上关于学生的决议告诉学生。6. 娱乐有节度，不常打"过桥"（play bridge），不常到俱乐部或跳舞。7. 不交结不大妥当的人。8. 不在外边各处讨论校务、学校困难情形及学生状况等。9. 关于本地、本校及学生的情形，说话谨慎。10. 当静默读时则静默读。11. 随时不忘记有学生在旁。

（二五）敏捷（Dispatch）　　1. 立即开始授课。2. 与人晤谈，所谈问题完毕，立即继续工作。3. 上课不逾定时。4. 迅速解释并解决复杂之情境。5. 迅速引导学生随着教材向前进步。6. 即刻去做工作。7. 即刻照指定的办法去做。8. 问题发生随即予以解决。9. 迅速做报告。10. 叫学生即刻去做指定给他们的工作。

（二六）热心（Enthusiasm）　　1. 使所教之科目有生气，有动作，有精神。2. 能使给学生之工作有兴趣，使他们肯热心从事。3. 不厌恶派给自己的工作。4. 热心工作。5. 专心致志地欣赏自身的工作。6. 以声调和态度去引起学生方面的热烈趣味。7. 热心参加教师或学校方面的团体活动。8. 与儿童相处不失去赤子之心。

（二七）公正（Fairness）　　1. 不企图占有校内最好的房间。2. 不要求特殊的待遇。3. 不使学生对自己所教之科目费时太多。4. 对于学生的提议慎重考虑，不随意拒绝。5. 在学校与教室规则之下，对全体学生待遇一律。6. 对男女学生有同等的待遇。7. 尽力从学生方面设想。8. 对学生所做长久而又困难的设计工作，给以额外绩点。9. 不遽听一个学生的片面之词，而作进一步的考察。10. 如学生对于某一问题所言所行是对的，即赞助之。11. 如学生是对的，即坦然承认之。12. 学生对于试卷评阅如不满意，乐意复审一次。13. 按照学生过失的轻重酌量地加以批评。14. 不却责于其他教师。15. 对于从别的教师处得着些意见，表示感谢。16. 罚如其罪。17. 对于学生摒除个人的好恶。18. 待遇顽皮的儿童，和待遇好儿童一样的有礼貌、尊敬和亲爱。19. 和学生讲明事物的道理。

（二八）坚定（Firmness）　　1. 不费气力而能维持秩序。2. 训话时用坚决的声调。3. 与学生决定一个问题时，既经决定永不改变。4. 在适当的时候叫学生工作。5. 扰乱秩序的事一经发生，便立即制止。6. 叫学生所做的工作均拿定主张，不随意变更。7. 不为学生不合理及感情上的要求所动。8. 不使捣乱的学生享有特殊权利。9. 务使学生达到标准。10. 以温和、和蔼而又坚决的态度，对顽强的儿童谈话。

（二九）语言流畅（Fluency）　　1. 说国语清晰而有力。2. 在宴中谈话要有价值。3. 与人谈话从容而爽利。4. 发表意见迅速而简明。5. 谈论许多问题均能中肯。

（三十）有力量（Forcefulness）　　1. 能使人注意自己的谈话或思想。2. 使教学有生气。3. 谈话时能继续使人注意。4. 参加任何团体都不会无声无息。5. 使学生相信他对某种学科确有研究。6. 使学生家长明了他的见解。7. 应当行使权力时，即能显出权力。8. 指定功课或讲授时，能使学生注意。9. 能左右一般人的思想。

（三一）先知（Foresight）　　1. 在事前能看到一事之缺点或结果。2. 知道学生要发生困难的地方，且知道如何应付。3. 计划教学，精密合宜。事先布置便于训导的情境。5. 充分准备要用的工作材料。6. 看出某种重要训育问题的严重及早设法消弭。7. 预先料到或将发生的事件，并在事前计划应付的方法。8. 赴某邦教书时先领得该邦之教员证书①。9. 预先计划可能的结果的利用。

（三二）坦白（Frankness）　　1. 学生如不奋勉，即表示不快。2. 学生所问的某种事实如其不知，便坦白承认。3. 处理某项事体如不能胜任，便坦然向校长承认。4. 如遇需要作反对的批评时，并不顾忌。5. 对某一问题倘不知如何解决，便坦然向教育行政长官请教。6. 若受了不公平的待遇，即向校长陈述。7. 对某儿童若不能管理，便坦然承认。8. 谈话光明磊落。9. 如有事故，不加隐匿。10. 与其他教师共同做事时如不赞成其办法，便亲自对之说明。11. 对各种科目若有意见，尽量发表。12. 有礼貌地将学生的真实情形，报告家长。

（三三）明辨（Good judgment）　　1. 若提议取消某种计划或设计，便说出充分的理由。2. 等到儿童心平气和时，再同他们讨论。3. 不以为教师比别人高。4. 与自己无关的小事，不去一一查究。5. 对于无关重要的事，不太花工夫。6. 探明事情的内幕。7. 本公正的精神从事批评。8. 穿着适合于学校的衣服。9. 能辨别清楚努力和学问是两件事。10. 能看出村夫俗子的好品质。11. 询问

---

① 编校者按：曹刍译《教师应有之素养与活动》(《中华教育界》第21卷第12期)本条作："如至某地任教职，能预先明白该地情形。"

科主任关于教育改革的意见。12. 按照学生能力分组。13. 对于学生不过于放任。14. 能辨别成绩之优劣。

（三四）嗜好高尚（Good taste）　　1. 屋内装饰得可爱。2. 服装合时，免得惹人注目。3. 在学生前不敷脂弄粉。4. 穿着适合于学校的衣服。5. 对个别的学生不必表示特别感情，免得使他们感觉不安。6. 言谈足资楷模。7. 嘴里不啮口香糖。8. 从来不用粗野丑陋的语句。9. 不以轻薄语调批评宗教。10. 不以学校中的无稽的闲话告诉社会上的人。

（三五）健康（Health）　　1. 保持个人的体力。2. 恳切指导学生注意健康及其他良好的习惯。3. 不忽视休息。4. 参加各种户外运动，如溜冰、跳舞、骑马等。5. 保持个人身心的健康。6. 日间工作虽极其奋勉，事后亦不感觉疲劳。7. 绝无神经过敏的表示。8. 不许学生坐着时穿大衣及橡皮鞋。

（三六）乐助（Helpfulness）　　1. 牺牲自己一部分时间，去帮助有困难的儿童。2. 年长及已毕业之学生若来请教，随时予以帮助。3. 欣然协助别人研究。4. 替学生把材料弄得简单明了。5. 给人的帮助不限于人来求我的。6. 人有所请，欣然助之。7. 自动帮助别的教师。8. 别的教师在他的工作方面需要指示时，随即和他讨论。9. 做职务以外的琐事，不辞劳苦，不出怨言。10. 对于学校贡献有益的建议。11. 协助宗教事业。12. 把学校的规则告诉新来的教师。13. 协助别的教师应付紧急事变。14. 帮助经济困难学生寻觅工作。15. 留心毕业同学予以帮助。

（三七）诚实（Honesty）　　1. 对家长奖许儿童的诚实。2. 对于任何事不草率了事。3. 从来说诚［实］话。4. 在竞技中，用诚实的方法谋获得优胜。5. 变更了原来的意见，便承认。6. 做了多少专业的工作，看了多少专书，照实报告。7. 照实到时刻正确地划到。8. 取书出图书馆时，签名负责。9. 不阿谀奉承，去达到所希望的目的。10. 不赖债。11. 行如其言。12. 不说诳话去庇护自己，或是与学校有关的人。13. 不口头奉承他人的提议而不赞助其实现。14. 无论视导员在场与否，都是一样地教学。

（三八）想象力（Imaginativeness）　　1. 从常识而能了解理想。2. 实行创造的教学。

（三九）独立（Independence）　　1. 不事事请教教育行政长官如何做法。2. 不以乞怜的手段谋事。3. 不拘泥于教科书，能使学程内容丰富。4. 应付及解决问题而不求助他人。5. 不待他人吩咐即自动去做各种活动。

（四十）勤勉（Industry）　　1. 研究自己的工作。2. 不浪费时间。3. 将校务看得比社会及个人的事务还要重要。4. 从头至尾的阅读论文及试卷。5. 对于学生及一切工作尽最大与最有效之努力。6. 到公共图书馆中搜求新材料。7. 专心致志于自己的职务。8. 三点钟下课后不就想停止工作。9. 表现一种"工作精神"。10. 开学的第一天，即开始工作。11. 对于许多考卷待评定分数的工作，不现踌躇之色，立即办去。12. 晚间在家中从事研究。

（四一）独创（Initiative）　　1. 实行创造的教学。2. 在班上及校内发起有益的活动。3. 发起学生间的组织。4. 发展新观念。5. 为全校举行实验工作。6. 寻求更有效的工作方法。7. 试行从专门书报中得来的新观念。8. 不待他人吩咐即自动去做各种活动。

（四二）洞见（Insight）　　1. 能认识一种情境。2. 周察环境。3. 洞察一个问题。4. 能迅速感觉矛盾之所在。5. 能看出村夫俗子之好的特质。6. 能看出儿童为何有某种行为。7. 诊断自己工作于其中的环境。8. 对于每个儿童皆有适当之处置。9. 能认识个别差异。

（四三）感动力（Inspiration）　　1. 激发学生工作的欲望，虽自己不在时，亦能继续努力。2. 引起学生求进步的欲望。3. 使学生爱好这门学科。4. 不用传教的方式去把学生引入胜境。5. 委派职务于学生，并使其以做此事为荣。6. 使学生对工作有真实而持久的兴趣。7. 鼓励学生自行探讨问题。8. 在集会之前作有兴趣和鼓励的谈话。9. 在提出工作之前，先引起儿童对于该工作的兴趣。

（四四）追求新知（Intellectual curiosity）　　1. 追求做事的新方向、新方法及其原因。2. 阅读优良的书籍。3. 对于自己所不了解的事物询问他人。

（四五）聪敏（Intelligence）　　1. 对于任何读物不过分费力便能熟谙。2. 对于教育问题及时事新闻，能有畅达的谈吐。3. 洞悉一个问题。4. 发问中肯。5. 推论合逻辑。6. 把本人所教的科目里所要达到的目的，明确地说明。7. 对学生的能力和进步十分明了。8. 听话有头脑。9. 了解他人的说明。10. 明了自己失败的原因。11. 对于一件事，一听就懂，无须重述。

（四六）对社会之兴趣（Interest in the community）　　1. 于"周末"期间留住城内。2. 努力使社会活动更加安全。3. 筹开母亲会。4. 协助社会团体实现其有益计划。5. 对于社会上的宗教生活有兴趣。6. 和市民招呼并与之攀谈。7. 研究并力求了解社会的需要与状况。8. 熟识社会人士。9. 和学生及市民建立友谊的关系。

（四七）对职务之兴趣（Interest in profession）　1. 忠心任职永矢勿懈。2. 不仅为金钱而工作。3. 对于学校及行政方面表示友谊的态度。4. 先图学校之利益，然后再顾及个人之方便。5. 情愿牺牲一己为职务谋进展。6. 晚间在家中研究。7. 热心参加校务会议。8. 和他人共同讨论教育上的问题。9. 在自己所教科目方面力谋继续研究。10. 常常留心专业的知识。11. 愉快地谈论自己工作。12. 每年学校开成绩展览会时即将自己的工作成绩展览。13. 请求视导员示范教学以期学得较好的方法。14. 研究自己的工作的各方面以求熟练。15. 显出研究的兴趣。16. 加入全国、本邦、本地的教师联合会。17. 阅读专门的杂志。18. 进暑期学校。19. 留心与本人所教科目有关之最近著作。20. 了解新教学法。

（四八）对学生之兴趣（Interest in pupils）　1. 对学生正当的陈述加以注意。2. 陈列能使学生发生兴趣的材料。3. 乐学生之乐。4. 和学生个别谈论他们觉得有兴趣的事情。5. 发现学生的特殊能力。6. 判断学生工作低劣的原因。7. 爱护学生。8. 聚集若干男生或女生开会讨论共同有兴趣的事情。9. 以圆通的方法指导儿童本身的问题。10. 注意儿童个性分别应付。11. 安慰有病或沮丧、馁气的儿童。12. 对于问题的事案设法解决。13. 和学生共同游戏。14. 访问学生家庭。15. 奖许学生校外的工作。16. 明了学生个人情形和家庭状况。17. 把会晤学生家长这件事当作本人的一种权利。18. 协助学生做他们有兴趣的事情。19. 使教室成为儿童有兴趣的场所。20. 把学生看得比学科重。

（四九）仁爱（Kindliness）　1. 抚慰因游戏受伤的儿童。2. 做事能令人悦意。3. 代学生做他们自身的事。4. 赞赏学生的新衣服。5. 面部表现仁慈。6. 学生有病时亲往探视，或写便信慰问。7. 不令其他教师发生猜疑。8. 儿童需要劝告时慈爱和悦地同他讲。9. 多给一个儿童机会去试试。10. 把学生无须做的实习的结果告诉学生。

（五十）领袖的能力（Leadership）　1. 启发学生的责任心。2. 在班上讨论时容许学生有自动提议的机会。3. 领导组织社会事业。4. 在劳作方面不替男生做事太多。5. 设法让学生自动的参加，不命令他们去做。6. 使学生愿意为己之助手。7. 发展团体中和睦快乐的精神。8. 造成一个公认的标准去训练儿童而不用专制的威权。9. 对于饮酒、吸烟及其他不大好的娱乐表现出一种能做人模范的态度。10.应付学生团体适当而有效。

（五一）忠实（Loyalty）　　1.不在校外谈论别的教师。2.对视导员不吹毛求疵。3.保持学校秘密。4.常与友人往来。5.遵守校规。6.忠心职守。7.将学校系统报告校外人士。8.学生批评别的教师应替他辩护。9.以鼓励态度谈论社会情形及其改进的可能。

（五二）吸引力（Magnetism）　　1.与同事感情融洽。2.得学生之欢迎。3.使学生愿意在他的教室里上课。4.能感化学生。5.得到学生的同情。6.得着学生的信任。7.得着学生的信仰。8.因态度关系使学生心悦诚服地为他做事。9.使学生及其家长喜欢同他见面。10.使人注意他的言动思想。

（五三）谦逊（Modesty）　　1.把其他教师工作和自己的相比较,去寻出自己的缺点。2.请求校长与己合作。2.不认为自己比学生高。4.不动辄说"我怎样"。5.不自炫其学术修养。6.力避自夸的骄矜的或狂妄的行为。7.不自夸其勇敢。8.自己的工作结果,不妨让别人看。9.不夸耀自己能够自强不息。10.不自以为大材小用。

（五四）德行（Morality）　　1.遵守公认的道德规律。2.用个人的道德以感化学生。3.个人平时生活高尚。4.实行自己所提倡的高尚的道德标准。5.与人相处,处处恭而有礼。

（五五）整饬（Neatness）　　1.所缴报告正确清楚。2.零星物件安排得有条不紊。3.要求学生的卷子做得整洁。4.把黑板上不需要的字和无用的东西擦去。5.纽扣均整齐无缺,皮鞋光洁。6.自己的东西不要在教员室内乱丢。3.衣服整齐清洁。8.仪表整洁可爱①。9.注意指甲可及皮肤的清洁美观。10.把用过的东西归还原处。11.注意②学生将各物归还原位。

（五六）虚心（Openmindedness）　　1.引耳静听新的观念。2.对于郊外区的缺点加以原谅。3.抛弃已经证明无效的教学法。4.容纳学生的意见。5.自己的意见如有变更须承认。6.表示乐意改变为学生程度所不能适合的教学法。7.对于摩登的情形表示容忍。8.不因某生的一次不当行为遂遽作最后判断。9.一问题发生,即注意其是非两方面的理由。10.虚心接受人家的批评。

（五七）乐观（Optimism）　　1.表示乐观。不以自己的学生为全校中最

---

① 编校者按:曹译作"仪表整洁美观"。
② 编校者按:邵爽秋、周祖训合译《教师品德及其品德动作》（《开封教育旬刊》,第1卷第6、7期）"注意"作"指点"。

劣之学生。2. 对于任何人都能看出一些长处。4. 对于所讨论的每个问题都举示其希望的一方面。5. 遇有困难恬然处之。6. 一举一动寓有生气。7. 善处各种恶劣环境。8. 从好像没有希望的事情当中看出其乐观的结果。

（五八）创作（Originality） 1. 计划工作的新方向。2. 应付及解决问题而不求助于人。3. 从建设方面去做事。4. 寻求更有效的工作方法。5. 寻求做事的新方法。6. 实行创造的教学。7. 提出新的计划。8. 建议做新颖的事。

（五九）忍耐（Patience） 1. 容忍学生未成熟的判断。2. 容忍学生的偏执。3. 学生不能了解，极能忍耐。4. 详详细细解释学生所发的问题。5. 继续不断地使智商低下的学生进步。6. 反复教诲迟钝的学生。7. 三申五令吩咐学生做事亦不发脾气。

（六十）毅力（Perseverance） 1. 竭力和困难的环境奋斗。2. 努力实现计划。3. 为学生升级作充分的准备。4. 不今日发动做一设计明日又跳到另一设计。5. 力谋解决自己的问题。6. 做事坚持到底。7. 指导学生做工作直到完为止。8. 使学生静悄悄的继续不断的进步。9. 竭力使训诫见诸实施。

（六一）快乐（Pleasantness） 1. 对人常说有趣的事情。2. 带着笑脸说"早安"。3. 面现愉快之色。4. 向获得荣誉的学生道贺。5. 和市民招呼并与攀谈。6. 和悦地和其他教师致候。7. 自己不同意的事，也欢欢喜喜地去做。8. 学校生活中遇着烦恼的事情，也是怡然处之。9. 家长未悉学校设施之真相而妄加批评时，仍和颜悦色以对之。10. 和颜悦色地对人笑。

（六二）声调和悦（Pleasing voice） 1. 安安静静地说话。2. 发音清楚。3. 说话时声音中表示诚恳。4. 声调低柔。5. 用愉快和谐的声音说话。6. 无童稚粗率的声音[①]。7. 说话时不显出力求他人听得进的态度。8. 在教室内讲话的声音要和谐。9. 说话时喉咙里不常常发出咳嗽的声音。

（六三）稳重（Poise）[②] 1. 常规发生变乱时不心慌意乱。2. 以镇静态度处理班上的扰乱情形。3. 迁到一处，即能随遇而安。4. 能控制面部的表情。5. 不论有什么事发生，都以镇静处之。6. 走路庄重。

（六四）进步（Progressiveness） 1. 从事研究的工作。2. 训练学生合乎时代潮流。3. 应用科学的方法去教学。4. 常常改变方法去适应变化的需要。5. 到大学中进修课程。6. 试行从阅读专门书报所发现的新观念。7. 注意与自

---

① 编校者按：邰等译作"不要发出小儿啼哭的声音"。
② 编校者按：曹译作"心平气和"。

己所教学科有关的最近的著作。8. 明了新的教学法。9. 寻求新的观念去试行。10. 根据新观念去改进教学。11. 帮助学校当局谋改进。

(六五) 守时(Punctuality)　　1. 假后如期到校上课。2. 一切约定之工作准时办理。3. 准时履行诺言。4. 准时出席教员会。5. 准时上课。6. 限令学生准时做完工作。7. 履行一切职务而不逾时。8. 准时送交成绩单。9. 准时到校。10. 对于请求立即注意。

(六六) 有目标(Purposefulness)　　1. 确知自己希望学生所做的工作为何事,及需其如何完成。2. 依照确定的程序以达目标。3. 教授功课有明确的目标。4. 使工作的目标明白清楚。5. 知道自己进行的方向。6. 由酌验①以定所达目标之程度。7. 不因引起学生的兴趣而忘教育上之真正目的。

(六七) 文雅(Refinement)　　1. 表示有文雅的社会背景。2. 在家中表现文雅的空气。3. 举止合于礼仪。4. 以文雅的态度讲述故事。5. 不坐在教桌上面摇脚。6. 讲话当中不要夹着奇特的字句如"听"、"你晓得吗"、"看",等等②。7. 在街市上不高声喧哗。

(六八) 有涵养(Reserve)③　　1. 保持校务秘密。2. 不替视导员或其他教师去计划工作。3. 动作无自夸骄矜或狂妄的态度。4. 不在外边到处讨论校务、学校困难情形及学生状况。5. 只管做自己的职务以内的事。6. 不宣扬自己的私事。7. 不许学生偏爱教师。8. 不和学生角力。9. 不谈无稽之闲话。10. 从来不和同事争吵。

(六九) 有方略(Resourcefulness)④　　1. 组织教材能顾及青年的特性。2. 随时引用学生所需要或适合于学生的材料。3. 应用任何有用的作为教学上举例。4. 不视教科书为经典。5. 寻求更有效的工作方法。6. 指示教室中所习得的知识如何便能应用于实际生活中。7. 利用各种好情境。8. 利用⑤学生的理智和名誉心。9. 准备充分的工作在上课时间内做。

(七十) 学者态度(Scholarship)⑥　　1. 能应用畅达的国语。2. 能将实验的结果写成报告,或论文,投登杂志。3. 为杂志撰述有价值之论文。4. 善作书报

---

① 编校者按:邰等译"酌验"作"测验"。
② 编校者按:邰等译本句为:"讲话当中不要夹着不相干的字句如'这个!'、'哼!',等等。"
③ 编校者按:曹译作"克己"。
④ 编校者按:曹译作"准备充足"。
⑤ 编校者按:曹译作"激发"。
⑥ 编校者按:邰等译作"有学问",曹译作"有学识"。

评论。5. 极熟悉自己专业范围内之普通事实。6. 在事实上显露曾受良好的普通教育。7. 对于自己所教学科有充分的知识。8. 熟悉所教各科之基本原理的知识。

（七一）自信（Self-Confidence）　1. 自己所信为最好的事就去干。2. 最后的判断务操于自己手中。3. 不因有人参观而感觉不安。4. 不怕失败。5. 迁居一处，即随遇而安。6. 以积极口吻说话，以示固定的信念。7. 自己觉得有把握但不过于自信。8. 决不觉没有办法。

（七二）自制（Self-control）　1. 在危急中不心慌意乱。2. 现出从来不神经过敏。3. 控制自己的脾气。4. 虽处逆境镇静自若。5. 学生以顽皮态度对他说话，不用同样的报复之。6. 和学生与家长谈紧急问题时，能力持镇静。7. 心中发怒时能保持常态。8. 儿童说话暴躁时，自己不发怒。9. 常规发生变乱时不心慌意乱。10. 本着正当的态度接受批评。

（七三）幽默性（Sense of humor）　1. 教室程序，有时若弄颠倒了，只以一笑置之。2. 把轻微的过失当作一个笑话看，使大家解颐。3. 听了笑话就发笑，甚至于开心到自己身上，亦如此。4. 当班中临时发生了一个可笑的事件能察出其足资谈笑之处。5. 遇笑话发生时与学生共同欢笑。6. 学生对自己取笑亦能欣然接受。

（七四）简明（Simplicity）　1. 用最简明的方法叙述。2. 简明而扼要的提示材料。

（七五）庄重（Sobriety）　1. 学校里的社交生活不要玩得过火。2. 在教室内表现一种庄重的态度。3. 不饮酒过度。

（七六）社交精神（Sociability）①　1. 不专事研究而不与社会接触。2. 有时和别人一块儿走。3. 在宴会应当有谈有笑。4. 邀请新教师参加社会活动。5. 互开玩笑但哀而不伤。6. 深入于团体的社会精神之中。7. 在家中招待其他教师及社会人士。8. 与其他教师出游则相与为良好友伴。9. 易与社会人士接近。10. 与学生及市民建立友谊的关系。11. 同学生讲与他们有趣的事情，与他们玩笑。12. 常和学生作私人的接触。13. 做一个活人不要做一个面若冰霜的教师。14. 与教育界以外的人士相友善。15. 绝无势利气。

（七七）天真（Spontaneity）②　1. 自然而然地笑，勿装假模样。2. 教学时表现有生气及天真活泼。3. 言谈不过于拘谨及过于审慎周详。

---

① 编校者按：曹译作"善交际"。
② 编校者按：曹译作"能活动"。

（七八）同情（Sympathy）　　1.求明了贫苦学生及外籍学生的家庭问题。2.使此等学生报告他们的困难和兴趣。3.知道学生的希望、志愿和矛盾之处。4.尽力帮助学生解除困难。5.学生有忧伤或失意之事,用个人名义致便函慰问。6.教训学生时要明了学生的见解。7.儿童疲倦时,为其解除精神的紧张。8.使新生到校后如处在家中。9.以友谊的态度问起别人的得意的事。10.深入于儿童情感生活之中。11.以一种愉快和同情的态度接待学生家长。

（七九）有手腕（Tact）　　1.不将学校中的实情完全告诉社会上的人。2.陈述意见时态度不太坚决以致引起听众的反感。3.因势利导去应付一件事体。4.不匆促地答复问题。5.选择互相同意的方法做事。6.善于应付发了脾气的家长。7.使家长觉得教师和他们感情融洽。8.师生共同合作处置训育上的问题。9.和学生讨论困难的问题,使其觉得结论是他们自己得到的。10.以一笑来解决一个严重的情形。

（八十）贯彻（Thoroughness）①　　1.执行职权力求有成效。2.非各种资料搜集完备时,不有所举动。3.听学生述习,始终不懈。4.尽量搜集资料,以求解决一个困难的情境。5.令学生对于学校的工作反复练习直至精熟而后已。6.用充足的时间完整教材编制。7.用有效的方法使学生升级。8.指定学生做的工作均完全收齐。9.与学生作处置一问题,决定后即永不改变。10.审查学生所持的缺席理由。

（八一）节俭（Thrift）　　1.不浪费学校的用品。2.培养储蓄的观念。3.善用自己的时间。4.不说废话。5.不准浪费用品。6.节省金钱。7.不挥霍无度。

（八二）不自私（Unselfishness）　　1.向升了职的教师致贺。2.自己不能胜任的事,若使指派给别人做了,不因之发生嫉妒。3.愿意与其他教师共同使用任何教学材料。4.自己觉得不方便的事,也欣然和别人合作去做。5.以学生利益为前提。6.勿斤斤于个人报酬之多寡。7.不图谋占据校中最优良的房间。8.不坚持自己所要做的事。9.帮助学生筹备学校集会与其他活动,服务的热忱超过求酬报的欲望。

（八三）有机智（Wittiness）　　1.互相开玩笑但谑而不虐。2.教学时有幽默语,使教学得以生动。3.表现相当的自己创造的幽默语。4.与社会人士说。②

---

① 编校者按：曹译作"办事透彻"。
② 编校者按：本页有部分文字被图书馆借书证号码所覆盖,特依据邰、曹等译本补全。

师道征故

目录

第一篇 弁言

壹 释名与探赜途径 —————— 147
    一、名辞考源   147
    二、释义   148
    三、探赜途径   150

第二篇 为师之道

贰 字源征义 —————— 151
    一、《说文》之解释及其引申   151
    二、古代经籍之训诂   153
    三、系语   155

叁 先哲遗教 —————— 155
    一、《学记》   155
    二、《儒行》   156
    三、孔子   159
    四、孟子   160
    五、荀子   161
    六、扬雄   163
    七、韩愈   164
    八、周敦颐   166
    九、章学诚   166
    十、系语   166

肆　师儒遗风 ──────────── 167
　　一、孔子　　　　　　　　　　167
　　二、墨子　　　　　　　　　　171
　　三、郭泰与"人师"　　　　　　173
　　四、书院之师儒　　　　　　　175
　　五、大师之风骨　　　　　　　176
　　六、师儒之丰神意态　　　　　177
　　七、大师之化民成俗　　　　　177
　　八、系语　　　　　　　　　　178

第三篇　尊师之道

伍　师道尊严之真谛 ───────── 179
　　一、师道之尊严　　　　　　　179
　　二、释奠与祠祭先师　　　　　179
　　三、"天地君亲师"之神主供奉　182
　　四、束脩之礼　　　　　　　　183
　　五、"西席"与帝王尊师　　　　186
　　六、"心丧"之哀与弟子之礼　　187
　　七、天子不得臣，诸侯不得友　190
　　八、理胜义立与师严道尊　　　191
　　九、重道敬学与崇德报功　　　192

第四篇　求师之道

陆　求师之道与求学 ───────── 194
　　一、求师与求学　　　　　　　194
　　二、"一字师"与"经明行修"　　195

第五篇　缀论

柒　师道之重心及要义 ────────── 198
　一、师道之重心　　　　　　　　　198
　二、为师之道　　　　　　　　　　200
　三、尊师之道　　　　　　　　　　201
　四、求师之道　　　　　　　　　　202

第一篇 弁 言

壹 释名与探赜途径

一、名辞考源

"师道"一辞①，昉于汉代。萧望之②奏荐匡衡③，有"衡经学精习，说有师道可观览"④之语。又桓荣⑤上书，谢辞太傅，其中有云："今皇太子以聪睿之姿，通明经义，观览古今，储君副主莫能专精博学若此者也。……臣师道已尽，皆在太子。"⑥迨至唐韩愈⑦，感于"由汉氏以来，师道日微"，乃以之策问进士⑧，且深嗟"师道之不传也久矣"，奋而作《师说》⑨；"韩文"为世所宗，"后学之士，取为师法"⑩，"师道"一辞遂流传浸广，风靡天下，历久不衰。《师说》一文更不独为后世选家竞相辑录⑪，历代学者亦喜袭用此题，或广其说，或反其意，而伸抒己

---

① "师道"一辞虽为古今学人所常用之教育术语，然近代书坊所出之教育辞典，如《教育大辞书》（商务印书馆）及《中国教育辞典》（中华书局），皆未采录；而一般辞典，如《辞源》（商务印书馆）、《辞海》（中华书局）亦未列入，岂以其源难考，其意难征耶！
② 字长倩，民元前二〇一七（西汉武帝元封五年〔前106〕）—前一九五八（西汉元帝初元二年〔前47〕）。编校者按：萧望之生年，《辞海》（中华书局，1961年）、《中国历史大辞典》（郑天挺等主编，上海辞书出版社，1990年）、《中国历史人物辞典》（吴海林等编，黑龙江人民出版社，1983年版）均谓不详，而百度百科与互动百科作约公元前114年。
③ 生卒无考。
④ 《汉书·匡衡传》。
⑤ 生年无考，东汉光武时（在位33年，民元前一八八七〔25〕—前一八五五〔57〕），拜为太子太傅，太子即明帝（在位18年，民元前一八五四〔58〕—前一八三七〔75〕）。卒于明帝时。编校者按：明帝继位在建武中元二年〔57〕，实际在位19年。
⑥ 《后汉书·桓荣传》。
⑦ 字退之，民元前一一四四（唐代宗大历三年〔768〕）—前一〇八八（唐穆宗长庆四年〔824〕）。其先世居昌黎，熙宁中追封为昌黎伯，故世称韩昌黎。
⑧ 《朱文公校昌黎先生集·进士策问十三首》。
⑨ 《师说》有云："嗟乎！师道之不传也久矣。……呜呼！师道之不复可知矣。……李氏子蟠，年十七，好古文，六艺经传，皆通习之，不拘于时，学于余，余嘉其能行古道，作《师说》以贻之。"又柳宗元《答韦中立论师道书》，谓"孟子称：'人之患，在好为人师。'由魏晋氏以下，人益不事师。今之世，不闻有师；有，辄哗笑之以为狂人。独韩愈奋不顾流俗，犯笑侮，收召后学，作《师说》，因抗颜而为师"。
⑩ 《旧唐书·韩愈传》。
⑪ 如宋姚铉编《唐文粹》、清姚鼐编《古文辞类纂》、清曾国藩编《经史百家杂抄》，近人所编之《涵芬楼古今文钞》（吴曾祺）、《古今文综》（张相），等等，以及昔日私塾常用之《古文观止》，近世书坊所出之国文教本皆辑录之。

见①。虽所论意趣各殊,然对恢弘师道则具同感。近教育部鉴于"师道既不讲,学校遂不免商业化之讥",乃"参酌我国昔时师儒训导之旧法及欧西有名大学之规制,订立《中等以上学校导师制度》"②。此固缘于怀古之幽情及受《师说》之影响③,亦昔时"大师""大儒"④关于师道之所垂训及体范,确有不可磨灭之光辉,足为后世之师表,而应有所发扬者也。

二、释义

据名辞之起源而考其义,萧望之所谓"说有师道可观览",殆指"师法",即学

---

① 如宋之王令,其《师说》载宋吕祖谦编《皇朝文鉴》。明之王世贞,其《师说》上下两篇辑入《古今图书集成·理学汇编·学行典·求师部》。清之章学诚,其《师说》系《文史通义·内篇第三》之一。姚莹之《师说》三篇,载《东溟文集》。胡薇元之《师说》,载《玉津阁文略》。明张自烈有《续师说》,辑入《古今图书集成·明伦汇编·交谊典·师弟部》。清黄宗羲有《续师说》,载《南雷文集》卷10,《四部丛刊》本;又有《广师说》,载《南雷文定三集》卷2,《四部备要》本。翁方纲之《拟师说》二篇,载《复初斋二集》。近人郑宗海先生有《广师说》,发表于《教育通讯》第11期(民国二十七年〔1938〕)。此其最著者也。编校者按:黄宗羲《续师说》见于《南雷文案》卷10,翁方纲《拟师说》载《复初斋文集》卷10。另,宋柳开作《续师说》,载《河东集》卷1,《四部丛刊》本;明张恒《续师说》,载《明志稿》卷1,明刻本;清廖燕《续师说》两篇,见《二十七松堂文集》卷11,上海远东出版社,1999年;清王太岳《广师说赠蒋清容》,载清王昶辑《湖海文传》卷18,清道光十七年经训堂刻本;清吴玉纶《续师说》两篇,载《香亭文稿》卷7,清乾隆六十年滋德堂刻本;清何延庆《续师说》,载南开大学古籍与文化研究所编《清文海》(94),国家图书馆出版社,2010年版。

② 二十七年〔1938〕三月训令,《实施导师制应注意之各点》。

③ 训令中谓:"我国过去教育……为师者之责任,非仅授业解惑而已,而以传道为先。"此《师说》之影响也。又谓:"自行新教育以来,……老师宿儒,流风未泯,人格熏陶收效尚巨。"此怀古之幽情也。但"导师"二字,则非昔时师儒所用之名辞。此辞系我国佛家语。乃佛菩萨之通称,谓引导众生去迷就正,叮咛诱掖,使入佛道也。《释氏要览》:"号导师者,令众生类示其正道故。"(见宋释道诚辑《释氏要览》卷上《称谓·导师》。——编校者。)亦为举行法会时任唱导表白之职者之称(见《僧史略》。编校者按:《僧史略》即宋释赞宁撰《大宋僧史略》,见卷中《国师》,大正新修大藏经本)。光绪三十二年〔1906〕考察政治大臣端方、戴鸿慈《条陈学务折》中有云:"夫皮传外国之法以办中国之事,其势固有所不能;导师具在,犹复冥行摘途,纷歧百出,欲事之治,乌可得乎!"(见端方、戴鸿慈:《考察政治端戴两大臣条陈学务折》,《直隶教育杂志》1906年第20期。——编校者)"导师"一辞乃渐采用为领导者、先驱者之称。近时国人以"导师"乃译自英语之tutor,始成为教育上之术语(如《教育大辞书》、《中国教育辞典》及《辞海》)。民初出版之《辞源》,释此辞则仅及佛家语。

④ "大师"成为伟大之学者与教师之尊称,始于《史记·伏生传》"山东大师无不涉《尚书》以教"句。(见《史记·儒林列传》。——编校者。)"大儒"即系最理想之"人师"。《荀子·儒效篇》言"大儒之效"即在能为四海"莫不从服"之"人师"。又曰:"大儒者,天子三公也;小儒者,诸侯大夫士也;众人者,工农商贾也。"三公殆系指周官之太师、太保、太傅。惟其人有德,乃得处之。故曰:"志安公,行安修,知通统类,如是则可谓大儒矣。"诸侯系指诸侯师氏、保氏;大夫士乃指《尚书大传》所云:"大夫士七十而致仕,老于乡里,大夫为父师,士为少师。"故曰:"志忍私,然后能公;行忍情性,然后能修;知而好问,然后能才;公修而才,可谓小儒矣。"近人谓荀子此语指贵族、平民之分,妄也。

有渊源,说本师授,合于法度也。桓荣所谓"臣师道已尽,皆在太子",殆指对太子已"通其业成就其道德"也①。故桓荣所谓师道,其意已不囿于诠之为师法,而可释之为为师之道。唐太宗时②所撰《晋书·王祥传》称:"高贵乡公即位……天子幸太学,命祥为三老。祥南面几杖,以师道自居。天子北面乞言。"是"师道"一辞,其意在唐初已明示"为师之道"与"尊师之道"。逮韩愈以降,后世所说之"师道",绅绎其意,则可析之为:"为师之道"、"尊师之道"以及"求师之道"。师道之重心固应在"为师之道",然昔贤所论,有侧重于"尊师之道",有侧重于"求师之道"。如宋《册府元龟》③师道门小序曰:"夫师严道尊,民乃贵学。束脩受业,人知向方。是故传先圣之训,有在三之重焉。若乃列徒著籍,而博喻不倦。升堂窥奥,而请益弥坚。心志既通,行业增广。道之所在,义亦至焉。故有庐墓尽哀,去官行服,或咏叹其至德;或撰集其绪言;或罔避严辟,上章以讼其枉;或不敢受爵,让封以归其功;或藐是孤遗,窜身以全受;或罹于刑辟,冒禁以收瘗。是皆诚发于衷,义形于外,足以报师资之德,敦风教之本,诚士大夫之懿行哉!"④此所表彰之师道,多重在弟子报师之道或尊师之道。再如韩愈《师说》,则重在论求师之道。首谓:"古之学者必有师。师者,所以传道授业解惑也。"此固言为师之道,亦旨意深远,惜语焉而未申其说。此后仅释之曰:"彼童子之师,授之书而习其句读者,非吾所谓传其道解其惑者也,"如斯而已。通篇所论,则重在证明"古之学者必有师",故一再曰:"古之圣人,其出人也远矣,犹且从师而问焉";"圣人无常师";"孔子曰:'三人行,则必有我师。'是故弟子不必不如师,师不必贤于弟子";"生乎吾前,其闻道也固先乎吾,吾从而师之;生乎吾后,其闻道也亦先乎吾,吾从而师之。吾师道也,夫庸知其年之先后生于吾乎?是故无贵无贱,无长无少,道之所存,师之所存也。"此乃论求师之道,尚非尊师之道。易言之,此乃论求学之道,似更较恰当。宋祁⑤虽誉之曰:"奥衍闳深"⑥,而章学诚⑦仍责以"未及师之究竟"⑧,良有由也。

---

① 韩愈《进士策问》谓汉代以前之师如此。
② 唐太宗(在位23年,民元前一二八五〔627〕—前一二六三〔649〕)以何法盛等十八家晋史未善,乃敕房乔与褚遂良等21人重撰,太宗自为宣、武纪与陆机、王羲之二人传论,故原本题太宗御撰。
③ 宋王钦若、杨亿等奉真宗敕撰,编修历代君臣事迹,分30部,1 104门。部有总序,门有小序,就其事迹,述其要旨。编校者按:该类书实分为31部。
④ 见《册府元龟》卷600《学校部·师道》。——编校者
⑤ 宋人,字子京,民元前九一四(北宋真宗咸平元年〔998〕)—前八五一(北宋仁宗嘉祐六年〔1061〕)。
⑥ 《新唐书·韩愈传》。
⑦ 清人,字实斋,民元前一七四(清乾隆三年〔1738〕)—前一一一(清嘉庆六年〔1801〕)。
⑧ 《文史通义·师说》。

三、探赜途径

故吾人欲明"师之究竟",而绍述先圣先哲之师道遗绪,端宜由"为师"、"尊师"、"求师"三方面,探赜索隐,而推阐其真谛。爰捃摭大儒之名言,掇拾大师之景行,益以字义之所指训,摘抉至理,张皇逸德,以敷绎为师之道,更衷辑自古尊师之史实,追溯其原委;再条贯求师与求学之本意,说明其底蕴;俾期发覆师道之全貌。苟吾人涵泳于心,敦厉以行,师道之宏扬,其殆庶几乎!

第二篇　为师之道

贰　字源征义

一、《说文》之解释及其引申

细审"师"字字源，实含有出于其类、拔乎其萃、为众之长之意。惜汉许慎①《说文解字》说此字，似嫌晦隐，有待引申。篆文师字作"𱎼"，《说文解字》释曰："二千五百人为师，从帀从自，自四帀，众意也。𢂖，古文师。"因此，后世疑难滋多，试举其要者申述之。许君曰："二千五百人为师。"故清段玉裁②《说文解字》段氏注曰："小司徒曰：'五人为伍，五伍为两，五两为卒，五卒为旅，五旅为师。'师，众也。"此乃释为军旅之师。而军旅二字，据《说文》篆字，一从车，一从旗，皆有行军之意，而师字则并无行军之意。故有疑之者。按清萧道管③《说文重文管见》释古文师字则谓下有"进趣"之意，"上象所建旗，与旅同意，𠔉其㠔也"。然"二千五百人"之说，于字仍无所本。此一也。清徐灏④《说文解字注笺》曰："许说似未确，自者小𨸏也，帀自未足以谕众。段亦敷衍其说。今按古狮子只作师。……师子威服百兽，故凡帅教为长者，皆曰师。三军之长所帅人众，因之师有众义。……古文𢂖，象形，《汗简》作𢂖，云出《义云章》，又作𢂖，云见《石经》。盖小篆从𢂖，变移其上体为偏旁。"⑤并谓《汗简》师字之上体象头，下体象足，此

---

① 字叔重，《汉书》本传未详生卒年月。后儒尝为"许君事迹考"，其著者有陶方琦之《许君年表》、诸可宝之《许君疑年录》。据诸氏之《疑年录》，疑生于光武建武三十一年（民元前一八五七〔55〕），卒于桓帝建和三年（民元前一七六三〔149〕）。许氏《说文解字》一书，成于和帝永元十二年（民元前一八一二〔100〕），后世考证字源者多本其说，奉为圭臬。编校者按：清人除陶方琦、诸可宝外，还有严可均《许君事迹考》（载姚文田、严可均《说文校议》第 15 下）一文，谓许氏盖生于东汉明帝朝（58—75），卒于桓帝朝（147—167）。今人张震泽《许慎年谱》（辽宁大学出版社，1986 年），谓生于明帝永平十年（67），卒于桓帝建和二年（148）。

② 字茂堂，民元前一七七（清雍正十三年〔1735〕）—前九七（清嘉庆二十年〔1815〕）。编校者按：段玉裁，字若膺，号茂堂。见刘盼遂：《段玉裁先生年谱》，载《近代中国史料丛刊》第 80 辑，台湾文海出版社，1966 年。

③ 字君佩，民元前五七（清咸丰五年〔1855〕）—前五年（清光绪三十二年〔1907〕）。

④ 字子远，生卒年不考，同治辛未、壬申间（民元前三九—前四〇〔1872—1873〕）庆远府知府。编校者按：徐灏生于嘉庆十五年（1810），卒于光绪五年（1879）。据清《（宣统）番禺县续志》卷 21, 1931 年重印本。

⑤ 编校者按：见清徐灏：《说文解字注笺》卷六下，《续修四库全书》第 225 册，第 626 页。本段引文"师"字之各种写法均依据徐氏原文重新校正。

二也。《说文》释"官"字曰:"吏事君也,从宀,从𠂤,𠂤犹众也,此与师同意。"故清俞樾①《儿笘录》难之曰:"既云与师同意,师字不隶𠂤部而隶帀部,则官字何以不隶宀而隶𠂤乎?"由此亦可作另一反诘,官字隶𠂤部,何以师字不隶𠂤部?此三也。今人商承祚《殷墟文字类编》曰:"𠂤或𠂤即古文师字,金文与此同,许君训小𠂤非。"又曰:"《说文解字》官字从宀从𠂤,𠂤犹众也,此与师同,其言至明晰。古师字作𠂤,而许君于部首之𠂤,乃云小阜,得之于此而失之于彼,何也?"此四也。此四者,皆能持之有故,言之成理,可知许君说师字殆有未尽之处,致众说纷纭,诘难备至。夫自唐代以还,《说文》即残缺错乱,后人又有篡改增删,或因之而致此也。

现传许君《说文解字》之说虽未能服众,然吾人苟未另获得充分之佐证,更难确识此字之本义。如徐灏之说最为教育学者所喜采用,殆鉴于佛有"人中师子"或"人中狮子"之德号②,佛说法音声亦有"狮子吼"之尊称③,但证之古文金文本作𠂤或𠂤,则此说殊更可疑也。首述吾人之解释,乃仅参稽清代小学家,笺注疏解许君之说,区取"乡壁虚造",标立新说也。兹请疏证其意:师字从𠂤从帀。"𠂤,小阜也","帀,周也,从反之而帀也","㞢,出也。"④"既出而反,是周帀也。"⑤"凡物顺屰往复,则周遍矣。"⑥小阜者,高出于四周地面之地也,是以有出于其类、拔乎其萃之意。小阜以其积聚高于四周而得名,故有众意。盖不指为

---

① 字曲园,民元前九一(清道光元年〔1821〕)—前五年(光绪三十二年〔1907〕)。编校者按:俞樾字荫甫,号曲园居士。
② 《大智度论》:"是号名师子,非实师子也;佛为人中师子,佛所坐处若床若地皆名师子座。"("师"亦作"狮")此乃谓佛为人中之王,如狮子王于百兽也。编校者按:见[南北朝]迦叶摩腾译:《大智度论》卷7《初品中放光第十四》,大正新修大藏经本。
③ 《传灯录》:"释迦佛生时,一手指天,一手指地,作狮子吼,云,天上天下,惟我独尊。"《楞严经》记富楼那语:"我于佛前,助佛转轮,因狮子吼,成阿罗汉。"此谓佛说法音声震动世界,如狮子作吼,群兽慑服,故云狮子吼也。编校者按:萧氏所引《传灯录》文与原文有异。《景德传灯录》:《普耀经》云:"佛初生刹利王家,放大智光明,照十方世界。地涌金莲华,自然捧双足。东西及南北,各行于七步。分手指天地,作师子吼声。上下及四维,无能尊我者。"([宋]释道原撰:《景德传灯录》卷1《叙七佛》,《四部丛刊》三编景宋本)《广事类赋》引《传灯录》谓:"释迦佛生时,放大智光明,照十方世界,地涌金莲花,自然捧双足,一手指天,一手指地,周行七步,目顾四方,作大狮子吼,云天上天下,惟吾独尊。"([清]华希闵辑:《广事类赋》卷24,清乾隆二十九年刻本)。文类此。后文见唐般利密帝译《大佛顶如来密因修证了义诸菩萨万行首楞严经》卷5,大正新修大藏经本。
④ 以上据《说文》。编校者按:见《说文解字》卷14上、卷6下。"从反之而帀也",文渊阁《四库全书》本及《丛书集成初编》本(中华书局,1985年,第198页)《说文解字》皆如是说,但清桂馥《说文解字义证》(卷十八,清同治刻本)及段玉裁《说文解字注》(上海古籍出版社,1981年,第273页)均作"从反㞢而帀也"。"㞢出也",萧氏引文作"之出也",与各本皆不同,径改。
⑤ [清]王筠:《说文释例》。编校者按:见《说文释例》卷4,清道光刻本。
⑥ 段注。

众,而释为"众意",殆积聚有众之意,而因其积聚有别于四周,亦有出于众之意。积聚多而高出四周,遂有为众之长之意。

二、古代经籍之训诂

汉代小学家缀辑之《尔雅》①,其《释诂篇》曰:"师,众也。"《释言篇》曰:"师,人也。"此则师不仅释为"众意",且训为"人众"②之意。或为众民之长而教之,或为众卒之长而帅之。故师字再由"众意"、"人众"之意引申而训为长、为帅、为官。汉郑玄③注经既训曰:"师犹长也"④;"师,长也"⑤;"师之言帅也"⑥;"师,掌军旅之官若司马也"⑦。又《左传·昭公十七年》云:"秋,郯子来朝,公与之宴。昭子问焉,曰:少皞氏鸟名'官',何故也?郯子曰:吾祖也,我知之。昔者黄帝以云纪,故为云'师'而云名。……我高祖少皞挚之立也,凤鸟适至,故纪于鸟,为鸟'师'而鸟名。……仲尼闻之,见于郯子而学之。"此即孔子问官于郯子之故事,是即太古之时,"师"固为百官长帅之通称也。迨魏,张揖⑧撰《广雅》,其《释诂篇》乃据此而径曰:"师,官也。"师不仅释为官长,且再引申而训为有德之官长,更进而为道德教导者之尊称。《易·师卦》曰:"师,贞,丈人,吉,无咎。彖曰:师,众也;贞,正也;能以众正,可以王矣。……象曰:地中有水,师,君子以容民畜众。"故师者,"严庄尊重"之丈人、"容民畜众"之君子也。易言之,修己以安百姓者也。于此,师殆可训为有德之长也。郑氏经注既曰:"师,教示以善道者"⑨;"师……有德行以教民者"⑩;"师,教人以道者之称也"⑪。此训师为有德行而教人以道者之称矣。

---

① 《尔雅》,凡十九篇。《大戴礼·孔子三朝记》称孔子教鲁哀公学《尔雅》,则其来甚远;张揖《进广雅表》称周公著《尔雅》一篇,《经典释文》以此一篇为《释诂》;他篇著者,或言仲尼,或言叔孙通,或谓为孔子门人所作;《永乐大典》引曹粹中《放斋诗说》曰:《尔雅》,毛公以前,其文犹略,至郑康成时则加详。然则《尔雅》为汉代小学家缀辑旧文,递相增益之作,殆无疑义。
② 郭璞注。
③ 字康成,民元前一七八五(东汉顺帝永建二年〔127〕)—前一七一二(东汉献帝建安五年〔200〕),其经注殆亦后世谈字义训诂者之所折中者也。
④ 《周礼·天官》序官"甸师"注。
⑤ 《书·益稷》"州十有二师"注;又《周礼·地官》"乡师"注。
⑥ 《周礼·地官》"族师"注。
⑦ 《书·洪范》"八曰师"注。
⑧ 生卒年不考,太和(民元前一六八〇—一六八五〔227—232〕)中博士。
⑨ 《礼·内则》"使为子师"注。
⑩ 《周礼·大宰》"师,以贤得民"注。
⑪ 《周礼·地官》序官"师氏"注。

兹再请由《周礼》、《毛诗》、《尚书》及《礼记》之经文传语以证之。《周礼》亦称《周官》，详载周代之官制，其以"师"名者，皆为一部分政教技艺之长，掌其事而帅其属以牧民①。以施行政教之区域言之，则有乡师、族师、闾师、县师、遂师。以职掌之类别言之，则有医师、卜师、牧师、圉师、贾师、山师、川师，等等。古代以乐"教长天下之子弟"②，故乐官以师名者尤多，如乐师、大师、小师、磬师、钟师、笙师、镈师、韎师、籥师是也。专称"师氏"者，则为"掌以媺诏王"之官，一方面"告王以善道"③，一方面并"以三德教国子：一曰至德，以为道本；二曰敏德，以为行本；三曰孝德，以知逆恶。教三行：一曰孝行，以亲父母；二曰友行，以尊贤良；三曰顺行，以事师长。"不仅男子之道德教导者称"师氏"，女子以妇道教人者亦称"师氏"，此可另从《毛诗》所载见之。《周南·葛覃》："言告师氏，言告言归。"传曰："师，女师也，古者女师教以妇德、妇言、妇容、妇功。"疏曰："妇人五十无子，出而不复嫁能以妇道教人者。"再《尚书》及《礼记》所称之天子之师或世子之师，亦皆为有德之教导者，《书·周官》篇载天子"立太师、太傅、太保。兹惟三公，论道经邦，燮理阴阳。官不必备。惟其人。"注曰："师，天子所师法；傅，傅相天子；保，保安天子于德义者。此惟三公之任，佐王论道，以经纬国事，和理阴阳，言有德乃堪之。……三公之官，不必备员，惟其人有德乃处之。"《礼记·文王世子》曰："三王教世子……入则有保，出则有师，是以教喻而德成也。师也者，教之以事而喻诸德者也。保也者，慎其身以辅翼之，而归诸道者也。《记》曰：虞夏商周，有师保，有疑丞。设四辅及三公，不必备，唯其人。语使能也。"其对于师保，不必备，而唯其人，殆有深意存焉，盖"君子曰德，德成而教尊，教尊而官正，官正而国治"④。设"小人处其位，不如且阙"也⑤。《诗》曰："赫赫师尹，民具尔瞻。"⑥是则具备德行善道而以三德三行施教者，方可谓之师。追南朝梁，顾野王⑦撰《玉篇》，释"师"字遂曰："范也；教人以道之称也；象也；人也。"⑧

---

① 《周礼》，后儒多称周公致太平之作。然其书西汉末晚出。当时学者多指为伪品，近代疑义益滋。然无论其是否为伪书，吾人以之考证汉代以前对师字所诂训之义，则并无不可。
② 《书·舜典》："帝曰，夔，命汝典乐，教胄子。"马融注曰："胄，长也，教长天下之子弟。"
③ "媺"字之郑注。编校者按：见《周礼·师氏》。
④ 此语乃"不必备，唯其人，语使能也"之下句。
⑤ "不必备，唯其人"之郑注。
⑥ 《小雅·节彼南山》。郑注："师，大师，周之三公也；尹，尹氏，为大师。"
⑦ 字希冯，民元前一三九三（南北朝梁武帝天监十八年〔519〕）—前一三三一（南北朝陈宣帝太建十三年〔581〕）。编校者按：顾野王为南北朝时南朝梁、陈间人，《玉篇》撰于梁朝时；原文作五代，误，径改。
⑧ 编校者按：宋陈彭年《重修玉篇》卷二十九《帀部第四百六十》（文渊阁《四库全书》本）"教人以道之称也"作"教人以道者之称也"；"象也"作"象他"。

三、系语

综核汉儒论字之所本,义之所训,与夫经典传语所载,可窥见古代之所谓师者,乃聚善积德,而出于其类,拔乎其萃,以德行善道为众之长,而教喻诸德者也。按泰古之际,政教合一,官师不分,故"师"字在最初其意不过人众中出类拔萃之官长。迨社会组织粗具规制,则百官有所分掌,有重在事务之管理者,有重在万民之教化者。而负教化之责者,尤以德行善道为其必备之要件,俾得型仪天下,教长万民。浸及后世,政教渐繁,形式上不得不日趋分途。官师既分,"师"字除通常亦训作军旅之众外,乃多训为聚善积德以施教者之尊称。"师"亦以传"道"(民族之伦理哲学)授"业"(专门之技艺学问)为其专职矣。

叁　先哲遗教

一、《学记》

阐发先哲对于师道之所诏示,可自《礼记·学记》始。盖《学记》之内容集古代教育学说之大成,而为儒家教育理论之经典。在以后各代教育家之教育方法论中,尤有深邃之影响,而以宋儒为最。其中所述,对于教学之方法、师资之选择与夫为师之道,论之綦详。缘教师为教学之主,教学由教师而行。教学之成败,殆系于师资之良窳。故首重慎选师资,乃云:"择师不可不慎也。《记》曰:'三王四代唯其师,'此之谓乎!"教师是现成文化之体范者与传递者,此即所谓"守先王之道,以待后之学者"[①]。过去之文化,由教师而保存,未来之文化,由教师而形成,是以教师之人选,关系文化之隆替。此应慎重择师理由之一也。又云:"凡学之道,严师为难。师严然后道尊,道尊然后民知敬学。"择师不可不慎者,盖师严然后道尊,道尊然后民知敬学。能严格选择师资,则师资即可优良。优良之师资,必能严于自律。以道表率天下,然后学生始知道之尊严,学术之隆贵。夫如是,学生乃求学之心向,且因教师能以身作则,潜移默化,故其为学也,得收事半功倍之效。此应慎重择师理由之二也。

师资既应慎重选择,则为师之道,即师资所应具备之条件更应有明确之剖析。乃云:"记问之学,不足以为人师。"记问之学,谓博闻强记先王之道以待学者之问也。故学识渊博当为教师必备资格之一,然尚不足以为人师。此一也。故又云:"大学之法,禁于未发之谓豫;当其可之谓时;不陵节而施之谓孙;相观

---

① 语出《孟子·滕文公下》。——编校者

而善之谓摩。此四者,教之所由兴也。发然后禁,则扞格而不胜;时过然后学,则勤苦而难成;杂施而不孙,则坏乱而不修;独学而无友,则孤陋而寡闻。燕朋逆其师,燕辟废其学。此六者,教之所由废也。君子既知教之所由兴,又知教之所由废,然后可以为人师也。"教之所由兴废,有"豫"、"时"、"孙"、"摩"四个学习心理之原理。"豫"言学习之基础,"时"言学习之心向,"孙"言学习之程序,"摩"言学习之环境①。必须明了此教育基本原理,然后方可以为人师。此二也。又云:"君子知至学之难易而知其美恶,然后能博喻;能博喻,然后能为师。"教师须能了解学生至学之差异:"钝者至之难,敏者至之易;质美者向道,不美者叛道。"②知乎此,然后能广博晓喻,而循循善诱,深入浅出,旁通曲畅,由浅近之教材说至深奥之原理,对深奥之原理,释以浅近之比喻。富于此种教学艺术,然后始能为人师。此三也。又云:"学然后知不足,教然后知困。知不足然后能自反也,知困然后能自强也。故曰:教学相长也。《兑命》曰:'敩学半',其此之谓乎!"生也有涯,而知也无涯。故教师须"日知其所亡,月无忘其所能"③。孔颖达④疏曰:"不学之时,诸事荡然,不知己身何长何短;若学,则知己之所短,有不足之处也。……不教之时,谓己诸事皆通,若其教人,则知己有不通,而事有困弊,困则甚于不足矣。……凡人皆欲向前相进,既知不足,然后能自反向身而求诸己之困弊,故反学矣。……凡人多有懈怠,既知困弊,然后能自强学,其身不复懈怠矣。……知己困而乃强学之,是教能长学善也。学则道业成就,于教益善,是学能相长也。"不能自反与自强者,未足以善教。故教师必须继续进修,自强不息;此四也。综之:必须持躬严重,学识渊博,遂于教育之原理,富有教学之艺术,复能继续进修,以自强不息,然后方可以为人师也。

二、《儒行》

《学记》论师乃专就教学原理而论教师所应具备之条件,就德行事业而言,昔日师道之所奉为准绳者,则首推《礼记》之《儒行》。兹先剖析师道与儒行之关系,再摘述《儒行》之要旨。昔时称师多曰"师儒"。缘孔子为儒家之宗,亦为私

---

① 详细之解释,请看拙作《教师之基本素养三讲》,第一讲《教学法在我国之进展》,第二节第二段《〈学记〉之教学原则论》。(湖北教育厅印行,民国二十九年〔1940〕)。
② 陈澔注。
③ 语出《论语·子张》。——编校者
④ 字仲达,民元前一三三八(南北朝北周武帝建德三年〔574〕)—前一二六四(唐太宗贞观二十二年〔648〕)。

人任教师之祖。《史记·儒林列传》称："自孔子卒后,七十子之徒,散游诸侯,大者为师傅卿相,小者友教士大夫。"是孔门之徒,亦以为师为其职业。《汉书·艺文志》又谓："儒家者流,盖出于司徒之官,助人君,顺阴阳,明教化者也。"故儒与师原不可分。迨汉董仲舒①对策,主"兴太学,置明师,以养天下之士",并以当时"师异道,人异论,百家殊方,指意不同",而倡推明儒术,抑黜百家,凡"不在六艺之科,孔子之术者,皆绝其道,勿使并进"②。汉武帝从之,乃立博士官,设弟子员,尊师隆儒,而天下之师遂为儒所独占。师与儒更不可分矣。"师儒"一词,初见于西汉末晚出之《周礼》。其《地官·大司徒》曰："以本俗六,安万民……四曰联师儒……"郑注曰："师儒,乡里教以道艺者。"孔疏曰："以其乡立庠,州党及遂皆立序,致仕贤者,使教乡闾子弟。乡闾子弟皆相连合,同就师儒,故云联师儒也。又案《保氏职》'掌养国子以道',故云教以道艺也。"又《天官·大宰》曰："以九两系邦国之民……三曰师,以贤得民;四曰儒,以道得民……"注曰："师,诸侯师氏,有德行以教民者;儒,诸侯保氏,有六艺以教民者。"疏曰："'师,诸侯师氏'者,此一经皆据诸侯。又经云'以贤得民',是诸侯师氏也。云'有德行'者,《师氏职》云'以三德、三行教国子',故知有德行也。云'儒,诸侯保氏有六艺'者,以经云'以道得民',《保氏职》云'掌养国子以道,教之六艺'。故知诸侯保氏,不可同天子之官,故变保氏言儒,儒亦有道之称也。"据此,则师儒者,乃合师、保而言也。清何凌汉③撰《宋元学案叙》曰："《周官经》曰:师'以贤得民',儒'以道得民'。郑注以德行、六艺分属师、儒,盖以小成、大成别之,实非有区域也。"亦言师与儒为一体。夫汉以后,儒者多设帐授徒,以师为业,而大师皆是大儒。更因《史记》以"自孔子卒,京师莫崇庠序,惟建元、元狩之间,文辞粲如也,作《儒林列传》",表彰崇仁厉义之人师大儒,《汉书》以下多踵武其意,作《儒林传》,宣扬师道。后世遂益称优良之师曰师儒,并以"儒行"标榜"师道"。宋司马光④哀张载⑤诗曰："造次循绳墨,儒行无少怨,师道久废阙,模范几无传。"⑥是最良之佐证也。

---

① 生卒无考。对策之年,据施之勉著《董仲舒对策年岁考》(《责善半月刊》第2卷15期)为汉武帝(在位五十四年,民元前二〇五——前一九九八〔前140—前87〕)元光元年,即民前二〇四五年〔前134〕。
② 《汉书》本传。
③ 字仙槎,民元前一四〇(清乾隆三十七年〔1772〕)—前七二(清道光二十年〔1840〕)。
④ 字君实,民元前八九三(北宋真宗天禧三年〔1019〕)—前八二六(北宋哲宗元祐元年〔1086〕)。
⑤ 宋人,字子厚,民元前八九二(北宋真宗天禧四年〔1020〕)—前八三五(北宋神宗熙宁十年〔1077〕)。
⑥ 《温国文正司马公集》卷五《子厚先生哀辞(张载)》。

明乎此,请进而言儒行之理想标准,盖亦即师道之理想标准也。《礼〔记〕·儒行篇》记孔子说儒行,凡分述十六条,总结一条。兹节录其要:"儒有席上之珍以待聘①,夙夜强学以待问,怀忠信以待举,力行以待取。其自立有如此者。""儒有衣冠中,动作慎。……其难进而易退也,粥粥若无能也。其容貌有如此者。""儒……言必先信,行必中正。……爱其死以有待也,养其身以有为也。其备豫有如此者。""儒……非时不见……非义不合……其近人有如此者。""儒有委之以货财,淹之以乐好,见利不亏其义;劫之以众,沮之以兵,见死不更其守。……其特立有如此者。""儒有可亲而不可劫也,可近而不可迫也,可杀而不可辱也。其居处不淫,其饮食不溽②,其过失可微辨而不可面数也。其刚毅有如此者。""儒有忠信以为甲胄,礼义以为干橹,戴仁而行,抱义而处,虽有暴政,不更其所。其自立有如此者。""儒有一亩之宫,环堵之室,筚门圭窬,蓬户瓮牖;易衣而出,并日而食,上答之,不敢以疑,上不答,不敢以谄。其仕有如此者。""儒有今人与居,古人与稽;今世行之,后世以为楷。适弗逢世,上弗援,下弗推。谗谄之民,有比党而危之者,身可危也,而志不可夺也。虽危,起居竟信其志,犹将不忘百姓之病也。其忧思有如此者。""儒有博学而不穷,笃行而不倦;幽居而不淫,上通而不困。……举贤而容众。……其宽裕有如此者。""儒有内称不辟亲,外举不辟怨……苟利国家,不求富贵。其举贤援能有如此者。""儒有闻善以相告也,见善以相示也,爵位相先也,患难相死也,久相待也,远相致也。其任举有如此者。""儒有澡身而浴德,陈言而伏……世治不轻,世乱不沮,同弗与,异弗非也。其特立独行有如此者。""儒有上不臣天子,下不事诸侯,慎静而尚宽,强毅以与人……砥砺廉隅。虽分国,如锱铢……其规为有如此者。""儒有合志同方,营道同术,并立则乐,相下不厌。……其交友有如此者。""温良者,仁之本也;敬慎者,仁之地也;宽裕者,仁之作也;孙接者,仁之能也;礼节者,仁之貌也;言谈者,仁之文也;歌乐者,仁之和也;分散者,仁之施也。儒皆兼此而有之,犹且不敢言仁也。其尊让有如此者。""儒有不陨获于贫贱,不充诎于富贵,不慁君王,不累长上,不闵有司,故曰儒。"③综此,儒者刚毅威严,特立独行,以天下为己任。以言师道,岂不在兹乎!

---

① "席犹铺陈也。铺陈往古尧舜之善道以待见问也。大问曰聘。"编校者按:语出郑玄注释。
② "淫谓倾邪也。恣滋味为溽,溽之言欲也。"编校者按:语出郑注。
③ "陨获,困迫失志之貌也。充诎,欢喜失节之貌。慁,犹辱也。累,犹系也。闵,病也。言不为天子、诸侯、卿大夫、群吏所困迫而违道。"编校者按:语出郑注。

三、孔子

孔子①设教洙泗,讲学杏坛,开私人讲学之风,教师始成为专业。后世尊之为"至圣先师",奉之为"万世师表"。然征诸《论语》之"子曰",提及师者仅得三语焉。盖孔子祖述尧舜,宪章文武,而尧舜文武皆以圣人之德,为亿兆之君师者。所谓圣人之道,峻极于天,无能名焉;且古代政教一致,官师不分,论政即是论教,莫非以修己治人为指归,故罕特论师道。但其自身所表现之师道,载诸《论语》者则满目琳琅,当于下一节中另述之。本节所述,为避免牵强附会,仅就明白提及"师"者之三语诠释之。

"子曰:'温故而知新,可以为师矣。'"②朱熹③《论语集注》曰:"温,寻绎也。故者,旧所闻。新者,今所得。言学能时习旧闻,而每有新得,则所学在我,而其应不穷,故可以为人师。若夫记问之学,则无得于心,而所知有限,故《学记》讥其不足以为人师,正与此意互相发也。"盖源头有活水,始能汲之不竭,用之不尽,然后方可以为人师也。兹再引汉唐人对于温故知新之解释,以撷其微。《汉书·成帝〔纪〕》阳朔二年④诏云:"儒林之官,四海渊原,宜皆明于古今,温故知新,通达国体,故谓之博士。"《百官〔公卿〕表》:"以通古今,备温故知新之义。"汉王充⑤《论衡·谢短篇》曰:"知古不知今,谓之陆沉。……知今不知古,谓之盲瞽。……温故知新,可以为师。古今不知称师如何。"唐孔颖达《礼记〔正义〕序》曰:"博物通人,知今温古,考前代之宪章,参当时之得失。"是汉唐人解温故知新为"厚蓄故事,多识于新则"⑥。孔子虽自云"信而好古",然并非泥古而不知今,如"子曰:麻冕,礼也;今也纯,俭,吾从众。"⑦是以孟子尊称之曰:"孔子,圣之时者也。"⑧盖教师之重任在文化之广播与改进。若教师未能考前代之宪章,审先民之遗训,绅绎理治,则固有文化之精粹无由播之于后代;仅事传递而未能参当时之得失,示改造之途径,则文化停滞,进步止息。故教师泥古而非今,则文化落后,殆难免神州陆沉。骛新而昧古,则又文化失其本位,无异盲人瞎马,夜半

---

① 民元前二四六二〔东周灵王二十一年〔前551〕〕—前二三九〇〔东周敬王四十一年〔前479〕〕。
② 《论语·为政》。编校者按:本部分注释《论语》文,萧氏皆仅标篇目,为规范起见,特予补全。下同。
③ 宋人,字元晦,民元前七八二〔南宋高宗建炎四年〔1130〕〕—前七一二〔南宋宁宗庆元六年〔1200〕〕。
④ 民元前一九三四〔前23〕。
⑤ 字仲任,民元前一八八五〔东汉光武建武三年〔27〕〕生,寿约八十余岁。编校者按:王充卒于约97年。
⑥ 《汉书》颜师古注。编校者按:语出《汉书·百官公卿表》颜师古注。
⑦ 《论语·子罕》。
⑧ 《孟子·万章下》。

深池,民族前途实有不堪隐忧者也。今日我国主张复古与"全盘西化"之教师,皆当三复斯言。夫温故而能知新,必须"敏而求之"、"学而不厌"。子曰:"三人行必有我师焉,择其善者而从之,其不善者而改之。"①又曰:"见贤思齐焉,见不贤而内自省也。"②此皆自道其汲汲孳于博古通今,进德修业者也。夫三人之行,犹能有所学,况四海之内,何求而不应哉。故孔子"敏而好学,不耻下问"③,无时不学,无处不学。见诸载籍者,有问礼老聃、访乐苌弘、问官郯子、学琴师襄,以及入太庙每事问。其人苟有善言善行足取,皆往学之④。《子张》篇载:"卫公孙朝问于子贡曰:'仲尼焉学?'子贡曰:'文武之道,未坠于地,在人。贤者识其大者,不贤者识其小者,莫不有文武之道焉。夫子焉不学,而亦何常师之有?'"此所以孔子能博学多闻,集古代之大成,为万世之师表者也。"子曰:'当仁不让于师。'"⑤此言凡言为师者当以与学生共同追求真理为职志。真理之所在,固非教师所能以己意而曲解之,学者亦不得以师说而枉从之。且教师之德业更非登峰造极者,故言当仁不让,以示学者当无时不学,无处不学,力求青出于蓝,温故知新以把握时代,而不可为师说所囿,而抱残守阙也。

四、孟子

孟子⑥曰:"人之患,在好为人师。"⑦赵岐⑧释曰:"君子好谋而成,临事而惧,时然后言,畏失言也;故曰:师哉师哉,桐子之命,不慎,则有患矣。"师者,铸人者也。其一念之差,或为学生终身之患;一朝之失,或贻学生百年之忧。"人之易其言也,无责耳矣。"⑨而学生之幸福,乃系之于教师之言行,故为师者岂可轻易其言而不慎哉!夫人之所患,患于不知己,未有可为师,而好为人师者。不可为师,而好为人师,其为患也必矣。此乃孟子亟言为师之不易,须出之审慎也。

然经明行修之士,则当以天下为己任,以教学为义务的天职。《万章下》篇

---

① 《论语·述而》。
② 《论语·里仁》。
③ 《论语·公冶长》。
④ 《史记·甘罗列传》曾引:"甘罗曰:'夫项橐生七岁为孔子师。'"《战国策》、《淮南子》内亦有记载,惟《论语》注、疏皆未引证。
⑤ 《论语·卫灵公》。
⑥ 民元前二二八三(东周烈王四年〔前372〕)—前二二〇〇(东周赧王二十六年〔前289〕)。
⑦ 《孟子·离娄上》。编校者按:本部分注释,萧氏仅标《孟子》篇目,特为补全。下同。
⑧ 汉人,字邠卿,卒于民元前一七一一(东汉献帝建安六年〔201〕),寿九十余。编校者按:生于约108年。
⑨ 本句上句。

载孟子述伊尹之言曰:"'天之生斯民也,使先知觉后知,使先觉觉后觉。予天民之先觉者也,予将以此道觉此民也。'思天下之民,匹夫匹妇有不与被尧舜之泽者,如己推而内之沟中,其自任以天下之重也。"教学既为先知先觉之天职,故教育英才为君子(儒家之理想人物)三乐之一,虽南面王而不易矣。孟子曰:"君子有三乐,而王天下不与存焉。父母俱存,兄弟无故,一乐也;仰不愧于天,俯不怍于人,二乐也;得天下英才而教育之,三乐也。君子有三乐,而王天下不与存焉。"①一乐者,天伦之至乐也;二乐者,良心之至乐也;三乐者,职业之至乐也。夫先知先觉以教学为其天职,并以教育英才为至乐者,盖教学之事,实负有极神圣之使命,而把握人类之将来幸福。其觉后知后觉者,固直接在塑铸受教育者之现在心理,而间接即在规定人类之将来生活。人能弘道,理想社会之实现,殆有待于天下之民之共同参与也。矧文化之得进展而日近理想,唯英才能共肩此责,庸凡之众,则仅能享受而不能创造者也。唐柳宗元②虽屡以"人之患,在好为人师"之言,谦避师名,然对"言道,讲古,穷文辞"来问者,未尝"瞋目闭口"。且指示周详,而实际已为人师,盖同时亦有感于教育后进为先知先觉之天职与至乐也。③ 柳氏可谓深得孟子之遗教矣。

孟子之理想教师即其所理想之"大丈夫"。其言曰:"居天下之广居,立天下之正位,行天下之大道;得志,与民由之;不得志,独行其道。富贵不能淫,贫贱不能移,威武不能屈,此之谓大丈夫。"④理想之教师者,居仁立礼,得志则与生徒共行之,不得志则退隐独行此道,非富贵所能淫其心,贫贱所能移其意,威武所能屈其志者也。

五、荀子

荀子⑤否认性善,谓"其善者,伪也";不赞成个人有良知良能,而认为社会环境重要。因此对个人言,主张"隆师而亲友",以化性起伪而趋于积善。对国家言,主张"贵师而重傅",以立法度而行政教。《大略篇》⑥曰:"国将兴,必贵师而

---

① 《孟子·尽心上》。——编校者
② 字子厚,民元前一一三九(唐代宗大历八年〔773〕)—前一〇九三(唐宪宗元和十四年〔819〕)。
③ 见《答韦中立论师道书》《答严厚舆论师道书》《报袁君陈秀才避师名书》及《答贡士萧纂求为师书》。载《四部丛刊》本《增广注释音辩唐柳先生集》。
④ 《孟子·滕文公下》。
⑤ 据钱穆著《先秦诸子系年》(商务印书馆)所考,约民元前二二五一(东周显王二十九年〔前340〕)—前二一五六(秦始皇二年〔前245〕)。编校者按:民元前二二五一,即公元前340年,萧氏标注周显王二十三年(前346),显然有误,故改为周显王二十九年。
⑥ 编校者按:《大略篇》系《荀子·大略》。本节中作者所引《儒效》、《荣辱》、《性恶》、《劝学》、《修身》、《致仕》诸篇,均出《荀子》。

重傅，贵师而重傅则法度存；国将衰，必贱师而轻傅，贱师而轻傅则人有快，人有快，则法度坏。"①《儒效篇》曰："人无师无法而知则必为盗，勇则必贼，云能则必为乱，察则必为怪，辩则必为诞。人有师有法而知则速通，勇则速威，云能则速成，察则速尽，辩则速论。故有师法者，人之大宝也；无师法者，人之大殃也。人无师法则隆性矣，有师法则隆积矣。"《荣辱篇》又云："今是人之口腹安知礼义，安知辞让，安知廉耻隅积，亦呥呥而噍，乡乡而饱已矣。人无师无法，则其心正其口腹也。"此言人有师法，则"习俗移志，安久移质"，善可积成，而"通于神明，参于天地矣"，是为"人之大宝"。否则恶性趋于极端，任性纵欲，不知礼义廉耻，而为"人之大殃"。故《性恶篇》云："夫人虽有性质美而心辩知，必将求贤师而事之，择良友而友之。得贤师而事之，则所闻者，尧舜禹汤之道也；得良友而友之，则所见者，忠信敬让之行也。身日进于仁义而不自知也者，靡使然也。"贤师之益，在于安久移质，即以人格之感化为主体，以矫正学生之本性。是以荀子特重师法，盖教师之人格感化胜于书本教育也。《劝学篇》云："学莫便乎近其人，学之经莫速乎好其人，隆礼次之。上不能好其人，下不能隆礼，安特将学杂识志，顺《诗》《书》而已耳，则末世穷年不免为陋儒而已。"近其人即希望一切思想行为皆受其人格感化。隆礼乃外表之事，是以次之，仅乎于诗书之诵读，则更无所得矣。

荀子既以教师之人格胜于书本教育，故其论为师之道首重教师之人格。《修身篇》曰："礼者所以正身也，师者所以正礼也，无礼何以正身，无师吾安知礼之为是也。"又云："夫师以身为正仪而贵自安者也。"《儒效篇》曰："近者歌讴而乐之，远者竭蹶而趋之，四海之内若一家，通达之属莫不从服，夫是之谓人师。"故理想之教师，必须以身作则，遐迩所共誉，世人所从服。致此之道，则须具备下列之"师术"。《致士篇》曰："师术有四，而博习不与焉。尊严而惮，可以为师；耆艾而信，可以为师；诵说而不陵不犯，可以为师；知微而论，可以为师。故师术有四，而博习不与焉。水深而回，树落则粪本，弟子通利则思师。"为师之道，不在仅能博学强识。第一，教师应有严肃庄严之气象，使学生见而起敬；第二，教师应崇信圣人之道，老而弥笃；第三，教师讲学应系统完整，条理分明，程序孙顺，因材施教，不越其节②；第四，教师应知精微之理而能讲论警策。能具备此四种资格者即是贤师，学生当永不忘其作育之恩德。

---

① 杨倞注：快，肆意也。编校者按：重文"贵师而重傅"与"贱师而轻傅"，萧氏引文阙漏，据原文补全。
② 此即《学记》所云："不陵节而施之谓孙，"其意即须合乎学习心理原理。

六、扬雄

扬雄①谓"人之性也善恶混,修其善则为善人,修其恶则为恶人"②,故尝以铸金喻教育。《法言·学行篇》曰:"或曰:学无益也,如质何?曰:未之思矣!夫有刀者砻诸,有玉者错诸。不砻不错,焉攸用?砻而错诸,质在其中矣;否则辍。螟蛉之子殪而逢蜾蠃,祝之曰:类我类我。久则肖之矣。速哉七十子之肖仲尼也!……或问:世言铸金,金可铸欤?曰:吾闻觌君子者问铸人,不问铸金。或曰:人可铸欤?曰:孔子铸颜渊矣。或人踧尔曰:旨哉!问铸金,得铸人。学者,所以修性也。视、听、言、貌、思,性所有也。学则正,否则邪。师哉师哉!桐子③之命也!务学不如务求师。师者,人之模范。模不模,范不范,为不少矣。"扬子之意,教师自身之人格,即是学生之模范。"天降生民,倥侗颛蒙"④,惟师能"训诸理"而制其"善恶之命"。故曰:"师哉师哉!桐子之命!"其品不足以为模,学不足以为范,靦然为师而斲丧桐子之命者,滔滔皆是,读此,能不悚然以惧乎!

《法言·问明篇》曰:"或问:小每知之,可谓师乎?曰:是何师欤!是何师欤!天下小事为不少矣,每知之,是谓师乎?师之贵也,知大知也,小知之师亦贱矣。"扬子所认为之理想教师,非徒有记问之学,"小每知之",而在"知大知"。"知大知"者乃博闻强识,而守之以卓约,并能识乎正道。《法言·吾子篇》曰:"多闻则守之以约,多见则守之以卓,寡闻则无约也,寡见则无卓也。绿衣三百,色如之何矣?纻絮三千,寒如之何矣?君子之道有四易:简而易用也,要而易守也,炳而易见也,法而易言也。"知识之功用,非鸡零狗碎之见闻,所能著其功效者也。必须"所守简要"、"所睹广远",然后能致详博之用。故《太玄·玄莹篇》又曰:"不约则其指不详,不要则其应不博。"如之何而可由博返约耶?《法言·寡见篇》曰:"学者之说可约邪?曰:可约。解科。"李轨⑤注曰:"言自可令约省耳,但当使得其义旨,不失其科条。"知识之可贵者,在能由繁复驳杂之见闻中求得普通之原则,明其精义,察其体系,以简驭繁,以要应博。夫如是,自能取精用宏,左宜右有矣。此多闻博识贵在守之以卓约之故也。多闻博识既可助人为善,亦足饰非文过,故又须能识乎正道也。《寡见篇》曰:"多闻见而识乎正道者

---

① 汉人,字子云,民元前一九六四(西汉宣帝甘露元年〔前153〕)—前一八九四(新莽天凤五年〔18〕)。
② 《法言·修身》。
③ 李轨注:"桐,洞也;桐子洞然未有所知之时,制命于师也。再言之者,叹为人师制人善恶之命,不可不明慎也。"桐或作侗,此据《四部丛刊》本。
④ 《法言序》。
⑤ 晋人,生卒年不考。

至识也,多闻见而识乎邪道者迷识也。如贤人谋之,美也;讪人而从道,如小人谋之,不美也,讪道而从人。"识乎正道之方,曰众言淆乱,则折诸圣;曰潜心存神,以识圣道。《吾子篇》云:"或曰:人各是其所是,而非其所非,将谁使正之?曰万物纷错,则悬诸天,众言淆乱,则折诸圣。或曰:恶睹乎圣而折诸?曰:在则人,亡则书,其统一也。"此言诸子百家,众说纷纭,则应折诸圣人之言,以正其是非。《法言·问神篇》云:"或问神,曰:心。请问之,曰:潜天而天,潜地而地。天地神明而不测者也,心之潜也,犹将测之,况于人乎?况于事伦乎?敢问潜心于圣。曰:昔乎仲尼潜心于文王矣,达之;颜渊亦潜心于仲尼矣,未达一间耳;神在所潜而已矣。天神天明,照知四方;天精天粹,万物作类。人心其神矣乎!操则存,舍则亡,能常操而存者,其惟圣人乎?圣人存神索至,成天下之大顺,致天下之大利,和同天人之际,使之无间者也。"此言圣人之道,可潜心存神而识之者也。适乎正道,或适乎他道,(《法言·问道篇》曰:"由其大者作正道,由其小者作奸道。"又曰:"适尧舜文王者为正道,非尧舜文王者为他道。")由于心之操舍。故学在潜心。心存则神。盖潜心则可以测天地自然之道,人性万物之理,此之所谓神。苟潜心存神,探幽索至,必能"由其大者"得识正道,则"顺事而无逆,利物而无害"矣。是以师之所贵,知大知也。

《法言·五百篇》曰:"君子仕则欲行其义,居则欲彰其道,事不厌,教不倦焉。"是则为师者当以行义彰道,而学不厌,教不倦。而教师教人之法,则其要有二。一曰:因材施教,成其所安。《五百篇》云:"仲尼神明也,小以成小,大以成大,虽山川丘陵草木鸟兽裕如也。"二曰:解惑祛非,端正义旨。《学行篇》云:"一哄之市,不胜异意焉。一卷之书,不胜异说焉。一哄之市,必立之平;一卷之书,必立之师。"综之,师者以知大知为人之模范,"本诸身"[①]而"训诸理",学不厌而教不倦者也。

七、韩愈

韩愈《师说》[②]谓:"师者,所以传道授业解惑也。"[③]又曰:"道之所存,师之所存。"此"道"究何所指,本文未加说明。揆之其《原道》一文所论,其所谓道乃"为

---

① 《法言序》。
② 金王若虚之《文辩》(《滹南遗老集》)谓《师说》有"文理不相承"之处,疑有脱简,致不仅文理不相承,且无从窥其全貌。编校者按:见《滹南遗老集》卷35,《四部丛刊》本。
③ 各种昌黎文集均作"受"业,后人选集多改作"授"业,近人疑"受"字系"授"字之误。其实,"受"字,《说文》原解为"相付也"。后人始以"予也"之授字为"传授",而将此"受"字释为"接受"。原句即作接受解,亦可通,师也者弟子由之传道受业解惑者也。编校者按:萧氏引文作"师也者,传道受业解惑者也",与通行本不完全一致,虽其对"受"与"授"之异同有所注解,但为规范起见,径改之。

之君,为之师"之圣人所"教之以相生相养之道",是即尧舜禹汤文武周公孔子所传之修齐治平之道,亦即"先王之教"之仁义道德,"博爱之谓仁,行而宜之之谓义,由是而之焉之谓道,足乎己无待于外之谓德"是也。再朱熹《论语课会说》曰:"古之学者潜心乎六艺之文,退而考诸日用,有疑焉则问,问之弗得弗措也。古之所谓传道授业解惑者,如此而已。"①故曾国藩②《求阙斋读书录》遂释之曰:"《师说》传道谓修己治人之道,授业谓古文六艺之业,解惑谓解此二者之惑。韩公一生学道好文,二者兼营,故往往并言之。末福云:'闻道有先后,术业有专攻,'仍作双收。"③郑宗海先生之《广师说》则以"当代教育学之名词"诠解之,谓传道者,即"社会遗传之递与"。"社会遗传,自是包括先民思想与行谊上之精华而言,换言之,即人类生活上所经认为有利益与有价值之技术知识理想等而言。"授业即传授某种技术业务或学问④。教师对于学问之态度,对于人生及宇宙之看法,尝亦伴随传授技术或学问而影响于学生,故传道与授业殆为不可分⑤。解惑者,在循循善诱,以培养学者自己解惑之能力。盖学成于思,而思起于惑也。郑氏今解,可谓最称精当。

《师说》影响之巨,前已言之,兹再举其师者非"授之书而习其句读者"之意所引起之同感,更见一般。王令⑥《师说》云:"天下之师绝久矣。今之名师者徒教组刺章句,希望科第而已。昔者子路使子羔为费宰,子曰:'贼夫人之子!'今贼人者皆是,是皆取戾于孔子者耳,恶得为人师。"⑦故主张师不可竞枝流而应明根源,讲圣人之道,识治乱之本。潘兴嗣⑧《师道》诗亦感于"师道久不振",而主张"务尽道德业,不取章句辞。庶几昔人风,炳然复在兹"⑨。前哲咸认为为师之道应以传道为主,韩氏倡导之功,殆不可没也。

---

① 《晦庵先生朱文公文集》。编校者按:见《晦庵集》卷74,《四部丛刊》景明嘉靖本。
② 清人,字涤生,民元前一〇一(清嘉庆十六年〔1811〕)—前四〇(清同治十一年〔1872〕)。编校者按:曾国藩字伯涵,号涤生。
③ [清]曾国藩:《求阙斋读书录》卷8《韩昌黎集》,清光绪二年传忠书局刻本。——编校者
④ 编校者按:"授业"原文作"受业"字,有误,径改。
⑤ 编校者按:"授业"原文作"受业"字,有误,径改。
⑥ 宋人,字逢源(史籍多作"逢原"——编校者),民元前八八〇(北宋仁宗明道元年〔1032〕)—前八五三(北宋仁宗嘉祐四年〔1059〕)。
⑦ [宋]王令:《广陵集》卷12。明抄本与民国嘉业堂丛书本"师者"均作"徒"。——编校者
⑧ 宋人,生卒年不考,周濂溪之友人。
⑨ 载《古今图书集成·理学汇编·学行典·求师部》。编校者按:或见吕祖谦《宋文鉴》卷19,《四部丛刊》景宋刊本。

八、周敦颐

周敦颐①《通书·师友上》篇曰："天地间，至尊者道，至贵者德而已矣。至难得者人，人而至难得者，道德有于身而已矣。求人至难得者有于身，非师友则不可得也已。"此言为师者必须"道德有于身"。《师》②又曰："或问曰：曷为天下善？曰：师。曰何谓也？曰：性者，刚柔善恶，中而已矣。……惟中也者，和也，中节也，天下之达道也，圣人之事也。故圣人立教，俾人自易其恶，自至其中而止矣。故先觉觉后觉，暗者求于明，而师道立矣。"是以朱熹综释其义而注曰："师者所以攻人之恶，正人之不中而已矣。"

九、章学诚

章学诚之《师说》，分师为"有可易之师与不可易之师"。而两者"其相去也，不可同日而语"。不可易之师者，传道者也；可易之师，授业解惑者也。传道者，"隐微独喻"，传其道德术艺而非他人可传授者。弟子事之，当"生则服勤，而没则尸祝"。授业解惑者，"讲习经传，旨无取于别裁；斧正文辞，义未见其独立，人所共知共能。"偶得而教之，甲教之未终，不妨乙授之。此不过"一日之长，拜而礼之，随行偶坐，爱敬有加可也。必欲严昭事之三而等生身之义，则责者罔而施者亦不由衷矣"。③今日言尊师者与夫为师者，当三复斯言。

十、系语

籀绎先哲之遗教，得知：师者，人之模范也，道德有于身，以身为正仪，澡身浴德，尊严而惮，富贵不能淫，贫贱不能移，威武不能屈，以攻人之恶，正人之不中。博闻强识，温故知新。守约得要，能知微而论。潜心于圣，则耆艾而信。既知教之所由兴废，又知至学之难易而知其美恶。博喻诵说，不陵不犯。传道授业，隐微独喻。教学相长，自强不息。自任以天下之重，而先觉觉后觉，期得天下之英才而教育之，乐君子之三乐。更尝以人之患在好为人师而自警惕，盖有感于师哉师哉，桐子之命也。

---

① 宋人，字茂叔，民元前八九五（北宋真宗天禧元年〔1017〕）—前八三九（北宋神宗熙宁六年〔1073〕）。
② 编校者按：原文作"下篇"，经查引文出自《通书·师》，非《师友下》，径改。见《周元公集》卷4，宋刻本。
③ 见章学诚《文史通义·内篇六》，民国嘉业堂章氏遗书本。——编校者

肆　师儒遗风

一、孔子

孔子被尊为万世师表者，尤在其躬行实践所表现之师道，光被四表。"德配天地，道冠古今。"故张皇大师之潜德逸行，当从孔子始。孔子"有教无类"①，尝自云："自行束脩以上，吾未尝无诲焉。"②孟子亦称"夫子之设科也，往者不追，来者不拒。苟以是心至，斯受之而已矣。"③故以一布衣而弟子三千，贤者七十有七。自缙绅子弟以至驵侩大盗，皆归斯受之，而卒教之成为名贤。"皆入孝出悌，言为文章，行为仪表。"④就《史记·仲尼弟子列传》考之，七十七子之著籍者有61人。其中鲁人凡38、卫国66人、齐国6人、楚国3人、秦国2人、陈国2人、晋国2人、宋国1人、吴国1人。仅就此观之，已见其教化所被，南及江淮，西至陕甘。当时列国政治分立，孔子之教化则已不分畛域，而以一布衣之教师完成文化之统一矣。

孔子屡以好学自称，如云："其为人也，发愤忘食，乐以忘忧，不知老之将至〔云尔〕。"⑤"吾十有五，而志于学。"⑥"十室之邑，必有忠信如丘者焉，不如丘之好学也。"⑦"我非生而知之者，好古敏以求之者也。""德之不修，学之不讲，闻义不能徙，不善不能改，是吾忧也。"⑧"吾尝终日不食，终夜不寝，以思，无益，不如学也。"⑨《论语》一书，为弘扬孔子立教精义之作，其开宗明义之首句"子曰"亦即言："学而时习之，不亦说乎！"如何方谓之好学耶？子曰："君子食无求饱，居无求安，敏于事而慎于言，就有道而正焉，可谓好学也已。"⑩又曰："敏而好学，不耻下问。"⑪不耻下问者，自强不息而已。能自强不息者，则可致"富有之谓大业，日新之谓盛德"⑫矣。

---

① 《论语·卫灵公》。编校者按：本部分所引《论语》、《孟子》等文，注释多仅标篇名，为规范起见，特为补全。
② 《论语·述而》。
③ 《孟子·尽心下》。
④ 《淮南子·泰族训》："孔子弟子七十，养徒三千人，皆入孝出悌……教之所成也。"
⑤ 《论语·述而》载孔子自云。
⑥ 《论语·为政》。
⑦ 《论语·公冶长》。
⑧ 《论语·述而》。
⑨ 《论语·卫灵公》。
⑩ 《论语·学而》。
⑪ 《论语·公冶长》。
⑫ 《周易·系辞上》。

夫仁者以天下为己任,己立立人,己达达人;其学而不厌,进德修业者,乃以之修己而安人者也。故子曰:"默而识之,学而不厌,诲人不倦,何有于我哉!"又云:"若圣与仁,则吾岂敢?抑为之不厌,诲人不倦,则可谓云尔已矣。"①孟子亦称:"孔子曰:'圣则吾不能,我学不厌而教不倦也。'"②惟学不厌,始能教不倦。故子曰:"二三子以我为隐乎?吾无隐乎尔!吾无行而不与二三子者,是丘也。"③夫子教人不倦,颜渊乃赞之而喟然叹曰:"仰之弥高,钻之弥坚,瞻之在前,忽焉在后。夫子循循然善诱人,博我以文,约我以礼,欲罢不能。既竭吾才,如有所立卓尔。虽欲从之,末由也已。"④教师能"学而不厌",乃能"诲人不倦",学生遂亦"欲罢不能"矣。

孔子之教,以言教者少,以身教者多。子贡曾有小子何述焉之疑,夫子则以天道无声无臭,而无物不成答之。《阳货》章载:"子曰:予欲无言。子贡曰:子如不言,则小子何述焉?子曰:天何言哉!四时行焉,百物生焉,天何言哉!"盖以"其身正,不令而行;其身不正,虽令不从"⑤也。孔子又尝曰:"我欲载之空言,不如见之于行事之深切著明也。"⑥是以以身率教者多。《论语》数载孔子性格之崇高伟大,如:"子温而厉,威而不猛,恭而安。"⑦"夫子温良恭俭让。"⑧"子之燕居,申申如也,夭夭如也。"⑨"子曰:饭疏食,饮水,曲肱而枕之,乐亦在其中矣。不义而富且贵,于我如浮云。"⑩"孔子于乡党,恂恂如也,似不能言者。"⑪"子绝四:毋意,毋必,毋固,毋我。""子罕言利,与命与仁。"⑫"子之所慎:斋、战、疾。""子不语:怪、力、乱、神。"⑬殆不可胜述。孔子虽自谦曰:"躬行君子,则吾未之有得。"⑭子贡则有:"仲尼,日月也",及"夫子之不可及也,犹天之不可阶而

---

① 《论语·述而》。
② 《孟子·公孙丑上》。
③ 《论语·述而》。
④ 《论语·子罕》。
⑤ 《论语·子路》。
⑥ 《史记·太史公自序》引。
⑦ 《论语·述而》。
⑧ 《论语·学而》。
⑨ 《论语·述而》。
⑩ 《论语·述而》。
⑪ 《论语·乡党》。
⑫ 《论语·子罕》。
⑬ 《论语·述而》。
⑭ 《论语·述而》。

升也"①之喻。子贡为孔门圣哲,其言孔子性格之崇高圆满,可谓无余蕴矣。然"有德者必有言",不过"耻其言而过其行",故"夫子时然后言,人不厌其言"②。且学贵自动,故"不愤不启,不悱不发,举一隅不以三隅反,则不复也"③。是以以言教者少。学亦贵能卓然自立,夫子力斥"回也,非助我者也,于吾言无所不说"④,更勉弟子以"当仁不让于师"⑤。

孔子鉴于个性有"生知"、"学知"、"困知"之差异⑥,"唯上知与下愚不移"⑦,"中人以上,可以语上也;中人以下,不可以语上也"⑧。故对于学生之个性考察,剖析毫芒,遂别"柴也愚,参也鲁,师也辟,由也喭"⑨。更知"枨也欲,焉得刚?"⑩盖其考察资质之方法,备极精密,"视其所以,观其所由,察其所安"。故有"人焉廋哉,人焉廋哉"之叹。⑪既知学生之性格,又使各言其志⑫,乃分别就其性格与志趣,而因材施教。弟子"问孝"⑬、"问仁"⑭、"问闻斯行诸"⑮,孔子之答也,或"进之"或"退之",殆莫不就其性之所安而成其才也。

孔子之教学艺术固出神入化,而其对人类情感之真挚尤超凡入圣。颜渊死,"哭之恸",曰:"噫,天丧予!天丧予!"⑯子路死于卫之乱,为之覆醢,⑰曰:"噫,天祝予!"⑱此皆满腔"教育的爱"使之然也。所谓"教育的爱"者,一方面固为对受教育者之爱,一方面更为对人类之爱。道以人弘,受教育者乃文化之所可寄托、所可发扬者也。孔子济世为怀授徒传道者,正谋以其理想传授于弟子而求其实现者也。颜渊、子路皆孔门之贤弟子,亦即孔子救世理想之所最好寄

---

① 《论语·子张》。
② 《论语·宪问》。
③ 《论语·述而》。
④ 《论语·先进》。
⑤ 《论语·卫灵公》。
⑥ 《论语·季氏》。
⑦ 《论语·阳货》。
⑧ 《论语·雍也》。
⑨ 《论语·先进》。
⑩ 《论语·公冶长》。
⑪ 《论语·为政》。
⑫ 见《公冶长》与《先进》。
⑬ 《论语·为政》。
⑭ 《论语·颜渊》。
⑮ 《论语·先进》。
⑯ 《论语·先进》。
⑰ 《礼记·檀弓上》。
⑱ 《春秋公羊传·哀公十四年》。"祝",注曰:"断也。"

托与蕃殖者也。孔子哭颜渊与子路,而不禁曰:"天丧予"、"天祝予",正以此也。《论语·雍也》章曾三载孔子之赞颜渊曰:"哀公问:'弟子孰为好学?'孔子对曰:'有颜回者好学,不迁怒,不贰过。不幸短命死矣!今也则亡,未闻好学者也。'""子曰:回也,其心三月不违仁,其余则日月至焉而已矣!""子曰:贤哉回也,一箪食,一瓢饮,在陋巷,人不堪其忧,回也不改其乐,贤哉回也!"又《公冶长》章谓"子路有闻,未之能行,唯恐有闻"。如此疾学力行之弟子,其死也,宜乎孔子哭之恸,而曰"非夫人之为恸而谁为!"①再者或有疑孔子栖栖皇皇,周流四方者,孔子告之曰:"非敢为佞也,疾固也。"②又有讥孔子"辟人"而不能"辟世"者,乃曰:"天下有道,丘不与易也。"③其疾固忌俗,匡时济世之热忱,至今凛然有生气。一则甚至厄于"陈蔡之间……不得行,绝粮。从者病,莫能兴",犹"讲诵弦歌不衰"④。一则其为鲁司寇也,三月大治,齐人归女乐,季桓子受之,三日不朝,遂行⑤,以实行其不义而富且贵于我如浮云之素志。是则孔子学不厌,诲不倦,有教无类,爱才如命。周流四方,席不暇暖者,皆确"为天地立心,为生民立命,为往圣继绝学,为万世开太平"也⑥。

孔子对人类之情感如斯真挚,弟子受其精神感召,对之遂亦热情澎湃。孔子被困于匡,师生相失于途中,颜渊后至,子曰:"吾以女为死矣!"颜渊则答曰:"子在,回何敢死!"⑦孔子卒,弟子则心丧三年,庐墓三年。孟子有曰:"昔者孔子没,三年之外,门人治任将归,入揖于子贡,相向而哭,皆失声,然后归。子贡反,筑室于场,独居三年,然后归。"⑧《史记·孔子世家》谓:"弟子及鲁人往从冢而家者百有余室,因命曰孔里。鲁世世相传,以岁时奉祠孔子冢,而诸儒亦讲礼乡饮大射于孔子冢。"孔子感人之深,沦浃肌骨,于此可见。孔子殆"以德服人"者,故孔门弟子莫不"中心悦而诚服也"⑨。

孔门弟子之赞孔子,固崇敬至极,偶见其人者,或闻其道者,亦莫不皆然。

---

① 《论语·先进》。
② 《论语·宪问》。
③ 《论语·微子》。
④ 《史记·孔子世家》。
⑤ 《论语·微子》。
⑥ 张载语,真德秀《大学衍义序》引之以赞孔子。编校者按:《大学衍义序》并未见此语,明丘濬《大学衍义补》卷80引此以赞孔子。
⑦ 《论语·先进》。
⑧ 《孟子·滕文公上》。
⑨ 《孟子·公孙丑上》:"以德服人者,中心悦而诚服也,如七十子之服孔子也。《诗》云:'自西自东,自南自北,无思不服。'此之谓也。"

曾子①曰："江汉以濯之,秋阳以暴之,皜皜乎,不可尚已！"②有若③曰："岂惟民哉！麒麟之于走兽,凤凰之于飞鸟,泰山之于丘垤,河海之于行潦,类也；圣人之于民,亦类也；出于其类,拔乎其萃,自生民以来,未有盛于孔子也。"④仪封人得见孔子,出而曰："天将以夫子为木铎！"⑤《礼记·中庸》⑥曰："仲尼祖述尧舜,宪章文武,上律天时,下袭水土。辟如天地之无不持载,无不覆帱；辟如四时之错行,如日月之代明。万物并育而不相害,道并行而不相悖。小德川流,大德敦化。此天地之所以为大也。唯天下至圣,为能聪明睿知,足以有临也；宽裕温柔,足以有容也；发强刚毅,足以有执也；齐庄中正,足以有敬也；文理密察,足以有别也。溥博渊泉,而时出之。溥博如天,渊泉如渊。见而民莫不敬,言而民莫不信,行而民莫不说。是以声名洋溢乎中国,施及蛮貊。舟车所至,人力所通,天之所覆,地之所载,日月所照,霜露所队,凡有血气者,莫不尊亲。故曰配天。唯天下至诚,为能经纶天下之大经,立天下之大本,知天地之化育,夫焉有所倚！肫肫其仁,渊渊其渊,浩浩其天。苟不固聪明圣知达天德者,其孰能知之！"太史公司马迁⑦之《孔子世家》赞曰："《诗》有之：高山仰止,景行行止。虽不能至,然心向往之。……天下君王,至于贤人,众矣,当时则荣,没则已焉。孔子布衣,传十余世,学者宗之；自天子王侯,中国言六艺者,折中于夫子：可谓至圣矣！"唐司马贞⑧之《史记索隐述赞》曰："九流仰镜,万古钦躅！"五四以后,一二浮诞之徒,骋其漂学之外国智识,蔑视国族精神之所寄托,谓孔子之被尊崇,全由于专制帝王之利用,而自命"调侃孔老二"、"捣毁孔家店"。其放辟之邪说,固终无损于孔子本身之毫末,实暴露时代之乖张与寡陋。然于此期间,师道之遗绪,几随之扫地以尽矣。

二、墨子

当孔子之时或其后,积极从事于教育事业,亦足以为万世之师范者尚有墨

---

① 民元前二四一六（东周敬王十五年〔前505〕）—？
② 《孟子·滕文公上》。
③ 民元前二四四九（东周景王七年〔前538〕）—？
④ 《孟子·公孙丑上》。
⑤ 《论语·八佾》。
⑥ 宋儒谓子思作。
⑦ 字子长,民元前二○五六（西汉景帝中元五年〔前145〕）—前一九九七（西汉昭帝始元元年〔前86〕）。
⑧ 字子正,生卒年不考。

子①。《韩非子②·显学》篇称："世之显学,儒墨也。儒之所至,孔丘也。墨之所至,墨翟也。"贾谊③《过秦论》亦以"仲尼、墨翟之贤"并称。《吕氏春秋·当染》④篇更盛赞孔子与墨子曰："此二士者无爵位以显人,无赏禄以利人,举天下之显荣者,必称此二士也。皆死久矣,从属弥众,弟子弥丰,充满天下。"《淮南子⑤·道应训》亦曰："孔丘、墨翟无地而为君,无官而为长。"《吕氏春秋·当染》篇又：："孔墨之后学,显荣于天下者众矣,不可胜数。"斯皆秦汉之际,学者并称孔墨之贤也。

《墨子·公输》篇载墨子为谋救宋,与公输般斗攻守之术既胜,曰："臣之弟子禽滑厘等三百人,已持臣守圉之器,在宋城上而待楚寇矣。"是则墨门弟子至少为三百人,而其著者则有百八十人。《淮南子·泰族训》曰："墨子服役者⑥百八十人,皆可使赴火蹈刃,死不还踵,化之所致也。"陆贾⑦《新语·思务》篇亦称"墨子之门多勇士",其必有所致而然也。盖墨子以"极崇高伟大之人格感化力"为源泉,施行"纯以情育为中心"之教育,故"信仰之者能殉以身,义无反顾"⑧。《史记》无墨子传,仅于《孟子荀卿列传》之末附24字以传之,曰："盖墨翟宋之大夫,善守御,为节用,或曰并孔子时,或曰在其后。"故其思想学说虽以《墨子》一书传世,而惜其教育之事迹渺茫难考。然其教育既以人格为源泉,而人格之伟大崇高则尚可考也。孟子曰："墨子兼爱,摩顶放踵,利天下,为之。"⑨《庄子》⑩

---

① 名翟,民元前二三九一(东周敬王四十年〔前480〕)—前二三一一(东周安王二年〔前400〕),生卒据钱穆《先秦诸子系年》(商务印书馆)所考。编校者按：关于墨子生卒年,学界观点不一,代表者有：孙诒让：约前468—378年(《墨子年表》,见《墨子闲诂》)；梁启超：生于前468—459年之间,卒于前388—382年之间(《墨子年代考》,《梁任公近著》下卷)；刘汝霖：前478—397年(《墨子年谱》,见《周秦诸子考》上册,北平文化学社,1929年)；钱穆：生于约前479—469年,卒于约前391—382年(《墨子》,商务印书馆,1931年;《墨子生卒考》,见《先秦诸子系年》,商务印书馆,1935年)；方授楚：约前490—403年(《墨学源流》,中华书局,1937年)；任继愈：约前480—420年(《墨子生卒年简考》,《文史哲》1962年第2期)。
② 《韩非子》,韩非所撰,非卒于民元前二一四四(秦始皇十四年〔前233〕)。
③ 字长沙,汉人,民元前二一一二(西汉高祖六年〔前201〕)—前二〇八〇(西汉文帝十一年〔前169〕)。编校者按：据清人汪中所撰贾谊《年表》(见汪中《述学》内篇三,《四部丛刊》景无锡孙氏藏本),贾谊生于汉高帝七年(前200),卒于汉文帝十二年(前168)。目前学界基本认同此说。
④ 《吕氏春秋》为吕不韦门客所撰,不韦卒于民元前二一四六(秦始皇十二年〔前235〕)。
⑤ 《淮南子》,汉淮南王刘安撰,安卒于民元前二〇三三(西汉武帝元狩元年〔前122〕),寿五十余。
⑥ 服役者当作弟子解。《韩非子·五蠹》篇云："仲尼……服役者七十人",即指七十子,与此文同,可为参证。
⑦ 汉高祖时人。
⑧ 引句为梁启超《先秦政治思想史》(商务印书馆)中语。
⑨ 《孟子·尽心上》。
⑩ 庄周撰,据钱穆考,庄周约生于民元前二二七六(东周显王四年〔前365〕)—前二二〇一(东周赧王二十五年〔前290〕)。

称:"墨子真天下之好也,将求之不得也,虽枯槁不舍也。才士也夫!"又云:"墨子称道曰:'昔者禹之湮洪水,……通……九州也,……禹亲自操橐耜……腓无胈,胫无毛,沐甚雨,栉疾风,置万国。禹大圣也,而形劳天下也如此。'使后世之墨者,多以裘褐为衣,以跂蹻为服,日夜不休,以自苦为极。曰:'不能如此,非禹之道也,不足为墨。'"①儒道两家对墨子之精神生活,其语虽有若讥若讽之意,而实为极端推崇之词,盖言其苦行之臻极诣也。墨子不独苦于行,亦敏于学。《墨子·贵义》篇曰:"子墨子南游使卫,关中载书甚多。"②《吕氏春秋·博志》篇曰:"孔丘、墨翟昼日讽诵习业,夜亲见文王、周公旦而问焉。"可见墨子之好学不厌与孔子媲美焉。墨子既如斯苦于行,勤于学,宜乎其弟子充满天下而守死信道也。

三、郭泰与"人师"

荀子虽有"人师"之说,但实际被誉为"人师"者,则始于后汉陈国童子魏昭之称郭泰③。"人师"与"经师"之别,其说亦导源于此。袁宏④《后汉纪》卷23记其事曰:郭泰"尝止陈国,文孝童子魏昭求入其房,供给洒扫,泰曰:'年少当精义书,曷为来近我乎?'昭曰:'盖闻经师易遇,人师难遭。故欲以素丝之质,附近朱蓝耳。'泰美其言,听与共止"。郭泰之被誉为"人师",征诸史乘所记行状,洵非偶然。范晔⑤《后汉书·郭太传》⑥论曰:"庄周有言,人情险于山川,以其动静可识,而沉阻难征。故深厚之性,诡于情貌。则哲之鉴,惟帝所难,而林宗雅俗无所失。将其明性,特有主乎然;而逊言危行,终享时晦。恂恂善导,使士慕成名,虽墨孟之徒不能绝也。"《传》曰:"博通坟籍,善谈论,美音制。……性明知人,好奖训士类。……或问汝南范滂⑦曰:'郭林宗何如人?'滂曰:'隐不违亲,贞不绝俗,天子不得臣,诸侯不得友。吾不知其它。'后遭母忧,有至孝称。林宗虽善人伦,而不为危言覈论,故宦官擅政而不能伤也。及党事起,知名之士多被其害,唯林宗及汝南袁闳得免焉,遂闭门教授子弟以千数。……卒……四方之

---

① 《庄子·天下》。
② 宋王应麟《困学纪闻》卷二引《墨子》"今本阙文":"墨子南使卫,载书甚多,弦唐子见而怪之。墨子曰,昔周公旦朝读书百篇,夕见七十二士,相天下犹如此,吾安敢废此也。"
③ 字林宗,民元前一七八四(东汉顺帝永建三年〔128〕)—前一七四三(东汉灵帝建宁二年〔169〕)。
④ 字彦伯,晋人,民元前一五八四(东晋成帝咸和三年〔328〕)—前一五三六(东晋孝武帝太元元年〔376〕)。
⑤ 字蔚宗,民元前一五一四(东晋安帝隆安二年〔398〕)—前一四六七(南北朝宋文帝元嘉廿二年〔445〕)。
⑥ 晔因避父讳,改泰为太。
⑦ 字孟博,民元前一七七五(东汉顺帝永和二年〔137〕)—前一七四三(东汉灵帝建宁二年〔169〕)。

士,千余人皆来会葬。同志者乃共刻石立碑。蔡邕为文,既而谓涿郡卢植曰:'吾为碑铭多矣,皆有惭德,唯郭有道,无愧色耳。'其奖拔士人,皆如所鉴。"林宗知人之明,世誉无双,范晔遂"录其章章效于事者,著之篇末。"蔡邕①《郭有道碑》言其学行高远曰:"先生诞应天衷,聪睿明哲,孝友温恭,仁笃慈惠。夫其器量弘深,姿度广大,浩浩焉,汪汪焉,奥乎不可测已!若乃砥节厉行,直道正辞,贞固足以干事,隐括足以矫时。遂考览六经,探综图纬。周流华夏,随集帝学,收文武之将坠,拯微言之未绝。"其学行如此,而"潜隐衡门,收朋勤诲","栖迟泌丘,善诱能教"。当林宗之未为时人所识也,符融②一见叹服,绍介于李膺③,"以为海之明珠,未耀其光,鸟之凤凰,羽仪未翔。膺与林宗相见,待以师友之礼,遂振名天下"④。时人更称之为"八顾"之一,"顾者言能以德行引人者也"⑤。夫如是,其被誉为"人师",良有以也。然惜乎既无著述传世,蔡《碑》范《传》复仅穷力于文辞之典雅,虽备至推崇,而事迹隐约,难尽表彰耳。

自林宗以后,人师一辞遂为尊崇师道之美称。例如《北史·卢诞⑥传》载,魏帝为晋王⑦等求卢诞为师,诏曰:"经师易求,人师难得";并"亲幸晋王第,敕晋王以下皆拜之于帝前"。⑧ 于是,"经师易求,人师难得"之语,遂成为为师与求师之正鹄。又如清末兴学之际,张百熙⑨受任为管学大臣,拟整理京师大学堂,"以桐城吴汝纶⑩德望为时所服,遂以直隶州奏请加五品卿衔,充大学堂总教习。当时盖异数也。汝纶坚辞不起,百熙具衣冠诣汝纶,伏拜地下曰:'吾为全国求人师,当为全国生徒拜请也。先生不出,如中国何!'汝纶感其诚,勉起应诏。"⑪此近代求人师、尊礼人师之佳话也。今则余风曩烈,几已泯灭矣。

何谓人师? 荀子之言曰:"近者歌讴而乐之,远者竭蹶而趋之,四海之内若一家,通达之属,莫不从服,夫是之谓人师。"⑫《韩诗外传》曰:"智如泉源,行可以为

---

① 字伯喈,民元前一七八〇(东汉顺帝阳嘉元年〔132〕)—前一七二〇(东汉献帝初平三年〔192〕)。
② 生卒年不考。
③ 字元礼,民元前一八〇二(东汉安帝永初四年〔110〕)—前一七四三(东汉灵帝建宁二年〔169〕)。
④ 《后汉书·符融传》注。
⑤ 《后汉书·党锢传》序。
⑥ 生卒年不考。
⑦ 晋王为南北朝北魏太武皇帝之子。太武在位二十八年(民元前一四八八〔424〕—前一四六一〔451〕)。
⑧ 《周书·卢诞传》所载亦同。
⑨ 字冶秋,民元前六五(清道光廿七年〔1847〕)—前五(清光绪三十三年〔1907〕)。其受任为管学大臣在光绪二十七年十二月初一日〔1902年1月10日〕。
⑩ 字挚甫,民元前七二(清道光廿年〔1840〕)—前九(清光绪廿九年〔1903〕)。
⑪ 罗惇曧:《京师大学堂成立记》,载《庸言》1卷13号。
⑫ 《荀子·儒效》。——编校者

表仪者,人师也。"①要而言之,人师殆如贾谊所谓"知足以为源泉,行足以为表仪,问焉则应,求焉则得;入人之家,足以重人之家;入人之国,足以重人之国者"②,以其"至德可师"③也。人师之贵于经师者,盖经师者,不过博闻强识,传一经之言而有师法;人师则敦善行而不怠,"德望为时所服",而又"能以德行引人",所谓以身作教者也。夫"以身教者从,以言教者讼"④,亦唯以身教者,始能致"圣化"也。董仲舒《春秋繁露》曰:"是故善为师者,既美其道,有慎其行;齐时蚤晚,任多少,适疾徐;造而勿趋,稽而勿苦;省其所为,而成其所湛,故力不劳,而身大成,此之谓圣化,吾取之。"⑤此乃人师胜于经师者也。再者我国先哲之论教学:《易》云"进德修业",进德为先⑥;孔门设科,德行第一⑦;荀子谓"君子之学也,入乎耳,著乎心,布乎四体,形乎动静"⑧;张载言"为学之大益,在自能变化气质"⑨。斯皆主德重于知,情意之培植重于知识之传授,是亦人师较经师为世所重之故也。

四、书院之师儒

朱熹《科举私议》⑩谓自科举兴,学校渐沦为利禄之途,掌其教事者不过取其善为科举之文,未尝开之以德行道艺之实,于是书院制度浸起。因之,历代著名书院之主持者,要皆一代之人师大儒。其起居动止,必束身规矩,如黄干⑪撰其师《朱子行状》曰:"其色庄,其言厉,其行舒而恭,其坐端而直。其闲居也,未明而起,深衣幅巾方履,拜于家庙以及先圣。退坐书室,几案必正,书籍器用必整。其饮食也,羹食行列有定位,匕箸举措有定所。倦而休也,瞑目端坐;休而起也,整步徐行。……威仪容止之则,自少至老,祁寒盛暑,造次颠沛,未尝有须臾之离也。"⑫师儒虽管教綦严,但以身率之,遂无俟鞭策,使人亹亹乐从,不能自已。如

---

① 见《韩诗外传》卷5。——编校者
② 贾谊《新书·官人》篇谓如此者"谓之师"。
③ 《后汉书·钟皓传》,李膺叹皓之语。
④ 《后汉书·第五伦传》载第五伦上肃宗疏中语。
⑤ 《春秋繁露·玉杯》。——编校者
⑥ 《易经·乾卦》。
⑦ 《论语·先进》。
⑧ 《荀子·劝学》。
⑨ 《经学理窟·义理》。编校者按:见《张子全书》卷6。
⑩ 《晦庵先生朱文公文集》。编校者按:即《学校贡举私议》,见《晦庵集》卷69。
⑪ 字直卿,宋人,民元前七六〇(南宋高宗绍兴二十二年〔1152〕)—前六九一(南宋宁宗嘉定十四年〔1221〕)。
⑫ 载《宋元学案》。编校者按:《宋学案》卷49《晦翁学案下》;或见黄干《勉斋集》卷34,元刻延祐二年重修本。

《宋史·胡瑗①传》曰："瑗教人有法,科条纤悉备具,以身先之,虽盛暑必公服坐堂上,严师弟子之礼,视诸生如其子弟,诸生亦信爱如其父兄。"欧阳修②撰《胡先生墓表》曰："先生为人师,言行而身化之,使诚明者达,昏愚者励,而顽傲者革。"③师儒之教人确能心诚气和,不厌烦缕。"忠信笃敬,毫发无伪,训警恳至,语自肺腑流出,故人之感悟者,亦倍深切。"④甚至虽"寝疾……谆谆警策,无非直指病痛所在"⑤。故弟子受其薰陶,威仪容止,多如其师,人遇之,虽不识,皆知其为某人弟子⑥。迨师没,弟子心丧之后,更有建书院以祀之者⑦。师道之盛,遂为世所称。

五、大师之风骨

往日之大师咸风骨嶙竖,守礼不渝。穆生⑧因醴酒不设,知几而去。不仅佳话传世,亦垂教千古。师道之尊严,能倾而未颓、决而未溃者,多得力于历代大师之特立独行如此。《汉书·楚元王⑨传》："初元王敬礼申公等,穆生不耆酒,元王每置酒,常为穆生设醴。及王戊即位,常设,后忘设焉。穆生退曰:'可以逝矣,醴酒不设,王之意怠,不去,楚人将钳我于市。'称疾卧,申公、白生强起之,曰:'独不念先王之德与?今王一旦失小礼,何足至此?'穆生曰:'《易》称知几其神乎;几者动之微,吉凶之先见者也。君子见几而作,不俟终日。先王之所以礼吾三人者,为道之存故也,今而忽之,是忘道也。忘道之人,胡可与久处,岂为区区之礼哉?遂谢病去。"夫如是,宜乎其增光史册,矜式后代!犹忆民国初年某高等师范学校之教师,因会计处通知亲赴会计处"领薪",认为失礼而罢教,结果由校方道歉,仍派人分别"致送"。今则许多教师杂于校工之中,麋集会计出纳之案前,行列而立,仰望颜色,静疾满脸市侩气息之徒缓缓付款。此而可忍,更无怪乎一般教师受官僚化校长之颐指气使而甘之如饴矣。"几者动之微,吉凶之先见者也。"师道之隆替,可于此中卜之。"知几其神乎",今日之教师当于

---

① 字安定,民元前九一九(北宋太宗淳化四年〔993〕)—前八五三(北宋仁宗嘉祐四年〔1059〕)。编校者按:胡瑗,字翼之,因先世居安定,学者称安定先生。
② 字永叔,民元前九〇五(北宋真宗景德四年〔1007〕)—前八四〇(北宋神宗熙宁五年〔1072〕)。
③ 《欧阳文忠公文集》。编校者按:见《欧阳文忠公集·居士集》卷25,《四部丛刊》景元本。
④ 《宋元学案·慈湖学案》谓冯兴宗如此。
⑤ 陈北溪《序竹林精舍录》谓朱子如此。编校者按:见陈淳《北溪大全集》卷10《竹林精舍录后序》,清文渊阁《四库全书》本。
⑥ 如胡瑗、王阳明等之弟子。
⑦ 如湛若水之祀陈献章、王门弟子之祀阳明先生。
⑧ 生卒年不考。
⑨ 高祖刘邦之弟,名交,卒于民元前二〇九〇(西汉文帝元年〔前179〕)。

此等处知所惕然惭惧,勃然奋励也。

六、师儒之丰神意态

昔时之颂扬师道,多就师儒之丰神意态立言。丰神意态者,殆个人全部人格之反映于他人,而具有不可思议之感化力者也。学识渊博,方法练达,志趣高超,行为谨严,皆不过为构成丰神意态之元素耳。前述孔门贤哲之赞孔子固如此,其后如郭林宗之赞黄宪①曰:"叔度汪汪若千顷陂,澄之不清,淆之不浊,不可量也。"②黄庭坚③赞周茂叔之胸中洒落,谓如"光风霁月"④。朱光庭⑤诣汝州就学于程颢⑥归,语人曰:"光庭在春风中坐了一个月。"⑦此皆久已脍炙人口者也。师儒之丰神意态,其感人之深,盖确如"瑞日祥云,和风甘雨"⑧,而"风月无边,庭草交翠"⑨,不可量也,无能名焉。

七、大师之化民成俗

大师之身教与言教,不仅为其及门弟子本身之表率,且以之化民成俗,楷模天下,盖历代大师皆能本民胞物与之旨,行成己成物之教。其"所谓道者在人伦日用之间,体之以心,践之以身,蕴之为德行,发之为事业"⑩。故从其学者"合则

---

① 字叔度,民元前一八三七(东汉明帝永平十八年〔75〕)—前一七九〇(东汉安帝延光元年〔122〕)。
② 见《后汉书·黄宪传》。《郭太传》、《后汉纪》、《世说新语》皆有记载,文辞微异。如"千顷陂"之作"万顷波","淆"之作"扰"字或"挠"字,等等。编校者按:清钱大昭《后汉书辨疑》卷八(清广雅书局丛书本)谓"叔度汪汪若千顷陂,此事又见郭林宗传者,乃俗本欲以注文杂入也",备一说。
③ 字鲁直,民元前八六七(北宋仁宗庆历五年〔1045〕)—前八〇七(北宋徽宗崇宁四年〔1105〕)。
④ 《濂溪诗·并序》中语,《朱文公文集》及《宋史·周敦颐传》皆有记载。编校者按:萧氏原注谓"濂溪书堂诗中语",《书堂》诗(见《周元公集》卷6,宋刻本)为周敦颐自作,不可能有黄庭坚赞周之语;查黄庭坚《山谷集》卷1《濂溪诗》有此语。可见,原注衍"书堂"二字,径改。朱熹记载见《晦庵集》卷98《濂溪先生事实记》。
⑤ 字公掞,民元前八七五(北宋仁宗景祐四年〔1037〕)—前八一八(北宋哲宗绍圣元年〔1094〕)。
⑥ 字伯淳,谥"明道先生",民元前八八〇(北宋仁宗明道元年〔1032〕)—前八二七(北宋神宗元丰八年〔1085〕)。编校者按:谥"明道先生"有误。宋陈思《两宋名贤小集》(清文渊阁《四库全书》本)卷130《明道先生诗集》谓,程颢,"以道学鸣,世称明道先生,后谥纯公,封河南伯"。明李之藻《頖宫礼乐疏》(清文渊阁《四库全书》本)卷2《从祀沿革疏》谓程颢"字伯淳,河南洛阳人,……学者称明道先生,嘉定谥纯,淳祐追封河南伯"。黄宗羲《宋元学案》卷13《明道学案上》谓:程颢卒后,"文潞公(文彦博)采众议而为之表其墓曰明道先生,嘉定十三年(1220)赐谥曰纯公"。
⑦ 见《近思录》及《伊洛渊源录》。《〔宋元学案〕·明道学案·附录》则作:"游定夫访龟山,龟山曰:'公适从何来?'定夫曰:'某在春风和气中坐三月而来。'龟山问其所之,乃自明道处来也。"
⑧ 朱熹赞程颢。编校者按:语出朱熹《六先生画像赞·明道先生》,见《晦庵集》卷85。萧氏原注谓朱熹赞程颐,误,径改。
⑨ 朱熹赞周敦颐,均系《六先生画像赞》中语,见《朱文公文集》。
⑩ 语出《紫阳书院碑记》,见清张伯行《正谊堂文集》卷9,清乾隆刻本。——编校者

考德而问业,孜孜以性命为事;散则传语而述教,拳拳以善俗为心"。① 是以其移风易俗,匡时救弊,遂能为狂澜之砥柱,因之小则盗贼相约不敢犯其里②,大则世俗丕变,郁然可观③,甚至蛮貊之乡,无不可变之俗④矣。

八、系语

观夫师儒之师道遗风,其"宗庙之美,百官之富"⑤,未有不高山仰止,心向往之者也。向之人师大儒靡不经明行修,九流仰镜,木铎金声,万古钦躅。夫聪明睿知,学而不厌,遂得博物洽闻,智如泉源。而束身规矩,砥节砺行,洵能知微慎独,忠信笃敬。当其修己也:则守道崇礼,戴仁抱义,自少至老,祁寒盛暑,颠沛造次,未尝须臾离也。器量宏深,汪汪焉如千顷之陂,姿度洒落,浩浩乎如光风霁月。而其教人也:则有教无类,爱才如命;诲人不倦,循循善诱;因材而笃,不厌觊缕;愚鲁辟嗲,剖析毫芒;愤悱启发,时然后言;语出肺腑,训警谆谆,以身先之,无俟鞭策,使人深切感悟,欣然从服。其德识之崇高,情感之真挚,故受其熏陶者,气质丕变,宛如其师。甚至驵侩大盗,皆成名贤,本民胞物与之旨,行成己成物之教。为天地立心,为生民立命,为往圣继绝学,为万世开太平。如不义而富且贵,则视之如浮云。既"吐辞为经,举足为法,绝类离伦,优入圣域"⑥,故师道所立,化民成俗。濂溪周子云:"师道立,则善人多;善人多,则朝廷正而天下治矣。"⑦可谓至理名言!

---

① 萧雍:《赤山会约》后序。编校者按:此后序为赵绍祖所作。《赤山会约》,见商务印书馆《丛书集成初编》本,1936年。
② 如《后汉书·儒林传》所载孙期之故事,《郑玄传》所载之故事,等等。编校者按:萧氏原注谓《汉书》所载之孙期故事,误,应为《后汉书》,径改。
③ 如《明儒学案·三原学案》所载王承裕之教化三原,《二曲集》《历年纪略》所记二曲之教化关中,等等。编校者按:《历年纪略》为李颙弟子惠霮嗣所撰。
④ 如《清学案小识》所记李礼山之教化广东连山等。编校者按:《清学案小识》为清唐鉴撰辑,见商务印书馆《万有文库》本,1935年。
⑤ 《论语·子张》篇,子贡赞孔子语。
⑥ 韩愈《进学解》赞孟、荀。
⑦ 《通书·师》篇。编校者按:萧氏原注"通书,师友下篇",查该文出自《通书·师》篇,非《师友下》篇,径改。

第三篇　尊师之道

伍　师道尊严之真谛

一、师道之尊严

昔日论师道者常有二语：曰"师道之不传也久矣"，曰"师道尊严"。所谓师道之不传也久矣，殆多认为即师道尊严不传也久矣。何谓师道尊严，虽有释为师之严以自律而道得有所尊者，但多理解为尊师之礼，严然而不可失，缘尊师之礼，自古已隆。祭祀先师，政府则有释奠之祭典，民间则有神主之供祀。尊礼业师，生则"束脩"为礼，"西席"称尊，殁则"心丧"志哀，祠祭以祀。举世复咸仰师道之尊严，乃"天子不得而臣，诸侯不得而友"者；更以重道敬学，崇德报功，理应隆重尊师之礼。试为掎摭原委，敷畅厥旨，庶几阐幽显微，得以洞明真谛。

二、释奠与祠祭先师

《学记》云："化民成俗，其必由学。"又云："建国君民，教学为先。"复引"《兑命》曰：念终始典于学"，"《记》曰：三王四代唯其师"。以说明教学为建国兴邦之业，而成之者为师。是故古之王者，莫不尊师，释奠祭菜，以示敬道劝学。《礼〔记〕·文王世子》曰："凡学，春官释奠于其先师，秋冬亦如之。凡始立学者，必释奠于先圣先师，及行事必以币。……天子视学，大昕鼓征，所以警众也。众至，然后天子至，乃命有司行事，兴秩节，祭先师先圣焉。"（郑注曰："'凡有道者有德者使教焉，死则以为乐祖，祭于瞽宗'，此之谓先师之类也。""先圣周公，若孔子。"）《学记》曰："大学始教，皮弁祭菜，示敬道也。"（郑注："皮弁，天子之朝朝服也；祭菜，礼先圣先师。"）《文王世子》曰："始立学者，既兴器用币，然后释菜，不舞不授器。乃退，傧于东序，一献，无介语可也。"《月令》曰：仲春之月，"上丁命乐正习舞释菜，天子乃帅三公九卿诸侯大夫亲往视之。"（郑注谓释菜以礼先圣先师。）《周礼·春官·大胥》曰："春入学，舍采合舞。"（郑注谓舍菜即释菜礼先师也。）上古之祭奠先圣先师，典籍既数载其礼，可知其为世所重矣。按释奠为古时国家大祭，其仪较隆，"有牲币，有合乐，有献酬。"[①]四时及有大故时行

[①] 陈祥道《礼书》。编校者：见卷94《释奠》。

之。据宋陈祥道①撰《礼书》云："古者释奠，或施于山川，或施于庙社，或施于学。"然后世则以释奠专称祭祀先圣先师之大典矣。释菜（祭菜，舍菜）者，以"蘋蘩之属"或"芹藻之属"设祭②，则自始即专为立学始教时致祭先圣先师之礼。缘"古者士见于君以雉为挚，见于师以菜为挚"③，故立学始教时亦释菜以祭先师焉。芹藻蘋蘩之属皆为水产，古时多取其洁以为祭品，而芹藻更为泮宫水产，宜乎其以之以祭先师也④。

上古尊礼先师如此隆重，故秦汉之际，虽久历戎马之乱，而流风未沫，"以马上得天下"之汉高祖，其过鲁时（十二年，民元前二一〇六年〔前195〕）亦不得不以太牢祭先师孔子，藉示敬道劝学，盖深感于建国兴邦之业，确非"马上"所能得而治之也。迨汉武帝罢黜百家，独尊孔子，历代因之，释奠先师之礼遂以孔子为其中心。初则尊称孔子为"先师"或"先圣"，后则独称为"至圣先师"⑤。历代帝王并有褒赠孔子以公爵或王号者，虽有乖于上古尊师之礼，殆亦出于景仰先师之至诚；惟囿于时代之思想，而不得其道耳。祀孔之礼，如上溯自汉高祖十二年〔前195〕，距今已历2 130余年。即以魏齐王正始二年（民元前一六七一年〔241〕）计之，亦历时1 700〔余〕年。举世各民族各有其所敬仰之圣哲，而能为其全民族中心悦而诚服之，崇奉有加，祭祀无替者，未有若孔子者也。国于天地，必有与立；述释奠祭菜之演进，阐崇孔子之礼仪，岂惟供景仰而已哉，亦发吾人之深省，而知所奋勉也。

《后汉书·礼仪志》："明帝永平二年〔59〕三月，上始帅群臣躬养三老五更于辟雍，行大射之礼，郡县道行乡饮酒于学校，皆祀圣师周公孔子，牲以犬。"是汉代学校已复太古祭祀圣师之礼，亦为后世学校祀孔子之始。但《晋书·礼志》则谓："礼：始立学，必先释奠于先圣先师，及行事必用币。汉世虽立学，斯礼无

---

① 字用之，宋人，民元前八五九（北宋仁宗皇祐五年〔1053〕）—前八一九（北宋哲宗元祐八年〔1093〕）。
② 郑注："舍菜"之菜，谓为"蘋蘩之属"；"祭菜"之菜，谓为"芹藻之属"。编校者按：分别见《周礼·春官·大胥》"舍采"与《礼记·学记》"祭菜"郑注。
③ "舍菜合舞"句之郑注云。
④ 《诗·鲁颂·泮水》："思乐泮水，薄采其芹"，又"思乐泮水，薄采其藻"。"〔泮水·〕诗序"："颂僖公能修泮宫也。"是知芹藻为泮宫水产。《召南·采蘋·诗序》："《采蘋》，大夫妻能循法度也。能循法度，则可以承先祖共祭祀矣。"《采蘩·诗序》："《采蘩》，夫人不失职也。夫人可以奉祭祀，则不失职矣。"是知蘋蘩为供祭祀之菜。
⑤ 汉明帝永平二年（民元前一八五三〔59〕）之祀，称"圣师周公孔子"。唐武德七年（民元前一二八八〔624〕）之释奠，以周公为先圣，孔子为先师；贞观二年（民元前一二八四〔628〕）之释奠，以孔子为先圣，颜回为先师。高宗永徽中，复行武德之制；显庆二年（民元前一二五五〔657〕）再改为贞观之制。明世宗嘉靖九年（民元前三八二〔1530〕），立木主于文庙，题为"至圣先师之圣位"。自此咸尊孔子为至圣先师。

闻。魏齐王正始二年〔241〕二月,帝讲《论语》通,五年五月讲《尚书》通,七年十二月讲《礼记》通,并使太常释奠,以太牢祀孔子于辟雍,以颜回配。"故后世乃谓自此释奠始为帝王例行祀典,太学岁时举行之大礼。历代释奠之礼,或祭酒主之,或天子亲临,其制不一。《晋书·礼志》:武帝泰始三年①"诏太学及鲁国,四时备三牲以祀孔子"。四时之祀自此始,距今已约1670〔余〕年。《隋书·礼志》谓北齐②制:"新立学必释奠礼先圣先师,每岁春秋二仲常行其礼。"此开后世"丁祭"祀孔之先河。又"每月旦,祭酒领博士已下,及国子诸学生已上,太学、四门博士升堂,助教已下、太学诸生阶下,拜孔揖颜。……郡学则于坊内立孔、颜庙,博士已下亦每月朝"。是为天下郡学俱立孔庙之滥觞,而后世士子朔日行香孔庙之礼,亦始于此。宋高宗绍兴十年(民元前七七二年〔1140〕)诏释奠为大祀,自此释奠与社稷之祭遂同其尊严与隆重,礼仪亦愈演愈繁。清末兴学,虽仿行西洋教育制度,而《奏定学堂章程》(光绪二十九年,民元前八年〔1904〕)③仍规定各级学校于"至圣先师孔子诞日,春仲秋仲上丁释奠(释奠礼至繁,祭器乐器,学堂必不能全备,宜酌采)"。"堂中各员整齐衣冠,学生服本堂所定服式,戴大帽,至〔万岁牌前或〕圣人位前肃立,率学生行三跪九叩礼。毕,各员西向立,学生向各员行三揖礼,散。"开学、散学、毕业、"月朔"亦行拜孔之礼如上仪④。民国以后,学校中释菜之礼及"圣人牌位"之供皆废。元年〔1912〕九月,教育部颁布之《学校仪式规程》,仅规定孔子诞日为纪念日"行纪念会式",其仪式"得由各校校长自定,但拜跪及其他宗教仪式不适用之"。七年〔1918〕九月,大总统又令"孔子圣诞即夏正八月二十七日为圣诞节,应放假庆祝,悬旗结彩"。国民政府成立之后,定"孔子诞生纪念"为学校纪念日,并改为国历八月二十七日⑤。又规定孔庙"原有之大成殿,仍应供奉孔子遗像,于孔子诞辰开会纪念"⑥。二十三年〔1934〕七月,中央执委会常会通过《先师孔子诞辰纪念办法》,乃将"孔子诞生纪念"正名为"先师孔子诞辰纪念",其纪念办法由学校之单独举行扩大而为全国

---

① 民元前一六四五〔267〕。
② 编校者按:萧氏原文文中注北齐年代为民元前一四三一—前一四一一〔479—501〕,误把南齐当成北齐;北齐起讫年应为550—577年。
③ 编校者按:该章程又称"癸卯学制",颁布于光绪二十九年十一月二十六日,即公历1904年1月13日。
④ 《各学堂管理通则·礼仪规条章》。
⑤ 十八年〔1929〕五月国民政府公布《修正各机关及学校放假日期表》,根据行政院会议通过改孔诞之夏历日期为国历,规定是日为"孔子诞生纪念,放假一天(限于学校)"。编校者按:即公历9月28日。
⑥ 十八年六月教育、内政、财政三部会令公布《孔庙财产保管办法》。

各界之集会。"是日休假一天,全国各界一律悬旗志庆,各党政军警机关、各学校、各团体分别集会纪念,并由各地高级行政机关召开各界纪念大会。"其礼仪为向孔子遗像行三鞠躬礼,唱《孔子纪念歌》①,讲述孔子事略、学说,及"国父孙中山先生革命思想与孔子之关系"。盖由于"历代尊为师表,国父孙中山先生亦每推崇不置"②。二十八年〔1939〕八月,教育部通令定孔诞为教师节,其文云:"查尊师重道,振古如斯。我大成至圣先师孔子,承唐虞三代之宏规,为万世人伦之师表,在中国文化学术与民族历史上固已金声玉振,继往开来,即在世界历史上,亦若景行高山,为贤哲所向往,际此民族复兴,期止至善,允宜恭籍诞辰,定为佳节,冀于兆民康乐之中,深寓景仰至圣之意。兹定每年八月二十七日为教师节,既以表彰圣德,亦以振奋群伦。"历代之释奠祀孔,一言以蔽之,其理由莫非以教师为建国兴邦之本,唯"尊师重道",始能劝学教民,而化民成俗。孔子为"万世人伦之师表",敬礼有加,"既以表彰圣德,亦以振奋群伦"也。

三、"天地君亲师"之神主供奉

民间之尊礼先师,于家塾或私塾中立"大成至圣先师孔子之神位"外,家家户户则立"天地君亲师"之牌位于正堂屋之神龛上而供奉之。(民国建立,君权取消,而此五字牌位则犹存于民间之神堂上,仅有将"君"字改"国"字者,可见其影响之深邃。)其牌位之供奉,创制于何时,固尚待考,然以五者并列而祀,其意则可得而征焉。我国古时以天地人为三才。《易·系辞》曰:"易之书也,广大悉备,有天道焉,有人道焉,有地道焉,兼三才而两之。"又曰:"天地设位,圣人成能。"此三才者,建国兴邦之所本也。因其为建邦之本,故古时设官以祀之。《周官·春官·大宗伯》曰:"大宗伯之职,掌建邦之天神人鬼地示之礼,以佐王建保邦国。"天地之可尊者,以其为人之法则,万物之化育。《系辞》曰:"崇效天,卑法地";"古者包牺氏之王天下也,仰则观象于天,俯则观法于地。"《易·咸卦》曰:"天地感而万物化生。""天地絪缊,万物化醇。"③"古者天子三年壹用太牢,祠神三一:天一、地一、太一。"④据《史记索隐》所考,"天一"、"太一"皆为天神。是以自上古以迄清末,自天子以下皆崇祀天地。人道中之可尊者曰父、曰师、曰君。《国语·晋语》有云:"民生于三,事之如一:父生之,师教之,君食之。非父不

---

① 教育部曾制定《礼记·礼运篇》"天下为公"之一段为孔子纪念歌,由中执会公布。
② 引见《先师孔子诞辰纪念办法》。
③ 见《周易·系辞下》。——编校者
④ 《史记·封禅书》。

生,非食不长,非教不知,生之族也,故壹事之。"《礼记·檀弓》篇曰:"事亲有隐而无犯,左右就养无方,服勤至死,致丧三年。事君有犯而无隐,左右就养有方,服勤至死,方丧三年。事师无犯无隐,左右就养无方,服勤至死,心丧三年。"《白虎通·封公侯》篇曰:"人有三尊:君、父、师。"此皆以君亲师为人道中之三尊也。"天地君亲师"五字并见于古籍者,则有《荀子·礼论》、《礼记·礼运》篇及《大戴礼记·礼三本》篇。《荀子·礼论》篇曰:"礼有三本,天地者,生之本也;先祖者,类之本也;君师者,治之本也。无天地恶生,无先祖恶出,无君师恶治。三者偏亡焉无安人。故礼,上事天,下事地,尊先祖,而隆君师,是礼之三本也。"(《史记·礼书》曾引述此语。)又曰:"父能生之不能养之,母能食之不能教诲之,君者已能食之矣,又善教诲之。"① 《大戴礼记·礼三本》篇所载,与《荀子·礼论》所云,仅字句微有不同。其言曰:"礼有三本,天地者,性之本也;先祖者,类之本也;君师者,治之本也。无天地焉生,无先祖焉出,无君师焉治,三者偏亡,无安之人。故礼上事天,下事地,宗事先祖,而宠君师,是礼之三本也。"② 《礼记·礼运》篇云:"天生时而地生财,人其父生而师教之,四者君以正用之,故君者立于无过之地也。"③ 天地君亲师之合祀,殆渊源于此类思想也。

四、"束脩之礼"

古时士见于师,必执挚为礼。士相见必执挚为礼者,郑玄尝释之曰:"士以职位相亲,始承挚相见。"又曰:"挚,所执以至者。君子见于所尊敬,必执挚以将其厚意也。"④ 见师之挚,初则为"菜"。"菜"为"芹藻之属",或"蘋蘩之属",实即蔬食菜羹之菜。斯物虽微,取其洁,以将其敬道之厚意也。自孔子时,或因社会之进化,礼仪较隆则以"束脩"为礼。子曰:"自行束脩以上,吾未尝无诲焉。"⑤ 魏何晏⑥《集解》注曰:"孔安国⑦曰,言人能奉礼自行束脩以上,则皆教诲之也。"宋邢昺⑧疏曰:"云'言人能奉礼自行束脩以上者',案书传言束脩者多矣,皆谓

---

① 据《四部丛刊》本。
② 据《四部丛刊》本。
③ 郑注曰:"顺时以养财,尊师以教民,而以治政,则无过差矣。"
④ 《仪礼·士相见礼》注。
⑤ 《论语·述而》。
⑥ 字平叔,卒于民元前一六六三(三国魏齐王嘉平元年〔249〕)。
⑦ 汉武帝时人,生卒不考。为孔子十二世孙,得蝌蚪文字之《论语》于鲁恭王所坏之孔子故宅,作《论语训解》。
⑧ 字叔明,民元前九八〇(后唐明宗长兴三年〔932〕)—前九〇二(北宋真宗大中祥符三年〔1010〕)。

十脡脯也。《檀弓》曰：'古之大夫束脩之问不出境。'《少仪》曰：'其以乘壶酒，束脩，一犬，赐人。'《谷梁传》曰：'束脩之肉，不行竟中。'是知古者持束脩以为礼。然此是礼之薄者，其厚则有玉帛之属，故云以上包之也。"脩脯虽为礼之薄者，斯乃以之示虔敬耳。礼岂以玉帛云乎哉！孔子有教无类，诲人不倦，凡奉礼来学者，未有不教诲者也。故如是云云。其不以礼来者，则不教之，盖"不屑之教诲也者，是亦教诲之而已矣"，且往教者不化，召师者不化，自卑者不听，卑师者不听也。后世称学费为束脩，已失古意，今人谓孔子收取学费，始行施教，更厚诬孔子矣。孔子以一布衣养徒三千，或籍"束脩"维持生活，但绝非为"束脩"而"有教无类"也。

见师必以"束脩"之礼，直至现时之私塾，此风尚存。但礼虽存，而名已变，多称见师之礼为"贽敬"；而称束脩为"学俸"①矣。汉时蜀郡太守文翁②选郡县小吏，遣诣京师受业，赍刀帛蜀物以遗博士，此即遵古制修束脩之礼也。③ 不仅汉时提倡教化之循吏致意于此礼之保存，即后世胡夷来中域之后，仰慕文化，亦奉此礼为谨。如《晋书·慕容廆④载记》所称："平原刘赞儒学该通，引为东庠祭酒，其世子皝率国胄束脩受业焉。"《北史·周本纪》所载武帝天和元年⑤"诏诸冑子入学，但束脩于师，不劳释奠，释奠者学成之祭，自今即为恒式。"迨至盛朝唐代，束脩之礼，益见隆重。其国子学，"生初入，置束帛一篚，酒一壶，脩一案"，为"束脩之礼"⑥。而太学、广文馆、四门馆、律学、书学、算学，"凡六学，束脩之礼，督课试举皆如国子学。"⑦此《开元⑧礼》也。洎"中宗神龙二年⑨敕学生在学，各以长幼为序。初入学皆行束脩之礼礼于师。国子、太学各绢三匹，四门学绢二匹，俊士及律、书、算学，州县各绢一匹，皆有酒脯。其束脩三分入博士，二分助教"。⑩是知唐时对束脩之礼，至为重视，其规定则时有变迁。《开元礼》对于皇子所行束脩之礼，规定尤为庄严，"皇子束脩，束帛一篚五匹，酒一壶二斗，脩一

---

① 如《幼学琼林》即云："学俸曰束脩。"
② 汉景帝末时为蜀郡太守，生卒不考。景帝在位十六年（民元前二〇六七—前二〇五二〔前156—141〕）。
③ 《汉书·循吏传》。
④ 民元前一六四三（西晋武帝泰始五年〔269〕）—前一五七九（东晋成帝咸和八年〔333〕）。
⑤ 民元前一三四六〔566〕。
⑥ 《旧唐书·职官志》。
⑦ 《新唐书·百官志》。
⑧ 民元前一一九二—前一一七一〔713—741〕。
⑨ 民元前一二〇六〔706〕。
⑩ 马端临：《文献通考·学校考》。

案五脡。其日平明，皇子服学生之服（其服青衿），至学门外。博士公服，执事者引立学堂东阶上，西面。相者引皇子立于门东，西面；陈束帛筐壶酒脯案于皇子西南当门，北向重行西上。将命者出立门西，东面曰：'敢请就事。'皇子少进曰：'某方受业于先生，敢请见。'将命者入告。博士曰：'某也不德，请皇子无辱。'（若已封王，则云'请王无辱'。）将命者出告，皇子固请，博士曰：'某也不德，请皇子就位，某敢见。'将命者出告。皇子曰：'某不敢以视宾客，请终赐见。'将命者入告。博士曰：'某辞，不得命，敢不从。'将命者出告。执筐者以筐东面授皇子，皇子执筐。博士降，俟于东阶下，西面。相者引皇子，执事者奉壶酒脩案以从。皇子入门而左，诣西阶之南，东面奉酒，脩者立于皇子西南，东面，北上。① 皇子跪奠筐，再拜。博士答再拜，皇子还避，遂进跪取筐。相者引皇子进博士前，东面授币，奉壶酒脩案者从，奠于博士前，博士受币。执事者取酒脩币以东，相者引皇子立于阶间近南，北面奉酒，脩者出②，皇子拜讫，相者引皇子出。"③据宋洪迈④《容斋随笔》所云，不仅皇子之束脩礼仪如此，州县学生之束帛酒脩以见师，其礼仪之庄严亦如皇子。尊师实为我民族之美德，此种至恭且敬之谒师礼仪，至今读之，尤不禁令人心向往之也。

此种美德之遗风，现时除尚保留一二于日就没落之私塾外，业已荡然无存。私塾之普通情形，于入学时，学生之父兄率领学生入学，皆以跪拜大礼敬师，并致"贽敬"，多为现金，或为布帛、脩脯、薪米之属。当清末初仿行西洋教育制度兴学时，学堂章程中尚规定有"开学"之礼节，但仅废除"贽敬"之实物而已。《奏定学堂章程·各学堂管理通则·礼仪规条章》规定"开学散学毕业礼节"为："堂中各员整齐衣冠，学生服本堂所定式样，戴大帽至万岁牌前及圣人位前肃立，均率学生行三跪九叩礼毕，各员西向立，学生向监督教员等分别行一跪三叩礼，退归大厅，由监督等施以切实训语乃散。"民元之《学校仪式规程》亦尚规定："始业式，职员学生齐集礼堂，学生向职员行一鞠躬礼，职员答礼，校长教员致训词毕，退。"现时所通行之各种教育法规，既无学校仪式规程，而各级各类学校章程亦

---

① 编校者按："奉酒脩者"应断为一句，即"皇子入门而左，诣西阶之南，东面。奉酒脩者立于皇子西南，东面，北上"。
② 此句断句同上，即"相者引皇子立于阶间近南，北面；奉酒脩者出"。——编校者
③ 《新唐书·礼乐志》。编校者按：此段文字与《大唐开元礼·皇子束脩》略有出入，如"二斗"作"五斗"，"五匹"、"五斤"、"五脡"均为小字注释；"将命者出告，皇子固请"句中"皇子固请"作"皇子曰某不敢为仪敢固请"；"博士曰：'某也不德，请皇子就位，某敢见。'"句无"某也不德"；"执事者奉壶酒脩案以从"作"执事者奉壶酒脯案以从"，多"脯"字；前处"奉酒脩者"作"奉酒脯者"等。
④ 字景卢，民元前七八九（北宋徽宗宣和五年〔1123〕）—前七一〇（南宋宁宗嘉泰二年〔1202〕）。

无开学等仪式之规定,故今日之学校多有不举行开学、散学典礼者,有之,亦鲜有郑重其事举行师生相见及相别之礼者。其实此所谓相见之礼,亦极简而易行,不过相互一鞠躬而已。二十七年〔1938〕九月教育部所颁发之《高中以上学校新生入学训练实施纲要》,对于谒师之礼亦无规定,良堪惋惜。礼之云亡,由来也渐,无怪今日学生之待教师,有"如宿舍之雇用庖丁"①也。

五、"西席"与帝王尊师

近世普通尊称家塾之师曰"西席",或称曰"西宾"②,学生之父兄自称曰"学东"或曰"东家"。据梁章钜③之《称谓录》所考:"汉明帝尊桓荣以师礼,上幸太常府,令荣坐东面设几,故师曰西席。"顾炎武④《日知录》之"东向坐"条曾据史详考:"古人之坐,以东向为尊。"故"西席"为"宾师之位"。而师之尊称为西席者,则由于帝王之尊师。考"古之圣王未有不尊师者",然史册所载,其事迹斑斑可考,脍炙人口者,推明帝之尊礼桓荣为最隆,不仅有西席之设也。当荣辞太子太傅,光武帝乃拜之为太常,明帝即位,"尊以师礼,甚见亲重。……尝幸太常府,令荣坐东面,设几杖,会百官骠骑将军、东平王苍以下,及荣门生数百人,天子亲自执业。每言,辄曰太师在是。既罢,悉以大官供具赐太常家,其恩礼若此。永平二年,三雍初成,拜荣为五更。每大射养老礼毕,帝辄引荣及弟子升堂,执经自为下说。乃封荣为关内侯,食邑五千户。荣每疾病,帝辄遣使者存问,太官太医,相望于道。及笃,上疏谢恩,让还爵土。帝幸其家,问起居,入街下车,拥经而前,抚荣垂涕,赐以床茵帷帐、刀剑衣被,良久乃去。自是诸侯、将军、大夫问疾者,不敢复乘车到门,皆拜床下。荣卒,帝亲自变服,临丧送葬,赐冢茔于首山之阳。"⑤历代号称圣君贤王者,莫不以尊师为美德。唐宋以还,学者所撰辑之类书,对帝王尊师之事迹,亦莫不萃为一类,殆示帝王以懿范也。《册府元龟·帝王部·尊师》门之小序曰:"……若乃尊其爵位,委以枢要。厚师臣之遇,执弟子之礼。或不名以示恩,或乞言以敦教。生则优其奉禄,殁则蒙其渥泽。至于幸第以存问,变服以临吊。皆所以成主善之美,豫谘德之旨,诚帝者之懿范也。"

---

① 二十一年〔1932〕行政院《整顿教育令》中语。
② 《幼学琼林》:"师曰西宾。"
③ 字芷邻,清人,民元前一三七(清乾隆四十年〔1775〕)—前六三(清道光二十九年〔1849〕)。
④ 字亭林,民元前二九九(明万历四十一年〔1613〕)—前二三〇(清康熙二十一年〔1682〕)。
⑤ 《后汉书·桓荣传》。

六、"心丧"之哀与弟子之礼

孔子卒,"弟子皆服三年,三年心丧毕,相诀而去。"《礼记·檀弓》篇因之遂曰:"事师无犯无隐,左右就养无方,服勤至死,心丧三年。"按我国自古尊师,而师不立服,"心丧"而已,是何故欤?《檀弓》曰:"孔子之丧,门人疑所服。子贡曰:'昔者夫子之丧颜渊,若丧子而无服,丧子路亦然,请丧夫子,若丧父而无服。'"此谓遵孔子之遗制而不立服。然同篇又载"孔子之丧,二三子皆绖而出,群居则绖,出则否"。绖亦是服,不得谓之无服。故《白虎通·丧服》篇曰:"弟子为师服者:弟子有君臣父子朋友之道也。故生则尊敬而亲之,死则哀痛之。恩深义重,故为之隆服,入则绖,出则否。"但《性理会通·人伦》篇引:"程子曰:师不立服,不可立也,当以情之厚薄,事之大小处之。如颜、闵于孔子。虽斩衰三年可也。其成己之功,与君父并。其次各有浅深,称其情而已。下至曲艺,莫不有师,岂可一概制服。"又曰:"圣人不制师之服,师无定体。如何是师?见彼之善,而己效之,便是师也。故有得其一言一义,如朋友者;有相亲炙,而如兄弟者;有成就己身,而恩如天地父母者,岂可一概服之。故圣人不制其服,心丧之可也。孔子死,吊服加麻,亦是服也,却不得谓无服也。"(《性理大全》则作张子曰:"古不制师服,师服无定体也。见彼之善而己效之,亦师也。故有得其一言一义而如朋友者,有亲炙如兄弟者,有成就己身而恩如天地父母者。此岂可一概服之。故圣人不制其服,心丧之可也。孔子死,门人一时心丧,又岂可责其一概。以传道久近而各尽其哀之隆杀,如子贡独居三年,然后归。"①)此殆得古人真意。

观乎古礼,《[礼记·]檀弓》固以亲君师三者相提并论而议其礼;《周礼·调人》则以"师长之雠眡兄弟";《白虎通·辟雍》篇亦谓"师弟子之道有三",兼有"朋友之道"、"父子之道"、"君臣之道"。非如清末私塾流行之《增广》一书所辑之俗谚,妄称"一日为师,终身为父"。一般提倡尊师者亦有不问其师教如何,动辄一概"必欲严昭事之三而等生身之义",不仅章学诚斥之为"责者罔而施者亦不由衷矣"。② 汪琬③《答从弟论师道书》及《师道或问》④亦尝辟此谬论。《答从弟论师道》中云:"……心丧之礼,考之于经,惟孔子之门人尝行之;考之于史,则

---

① 编校者按:文渊阁四库本《性理大全》与本段文字异,除"程子曰"外而与前引《性理会通》文字同,不知作者所据之版本,存疑。
② 章学诚:《文史通义·师说》。——编校者
③ 字苕文,民元前二八八(明天启四年〔1624〕)—前二二二(清康熙二十九年〔1690〕)。
④ 《尧峰文钞》卷33、9。《四部丛刊》本。

此礼之废也千余年矣,而顾欲骤施诸学究乎!……"《师道或问》中云:"……至于就养心丧,吾未之前闻也。然则《檀弓》所说非与?曰:是故曾子、子贡之徒所以事孔子者也。圣人百世之师,说者谓道之所在,故严其礼如此。世之挟书而坐者,苟无其道,其不能当此礼也决矣。……"今日之挟讲稿上讲堂,信口开河,演讲一二十小时者,其不能当此礼也,更不必论矣。

再吾国社会以伦理著称,社会理想与教育目标皆在明人伦,且认为理想之圣人不过是"人伦之至"者耳。言人伦者皆折中于孟子之说。《[孟子·]滕文公〔上〕》篇曰:"人之有道也,饱食煖衣,逸居而无教,则近于禽兽。圣人有忧之,使契为司徒,教以人伦,父子有亲,君臣有义,夫妇有别,长幼有序,朋友有信。"后世遂以父子君臣夫妇长幼朋友为我国之五伦。五伦之中,师长与弟子之关系不与焉。或有疑之者,吾国既自古尊师,何以"师子弟之道"不与焉?不仅本与孟子之五伦无师弟子之道,其他经典论及伦常之道亦未有述及者。如《书·舜典》所论之五典、五品、五教,《泰誓》之五常,及《国语·周语》之五义,古人之传疏注解皆谓为"父义,母慈,兄友,弟恭,子孝"①。《左传·隐公三年》称六顺,是"君义,臣行,父慈,子孝,兄爱,弟敬"。《礼〔记〕·王制》称七教,是"父子,兄弟,夫妇,君臣,长幼,朋友,宾客"。《礼运》称十义,是"父慈,子孝,兄良,弟弟,夫义,妇听,长惠,幼顺,君仁,臣忠"。《祭统》称十伦,是鬼神、君臣、父子、贵贱、亲疏、爵赏、夫妇、政事、长幼、上下。惟《白虎通》有三纲六纪之说,曾涉及师长,其言曰:"三纲者,何谓也?谓君臣、父子、夫妇也。六纪者,谓诸父、兄弟、族人、诸舅、师长、朋友也。故君为臣纲,夫为妻纲。又曰:敬诸父兄,六纪道行。诸舅有义,族人有序,昆弟有亲,师长有尊,朋友有旧。何谓纲纪?纲者张也,纪者理也。大者为纲,小者为纪。所以强理上下,整齐人道也。……六纪为三纲之纪者也,师长,君臣之纪也,以其皆成己也。……君臣者,何谓也?君群也,下之所归心。臣者,繵坚也,属志自坚固。《春秋传》曰:君处此,臣请归也。……"按《性理会通·人伦》篇引朱子答问:"问人伦不及师。曰:师与朋友同类,而势分等于君父。……又曰人伦不及师者,朋友多而师少,以其多者言之。问服中不及

---

① (一)"五典",《书·舜典》:"慎徽五典,五典克从。"传:"五典,五常之教;父义,母慈,兄友,弟恭,子孝也。"(二)"五品",《舜典》:"百姓不亲,五品不逊。"传:"五品谓五常。"疏:"品谓品秩,一家之内尊卑之差,即父母兄弟子是也,教之义友恭孝,此事可常行,乃为五常耳。"(三)"五教",《舜典》:"敬敷五教在宽。"疏引《左传·文〔公〕十八年》云:"布五教于四方,父义母慈兄友弟恭子孝,是布五常之教也。"(四)"五常",《书·泰誓》:"狎侮五常。"疏:"五常即五典,谓父义母慈兄友弟恭子孝,〔五者,〕人之常行。"(五)"五义",《国语·周语〔中〕》:"五义纪宜。"注:"五义谓父义母慈兄友弟恭子孝也。"

师何也。曰正是难处，若论其服，则当与君父等，故礼谓若丧父而无服，又曰平居则经。"观乎此，可知"师弟子之道"未列入伦常之道者，或有二故焉。一则古时政教无别，官师一体，有如《书·泰誓》所谓："天佑下民，作之君，作之师。"故师弟子之道，亦即君臣之道也。一则师弟子之道，当以情之厚薄事之大小处之，有恩如父子者，有情同兄弟者，有亲如朋友者。既兼有君臣、父子、兄弟、朋友之道，而不可一概言之也。虽不可一概言之，然"六纪"之说谓"师长有尊"则皆可适用也。

一般弟子尊师之礼仪，《礼记》除记述心丧之哀外，亦多记载，盖以"宦学事师，非礼不亲"①也。《礼记》乃记古礼之书，后世多奉之为准则，虽未尽遵其制，莫不犁然师其意。后世师弟子间所通用之术语，亦多渊源于此。兹录其彰彰较著者之一二于次。《曲礼〔上〕》篇曰："从于先生，不越路而与人言。遭先生于道，趋而进，正立拱手，先生与之言则对，不与之言，则趋而退。"（郑注曰："先生，老人教学者。"孔疏曰："谓师为先生者，言彼先己而生，其德多厚也。"宋陈澔②注曰："〔吕氏曰：〕先生者，父兄之称。有德齿可为人师者，犹父兄也，故亦称先生。以师为父兄，则学者自比于子弟，故称弟子。"③世人称"师"曰"先生"，自称"弟子"者本此。普通尊人亦曰先生者，乃借用之以称人之有德也。）又曰："侍坐于先生，先生问焉，终则对，请业则起，请益则起。父召无诺，先生召无诺，唯而起。"又曰："侍坐于君子，君子欠伸，撰杖屦，视日蚤莫，侍坐者请出矣。"（后世以"厕列生徒"，曰"捧持杖屦"者，本此。）又曰："若非饮食之客，则布席，席间函丈……将即席，容毋怍。两手抠衣，去齐尺。衣毋拨，足毋蹶。先生书策琴瑟在前，坐而迁之，戒毋越。虚坐尽后，食坐尽前。坐必安。执尔颜。长者不及，毋儳言，正尔容，听必恭，毋剿说，毋雷同。必则古昔，称先生。"（郑注"饮食之客"与"函丈"曰："谓讲问之客也。函犹容也。讲问宜相对容丈，足以指画也。"）再《文王世子》曰："大司成论说在东序。凡侍坐于大司成者，远近间三席，可以问。"（郑注曰："论说，课其义之深浅，才能优劣。此云……父师司成，则大司成、司徒之属，师氏也。师氏掌以媺诏王，教国子以三德三行及国中失之事也。""间，犹容也。容三席，则得指画相分别也。席之制，广三尺三寸三分，则是所谓函丈也。"后世称师之讲席曰"函丈"者，即本此"非饮食之客，则布

---

① 《礼记·曲礼上》。——编校者
② 字可大，民元前六五一（南宋理宗景定二年〔1261〕）—前五七一（元顺帝至正元年〔1341〕）。编校者按：陈澔主要生活于元代，故应称元人，其《礼记集说》亦题名元陈澔。
③ 《云庄礼记集说》卷1，文渊阁《四库全书》本。——编校者

席,席间函丈",与"凡侍坐于大司成者,远近间三席"也。)此皆古时弟子事师之礼也。

再有《弟子职》一文,记弟子事先生之礼节,及受业之次序。现为《管子》之一篇,《汉书·艺文志》则列于《孝经》、《石渠》、《尔雅》之后。文皆四言韵语,疑系当时之小学教科书。汉时礼家虽未之采录,后世则认为古塾师之教条,而据之言事师之礼。有单行别为一卷者,清洪亮吉①为《笺释》,庄述祖②又为《集解》。全篇所论分学则、蚤作、受业、对客、馔馈、乃食、洒扫、执烛、退习诸端。所定饬躬制行之节目,至为繁颐纤悉。昔日师弟子之间,有斤斤于繁文缛节,而流于板滞者,未若孔子与其门人之间,"浴乎沂,风乎舞雩,咏而归"③,春风时雨而化之,优柔厌饫而受之,殆为《弟子职》等一类之思想所囿也。

昔日弟子事师之礼,或失于繁,今日则又有礼亡之叹。最初仿行西洋教育制度时,尚规定:"学生到堂时初见监督、提调、教员行一跪三叩礼,初见堂中各员行三揖礼。""学生随时随地遇堂中各员须正立致敬。"④"教员到堂时,听值日生口号,同时起立致敬,教员归坐后,同时坐下。……"⑤"教员到操场时,值日生呼令敬礼。……"⑥民初教育部虽有《学校仪式规程》及《学校管理规程》之颁布,但此项规程以及各种学校规程对于教师入讲堂时应起立行礼,会遇时须立正致敬,皆无明文规定矣。近年教育部所颁布之各种学校规程亦无此种规定。惟二十五年〔1936〕颁布之《高中以上学校军事管理办法》,及二十六年〔1937〕之《初级中学童子军管理办法》,对于教师上下课时及途遇教师时,学生应行之敬礼,曾有所规定,无异空谷之足音,晦明之日月也。昔日曾国藩以"侮师"为"居家四败之一"⑦。今日言之,教师不督责学生不礼师长,实为公民训练、道德教育失败之起点也。

七、天子不得臣,诸侯不得友

古时咸谓师道之尊严,乃天子不得而臣,诸侯不得而友,尝试考其源,俾明其意。以籍载本身之先后言,《孟子·万章〔下〕》篇所载当为最早,剖析理由亦

---

① 字稚存,民元前一六六(清乾隆十一年〔1746〕)—前一〇三(清嘉庆十四年〔1809〕)。
② 字葆琛,民元前一六二(清乾隆十五年〔1750〕)—前九六(清嘉庆二十一年〔1816〕)。
③ 《论语·先进》。
④ 《奏定学堂章程·各学堂管理通则·礼仪规条》。
⑤ 《奏定学堂章程·各学堂管理通则·讲堂规条》。
⑥ 《奏定学堂章程·各学堂管理通则·操场规条》。
⑦ 戊辰四月日记。编校者按:见曾国藩《求阙斋日记类钞》卷上《省克》,光绪二年传忠书局刻本。

最详。"万章曰：庶人召之役则往役，君欲见之召之，则不往见之，何也？曰：往役，义也；往见，不义也。且君之欲见之也，何为也哉？曰：为其多闻也，为其贤也。曰：为其多闻也，则天子不召师，而况诸侯乎？为其贤也，则吾未闻欲见贤而召之也。缪公亟见于子思，曰：古千乘之国以友士何如？子思不悦，曰：古之人有言曰：事之云乎，岂曰友之云乎？子思之不悦也，岂不曰：以位则子君也，我臣也，何敢与君友也；以德则子事我者也，奚可以与我友。千乘之君求与之友而不可得也，而况可召与！"因之，一般人多谓"天子不得而臣，诸侯不得而友"，语出《孟子》；实则为意之所从出，非语之所从出也。厥后《吕氏春秋·士节》篇论大节，谓"士之为人，当理不避其难，临患忘利，遗生行义，视死如归，有如此者，国君不得而友，天子不得而臣"。《礼记·儒行》篇记孔子说儒行，又谓"儒有上不臣天子，下不事诸侯"。《后汉书》复载范滂赞郭林宗曰："天子不得臣，诸侯不得友。"因此，"天子不得而臣，诸侯不得〔而〕友"之二语，遂成为历代师儒矜式及所标榜之规范。寻绎其意，盖以师儒士君子砥节厉行，舍命不渝，不曲学以阿世，不枉道而徇人，虽分国如锱铢；不能淫，不能移，不能屈，故曰：不得而臣，不得而友。非矜己傲物，超然世外，更非不奉公守法，而自鸣清高也。

八、理胜义立与师严道尊

夷考师之得以尊其位者，以其有道，胜理行义，而负教化之责。《吕氏春秋·劝学（一作观师）》篇曰："古之圣王未有不尊师者也，尊师则不论其贵贱贫富矣，若此则名号显矣，德行彰矣。故师之教也，不争轻重尊卑贫富，而争于道。其人苟可，其事无不可。所求尽得，所欲尽成。此生于得圣人，圣人生于疾学，不疾学而能为魁士名人者，未之尝有也。疾学在于尊师，师尊则言信矣，道论矣。故往教者不化，召师者不化；自卑者不听，卑师者不听。师操不化不听之术，而以强教之，欲道之行，身之尊也，不亦远乎？学者处不化不听之势，而以自行欲名之显，身之安也，是怀腐而欲香也，是入水而恶濡也。凡说者兑之也，非说之也。今世之说者，多弗能兑而反说之。夫弗能兑而反说，是拯溺而硾之以石也，是救病而饮之以堇也。使世益乱不肖主重惑者从此生矣。故为师之务，在于胜理，在于行义。理胜义立，则位尊矣，王公大人弗敢骄也，上至于天子，朝之而不惭。凡遇合也，合不可必，遗理释义，以要不可必，而欲人之尊也，不亦难乎？故师必胜理行义，然后尊。"此言：师之尊以其有道，胜理行义；而师之必须尊者，盖不尊则不化不听，操不化不听之术，而以强教之，或处不化不听之势，而以自行，是皆不可能者也。《[礼记·]学记》亦云："师严然后道尊，道尊然后民知敬学。"此正可互相发明也。师必须能严以自律，然后始能胜理行义。理胜义立，则所代表之道尊矣，故能"不言而信，不怒而威"①。而民知所敬学，努力于学矣。

为师者如之何严以自律，胜理行义，《吕氏春秋·诬徒》篇曰："师之教也，使弟子安焉、乐焉、休焉、游焉、肃焉、严焉。此六者得于学则邪辟之道塞矣，理义之术胜矣。……不能教者，志气不和，取舍数变，固无恒心，若晏阴喜怒无处，言谈日易，以恣自行，失之在己，不肯自非。愎过自用，不可证移。见权亲势及有富厚者，不论其材，不察其行，驱而教之，阿而谄之，若恐弗及。弟子居处修洁，身状出伦，闻识疏达，就学敏疾，本业几终者，则从而抑之，难而悬之，妒而恶之。弟子去则冀终，居则不安，归则愧于父母兄弟，出则惭于知友邑里，此学者之所悲也。此师徒相与异心也。人之情，恶异于己者，此师徒相与造怨尤也。人之情，不能亲其所怨，不能誉其所恶。学业之败也，道术之废也，从此生矣。善教者则不然，视徒如己，反己以教，则得教之情也。所加于人，必可行于己，若此则师徒同体。人之情，爱同于己者，誉同于己者，助同于己者。学业之章明也，道术之大行也，从此生矣。"今日之提倡尊师者，当于此等处三致意焉！

九、重道敬学与崇德报功

世人之所以尊师者，曰重道敬学，曰崇德报功。《学记》云："君之所不臣于其臣者二：当其为尸，则弗臣也；当其为师，则弗臣也。大学之礼，虽诏于天子，无北面，所以尊师也。"郑注曰："尊师重道焉，不使处臣位也。武王践阼，召师尚父而问焉。曰：'昔黄帝、颛顼之道存乎？意亦忽不可得见与？'师尚父曰：'在丹书。王欲闻之，则齐矣。'王齐三日，端冕；师尚父亦端冕，奉书而入，负屏而立。王下堂，南面而立。师尚父曰：'先生之道不北面。'王行西折而南，东面而立，师尚父西面道书之言。"由此可见尊师者在重道。当其为尸，则为祖先之代表，故不得以之为臣。当其为师，则为先王先贤所遗留之文化之代表，故亦不得以之为臣。《白虎通·王者不臣》篇曰："不臣祭尸者，方与尊者配也；不臣受授之师者，尊师重道欲使极陈天人之意也。"《辟雍》篇又曰："天子太子，诸侯世子，皆就师于外，尊师，重先王之道也。"此皆言尊师在重道也。道者先王先圣之法度也，重道者，存法度也。故荀子曰："国将兴，必贵师而重傅，〔贵师而重傅〕则

---

① 《韩诗外传》云，此"师之谓也"。

法度存；国将衰，必贱师而轻傅，〔贱师而轻傅〕则人有快，人有快，则法度坏。"《册府元龟·帝王部·尊师》门小序亦曰："周礼，师氏以媺诏王。传曰，诏于天子，无北面。又曰：当其为师，则弗臣。然则尊贤贵德，承师问道，屈万乘之重，明五学之义，上以达经国之要，下以得化人之本，是知尊师重傅则法度存。"是帝王之尊师，在重道敬学，以存法度。

《吕氏春秋·劝学》篇曰："先王之教，莫荣于孝，莫显于忠。忠孝，人君人亲之所甚欲也；显荣，人子人臣之所甚愿也。然而人君人亲不得其所欲，人子人臣不得其所愿，此生于不知理义。不知义理，生于不学。学者师达而有材，吾未知其不为圣人。圣人之所在，则天下理焉。在右则右重，在左则左重，是故古之圣王未有不尊师者也。"《尊师》篇又曰："子张，鲁之鄙家也；颜涿聚，梁父之大盗也，学于孔子。段干木，晋国之大驵也，学于子夏。高何、县子石，齐国之暴者也，指于乡曲，学于子墨子。索卢参，东方之巨狡也，学于禽滑黎：此六人者刑戮死辱之人也，今非徒免于刑戮死辱，由此为天下名士显人以终其寿，王公大人从而礼之，此得之于学也。……故教也者义之大者也，学也者知之盛者也。义之大者，莫大于利人，利人莫大于教。知之盛者，莫大于成身，成身莫大于学。身成则为人子弗使而孝矣，为人臣弗令而忠矣，为人君弗强而平矣，有大势可以为天下正矣。故子贡问孔子曰：后世将何以称夫子？孔子曰：吾何足以称哉，勿已者，则好学而不厌，好教而不倦，其惟此耶！天子入太学，祭先圣则齿尝为师者弗臣，所以见敬学与尊师也。"世人之所以尊师者，殆崇其利人之德，报其成身之功也。

第四篇　求师之道

陆　求师之道与求学

一、求师与求学

我国先哲自古法天,天行健,君子当自强不息,故学贵自得,学贵能自求师①。《书》曰:"能自得师者王,谓人莫己若者亡;好问则裕,自用则小。"②又曰:"德无常师,主善为师。"③老子曰:"善人者,不善人之师;不善人者,善人之资。不贵其师,不爱其资,虽智大迷,是谓要妙。"④《左传·襄公三十一年》载:"郑人游于乡校以论执政。……子产曰:……其所善者,吾则行之;其所恶者,吾则改之,是吾师也。"孔子曰:"三人行,必有我师焉;择其善者而从之,其不善者而改之。"子贡曰:"夫子焉不学?而亦何常师之有?"⑤荀子曰:"非我而当者吾师也,是我而当者吾友也,谄谀我者吾贼也,故君子隆师而亲友,以致恶其贼。"⑥王通曰:"虽天子必有师,然亦何常师之有,唯道所存。"⑦韩愈曰:"圣人无常师。"程子曰:"师无定体,如何是师? 见彼之善,而己效之,便是师也。"⑧《关尹子》⑨曰:"圣人师蜂,立君臣;师蜘蛛,立网罟;师拱鼠,制礼;师战蚁,置兵;众人师贤人,贤人师圣人,圣人师万物。惟圣人同物,所以无我。"⑩又曰:"善弓者师弓不师羿,善舟者师舟不师奡,善心者师心不师圣。"⑪斯皆言学者当自强不息,而师于宇宙万物。能无处不学,而师于宇宙自然,则可聚善积学而至大成矣。正如《吕氏春秋·用众(一作善学)》篇所云:"善学者假人之长,以补其短,故假人者遂有天下,无丑不能,无恶不知。……天下无粹白之狐,而有粹白之裘,取之众白也。

---

① 《古今图书集成·理学汇编·学行典》辑有《求师部》。
② 《〔尚书·〕商书·仲虺之诰》。
③ 《〔尚书·商书·〕咸有一德》。
④ 《道德经·巧用》篇。
⑤ 《论语·述而》、《子张》。——编校者
⑥ 《荀子·修身》。
⑦ 《中说·问易篇》。
⑧ 《性理大全书·人伦》。——编校者
⑨ 题为周尹喜作,南宋时始出,殆为依托。
⑩ 《〔关尹子·〕三极》篇。
⑪ 《〔关尹子·〕五鉴》篇。

夫取于众,此三皇五帝之所以大立功名也。"教育之最后阶段在不施教育,教师之最后成功,亦在无所用于教师。真正之教育与夫教育之最后阶段皆为自我教育。自我教育即在能自强不息。非唯师言是守,而抱残守阙也。此亦即贵能自己求师之意,而即真正求学之意也。求师既以"道之所存,师之所存"为取舍,则师之与道当不可须臾离也。为师者,应日知其所亡,月无忘其所能,以蕲得跻于富有之谓大业,日新之谓盛德之境。终日乾乾,进德修业,以身率教,而其教方可期于无教矣。

二、"一字师"与"经明行修"

昔时科举以诗文论材,文人更以字句之雕琢鸣世。撰文则标榜如《吕氏春秋》之悬诸国门,千金不易一字,赋诗则诗人自谓"吟安一个字,捻断数茎须"①,"吟成五字句,用破一生心"②,是以有"一字师"之佳话③。以之培植得一善则惓惓服膺之求学态度,固可谓佳话,然不足以语为师之道也。以为师之道言之,《学记》谓记问之学不足以为人师,《荀子》谓师术有四,而博习不与焉,是则一字一技之长实不足以为人师也。近世主持教育者有因求全之难,进而主张苟有文字技艺之长皆可不妨为人师。如谓教员应以学诣为主,其在校外之行动,则悉听自由,不必过问,亦不能代负责任。例如复辟主义,民国所排斥也,有拖长辫而持复辟论者,其所授为外国文学,与政治无涉,则不妨听之;嫖赌娶妾等事,进德会所戒也,有喜作侧艳之诗词,以纳妾狎妓为韵事,以赌为消遣者,苟其功课不荒,并不诱学生而与之堕落,亦不妨姑听之。夫人才之难得,若求全责备,则学校殆难成立,且公私之间,自有天然界限也。此种主张颇有以记问之学视为师道之本质,着重在优于讲授知识,传习生活之工具,而有异于古代师道之遗风。道德有于身,着重在孳孳矻矻于情意之培养,根本导人以一种生活。历代虽尊崇文士,然"文人无行"之讥亦流播众口。更有"名士风流"之说,多非指"真名士"之崇尚自然、率任天真、举止萧散、品格清高,而乃谓"假名士"之浪漫无

---

① 卢延让诗,见宋计有功撰《唐诗纪事》。
② 方干诗,同上。
③ 《唐诗纪事》:"郑谷改僧齐己早梅诗数枝开作一枝开,齐己下拜,人以谷为一字师。"宋阮阅《诗话总龟》:"萧楚才见张咏作独恨太平无一事,请改恨为幸,公曰:'真一字师。'"宋罗大经《鹤林玉露》:"杨廷秀用干宝事,相承作于。有吏在旁曰:'本是干字。'检字书以呈,下注晋有干宝。廷秀喜曰:'此吾一字师也。'"编校者按:以上引文均出自《御定佩文韵府》卷四之三,文渊阁《四库全书》本。但僧齐己与张咏"一字师"事今本《唐诗纪事》与《诗话总龟》未见著录,宋戴植《鼠璞·一字师》谓僧齐己事见陶岳《五代史补》,张咏事见陈辅之《诗话》(该书已佚),当以后者为是。

羁、放纵恣肆、猥屑龌龊、佻挞怪诞。故昔日称师,不曰文人名士,而曰师儒,盖有以也。文人名士固多有为师者,亦多有有术而无德者,然于师道则咸认为以德行为重,此种主张则公开否认师道中之德行要素矣。师道于今尤为陵夷,真有"弟子不必不如师,师不必贤于弟子"之慨矣(韩愈《师说》此二语最有问题,易生误会)。揆之现时学术千门万类,自非一人所能洽闻博习,以某一类学科言之,弟子可不必不如,但教师当时正在传授之学科,必须其弟子所不能如,否则贼夫人之子耳。以德行言之,教师之一般重要品德,必须贤于当时正在受教之弟子,于其专业之伦理为尤然,否则师无以传道,盖其身不正,虽令不从也。以求学之态度言,"一字师"可成为佳话,弟子可不必不如师,师亦不必贤于弟子。就为师之道言之,殆不可有有学诣而无德行之师。《易·系辞》曰:"默而成之,不言而信,存乎德行。"师道与德行固不可分也。

世人赞师,常喜引征"经明行修"之说,缘历代以之为选择师资之标准,且以之为敦风厉俗之本源也。《汉书·王吉传》言:"陈咸荐骏贤,父子经明行修,宜显以厉俗。"《后汉书·寇恂传》言:"恂经明行修,名重朝廷。"《三国志·魏志·张郃传》言:"郃虽武将而爱乐儒士,尝荐同乡卑湛经明行修,诏……擢湛为博士。"《高柔传》言:"今博士皆经明行修,一国清选。"《〔旧〕唐书·归崇敬传》载崇敬上疏言国学之制,主张选择博士之标准,为"依凭章疏,讲解分明,注引旁通,问十得九,兼德行纯洁,文词雅正,仪形规范,可为师表者"。此即言博士必须经明行修也。《宋史·职官志》载,哲宗绍圣元年〔1094〕"诏,内外学官选进士出身及经明行修人"。《新元史·虞集传》载仁宗时"会议学校",虞集乃上议"宜使守令求经明行修者,身师之,庶有所观感"。《日知录》"教官"条引《孟县志》载,明太祖定天下,"诏府卫州县各立学,置师一人或二人,必择经明行修者署之"。《清会典则例》载,乾隆元年〔1736〕谕:"凡书院之长,必选经明行修足为多士模范者,以礼聘请。"①上所捃拾,不过就史册所载,略录数例,以说明我民族对于择师矩蠖所遗之宝贵教训耳。前代贤哲更以经明行修之士为敦风厉俗之本源。司马光《资治通鉴》曰:"教化国家之急务也,而俗吏慢之;风俗天下之大事也,而庸君忽之。……光武……敦尚经术,宾延儒雅,开广学校,修明礼乐。……继以孝明孝章遹追先志,临雍拜老,横经问道。自公卿大夫至于郡县之吏,咸选用经明行修之人,……是以教立于上,俗成于下。其忠厚清修之士,岂唯取重于搢

---

① 编校者按:见《清会典则例》卷70《学校三》。萧氏原文"清会典则例"作"清会典事例","乾隆元年"作"乾隆二年",皆误,径改。

绅,亦见慕于众庶;愚鄙污秽之人,岂唯不容于朝廷,亦见弃于乡里,自三代既亡,风化之美,未有若东汉之盛者也……"①顾亭林《日知录》论两汉学风亦曰:"光武……尊崇节义,敦厉名实,所举用者莫非经明行修之人,而风俗为之一变。至其末造,朝政昏浊,国事日非,而党锢之流,独行之辈,依仁蹈义,舍命不渝。风雨如晦,鸡鸣不已,三代以下,风俗之美,无尚于东京者。故范晔之论,以为'桓灵之间,君道秕僻,朝纲日陵,国隙屡启,自中智以下,靡不审其崩离,而权强之臣,息其窥盗之谋,豪俊之夫,屈于鄙生之议'(《儒林传论》)。'所以倾而未颓,决而未溃,皆仁人君子心力之为'(《左雄传论》)。可谓知言者矣。"②风俗之厚薄,世运之盛衰,既系于能否崇奖经明行修之士以教于上,则对于虽学诣深湛,而品行趺弛之士,其不可听其任教化之责,是凡负教化行政责任者,不可不察乎此矣。

---

① 《资治通鉴》卷68《汉纪六十·孝献皇帝》,《四部丛刊》景宋刻本。——编校者
② 《日知录·两汉风俗》,文渊阁《四库全书》本。——编校者

第五篇 缀　论

柒　师道之重心及要义

排比辞源字义,以及圣哲言行所表现之为师之道,与夫尊师之礼、求师之谊,谨缀数语,以为之殿。

一、师道之重心

师道之重心在为师之道,缘师之尊,以其能经明行修,理胜义立。师严然后道尊,师不能严以自律,则道无以尊;道不尊,则师亦无从得而尊矣。师道之不尊,其来也渐,苟能砥砺廉隅,遗生行义,强毅以与人,则天子所不得而臣,诸侯所不得而友矣。人必自侮而后人侮之,遗理释义,而欲人之尊之也,不亦难乎? 顾炎武谓:"师道之亡,始于赴部候选,"固恶其为"驱迫廉拗,奖成浇竞"①,实亦由于为师者之遗理释义也。往教者不化,自卑者不听,处不化不听之势,而欲道之行,身之尊也,将何由而得哉!

韩退之感于古之学者必有师,圣人无常师,因而力言求师之要,此固益矣。然非人人抗颜为师,或人人知所相师,即可恢宏师道者也。师之所存本在于道,而人之相师,亦以通其业成就其道德为鹄的,如师不如或不贤于弟子,将焉用之。故欲昌明师道者,当审"业患不能精"、"行患不能成"②,无患人之不事师也。苟其吐辞为经,举足为法,绝类离伦,优入圣域,则近者必歌讴而乐之,远者必竭蹶而趋之。孔墨非生当治隆之三代,乃遭遇乱极之东周,其能徒属弥丰,充满天下,生则服役,没则尸祝者,胥由于孔墨之贤,万流所仰止也。是则尊师,必须有可尊之师;相师,必须有可相之师,故曰师道之重心在为师之道也。

师道之重心在为师之道,故师道之失其尊严,乃为师者有以致之。黄宗羲③著《续师说》、《广师说》,尝感慨论之矣。《续师说》曰:"嗟乎师道之不传也,岂特

---

① 《日知录·教官》。
② 韩愈:《进学解》。
③ 字太冲,号梨洲,民元前三〇二(明神宗万历三十八年〔1610〕)—前二一七(清康熙三十四年〔1695〕)。

弟子之过哉,亦为师者有以致之耳。师者所以传道受业解惑者也。道之未闻,业之未精,有惑而不能解,则非师矣。本无可师,强聚道路交臂之人,曰师曰弟子云者,曾不如童子之师,习其句读,巫医乐师百工之人,授以艺术者之有其实也。传道受业解惑,既无所藉于师,则生不为之怜,死不为之丧,亦非过也。遂以为古之师弟子者皆然,而使师之为道出于童子巫医乐师百工之下,则是为师者之罪也。今世以无忌惮相高,代笔门客,张口辄骂欧曾,兔园蒙师,摇笔即毁朱陆,古人姓氏,道听未审,议论其学术文章,已累幅见于坊书矣。乳儿粉子,轻儇浅躁,动欲越过前人,抗然自命,世无孔子,不当在弟子之列。盖不特耻为弟子,相率而耻不为师。吁! 其可怪也。若是则师之为道,人心之蟊贼也,吾惟恐其传也矣!”《广师说》曰:“自科举之学兴,而师道亡矣。今老师门生之名遍于天下,岂无师哉! 由于为师之易,而弟子之所以事其师者,非复古人之万一矣,犹可谓之帅哉? 古人不敢轻自为师。以柳子厚之文章,而避师之名。何北山①为朱子之再传,而未尝受人北面,亦不敢轻师于人。昌黎言李翱②从仆学文,而李翱则称吾友韩愈,或称退之,未尝以为师也。象山③为东莱④所取士,鹅湖之会,东莱视象山如前辈,不敢与之论辩,象山对东莱则称执事,对他人则称伯恭,亦未尝以为师也。……嗟乎师之为道,慎重如此,则所以事其师者,宁聊尔乎! 故平居则巾卷危立于雪中,危难则斧钻冒死于阙下,扫门撰杖,都养斩版,一切烦辱之事,同于子姓。……此其事师,曷尝同于流俗乎! 流俗有句读之师,有举业之师,有主考之师,有分房之师,有荐举之师,有投拜之师,师道多端,向背攸分,乘时则朽木青黄,失势则田何粪土,固其宜也。”人之不事师,或世之不闻有师,

---

① 何基,字子恭,号北山,民元前七二四(南宋孝宗淳熙十五年〔1188〕)—前六四四(南宋度宗咸淳四年〔1268〕)。
② 生卒无考。编校者按:李翱,字习之,民元前一一四〇(唐代宗大历七年〔772〕)—前一〇七一(唐武宗会昌元年〔841〕)。
③ 陆九渊,字子静,民元前七七三(南宋高宗绍兴九年〔1139〕)—前七二〇(南宋光宗绍熙三年〔1192〕)。晚年讲学象山,因以为号,学者称象山先生。
④ 吕祖谦,字伯恭,民元前七七五(南宋高宗绍兴七年〔1137〕)—前七三一(南宋孝宗淳熙八年〔1181〕)。朱晦庵亲题其墓碑曰:“宋东莱先生吕伯恭之墓”,学者遂称之为东莱先生。编校者按:关于“东莱先生”之称谓,一说因祖谦曾祖吕好问被封为东莱郡侯;一说因其“世籍中州东莱”。吕祖谦《东莱集·东莱公家传》:东莱公吕好问,“建炎三年冬祀进封东莱郡侯”。《宋元学案·东莱学案》:“吕祖谦,字伯恭,其先河东人,后徙寿春。六世祖申国文靖公自寿春徙开封,曾祖东莱郡侯好问始居婺州。”《宋元学案·荥阳学案》:“云濠谨案:紫微(吕本中)称先生为东莱公,以其封东莱郡侯故也。又吕氏世居东莱,紫微当日并称东莱先生,其从孙伯恭亦称东莱先生,祖孙往往牵混,学者不可不知。”清沈德潜《重建吕荥公东莱先生合祠记》:吕祖谦“殁谥成公,学者称东莱先生,世籍中州东莱”(清冯桂芬《(同治)苏州府志》卷26,光绪九年刊本)。又,吕祖谦逝世后,其友人、学生所撰拜祭文章均称东莱先生(见《东莱集》附录),可见非因朱熹题碑。

亦为师者有以致之。胡承诺①著《立教篇》②，曾喟然有言："所贵乎师者：知博而不杂，行修而不怠，气清而容肃，年耆而逾等；三纲五常之所出，河图洛书之所在。若然者，虽在千里以外，犹担簦而往从，况其迩者乎！……其或记丑而谬，行孤而坚，齿尊而德薄，义理辟而不衷，诵说陵而不贯，枉道而徇人，曲学以阿世，只欲博其徒从，丰其枝附，峻其坛宇，作其声价，以相称誉，以相诋訾，以相荐扬，以相掩抑也。若此者，虽北面事之，去之惟恐不速，况其远者乎！……"

二、为师之道

为师之道，端在德行道艺有于身，而超乎其类，拔乎其萃，聪明睿知，皆如泉源，砥节厉志，行可仪表，以身率教，而为人之模范也。《学记》言记问之学不足以为人师，荀子曰师术有四，博习不与焉。自汉氏以来，又有经师易遇人师难遭之说，此乃缘于经师仅及乎道艺，而人师则需德行道艺兼备。故历代言师资者，咸曰经明行修，而以行修尤推首要。盖以身教者从，以言教者讼；潜移默化，存乎德行。能以身为正仪者，则其攻人之恶，正人之不中，不俟鞭策，而使人深切感悟，矗然乐从，教化所被，无思不服矣。是以古昔师儒之砥节厉行，莫不知微慎独，忠信笃敬。潜心至圣，耆艾有信。其守道崇礼，戴仁抱义之精神，诚富贵所不能淫，贫贱所不能移，威武所不能屈。浩气沛然，充塞宇宙，审乎为天地立心，为生民立命。其博学强识，则莫不博通坟籍，温故知新。守约得要，知微而论。考前代之宪章，参当时之得失，收文武之将坠，拯微言之未绝，允矣为往圣继绝学，为万世开太平。师儒既博学而不穷，笃行而不倦，洵能日就月将，缉熙于光明，而臻乎经明行修之境矣。成身莫大于学，故其为学则学而不厌，不耻下问，无常师，师万物。利人莫大于教，故其为教，则有教无类，爱才如命，诲人不倦，恂恂善诱。是以先觉觉后觉，暗者求于明，而师道立矣。

有德者必有言，惟耻其言而过其行。故师儒虽以身教，而不废言教，仅时然后言耳。故其有言也无不尽，其无言也无不与。不枉材器，不失机候，不费词说，不易规矩。如之何之谓时，当求之于教术。故《学记》谓能知教之所由兴废，乃知至学之难易而知其美恶，博喻诵说，不陵不犯，然后方可为人师。又大学之法，当其可谓之时，更有善问者如攻坚木，善待问者如撞钟之喻。其重视教法者，良有由也。昔日孔子对弟子之个性，剖析毫芒，能察其所安而因材施教，由

---

① 字君信，民元前三〇五（明神宗万历三十五年〔1607〕）—前二三一（清康熙二〇年〔1681〕）。
② 《绎志》卷11第40篇，湖北丛书本。

其愤悱而施以启发,是以驵侩大盗,愚鲁辟嗲,皆成名贤。孟子言教,亦主多术。盖惟富有教学艺术之教师,始能如一雨润木,一风吹万,斟配化导于其间,不强教,不意求;宽以俟之,微以相之,和以来之,悦以动之;使学者容貌辞气,动静俯仰,皆有踊跃亲善之意,而后与师无间以致圣化矣。可见教学技术之亟应求也。

然而古时颂扬伟大之教师,尚不曰经明行修,亦不曰方法神化,而曰仰之弥高,钻之弥坚,瞻之在前,忽焉在后;而曰汪汪若千顷陂,澄之不清,淆之不浊,而曰风月无边,庭草交翠。其以教师全部人格对他人之反映而立言者,盖教学一事,至广大,极精微,浑沦深致,教师日常居处,举手投足之间,莫不具有潜移默化之功用,不可量也,无能名焉。

三、尊师之道

自古莫不尊师者,一则重道敬学,乃能化民成俗,建国兴邦;一则崇德报功,始可敦厚世风,振奋群伦。为师者固志在谋道不谋食,安贫以乐道,淡泊以明志,亦不矜己傲物,自鸣清高,然其受世之优礼厚遇,人不以为泰者,盖其能疾学厉行,即身示教,虽"无当于五服,五服弗得不亲"①。入人之国而利人之国,入人之家而利人之家,世人固理应有以"食功"②也。师有利人成身之德,建国兴邦之功,其德与功可谓至矣,宜乎其生死皆应享至尊之礼也。俗语有谓:"不敬师长,雷殛火烧",殆鉴于不尊师者,其人必为盗、为贼、为乱、为怪、为诞,是乃人之大殃,遂不禁深恶痛绝。荀子曰,国将衰,必贱师而轻傅,《吕览》谓古之圣王未有不尊师者,是则今之为政者,苟欲确立法度,推明政教,当知所勉旃!

师长有尊,固为天经地义,而师弟子之道则兼有父子兄弟朋友之道,当以情之厚薄,事之大小处之,而不可一概言之,如对可易之师与不可易之师,皆必欲严昭事之三而等生身之义,则责者罔而施者亦不由衷矣。

古代大师固多接弟子以严毅,科条悉备,以尊严师道,然非专以尊严为教也。程颐③以谨严刚毅著称,弟子奉之莫不肃然敬畏,遂有程门立雪之佳话。一

---

① 《学记》谓师如此。
② 《孟子·滕文公〔下〕》篇,孟子与彭更辩"食志"与"食功"。
③ 字正叔,谥伊川先生,民元前八七九(北宋仁宗明道二年〔1033〕)—前八〇五(北宋徽宗大观元年〔1107〕)。编校者按:《宋史·程颐传》谓:程颐,"世称为伊川先生,嘉定十三年〔1220〕赐谥曰正公,淳祐元年〔1241〕封伊阳伯,从祀孔子庙庭";宋刘荀《明本释》(清武英殿聚珍版丛书本)卷上,曰"颐字正叔,学者称伊川先生",故称谥伊川先生,有误。

日游酢①与杨时②往见,适颐偶瞑坐,二子立侍不敢去,久之,乃顾曰:"二子犹在此乎,日暮矣,姑就舍。"退则门外雪深迟余矣③。乃兄颢尝谓之曰:"异日能使人尊严师道者吾弟也。"④然颐曾曰:"孔子教人,常俯就,不俯就则门人不亲;孟子教人,常高致,不高致则门人不尊。"⑤是其教人,有时固严肃,有时亦和易也。胡瑗虽严师弟之礼,而程颐尝语人曰:"凡从安定先生学者,其醇厚和易之气,一望可知。"⑥是知瑗之教人亦外严毅而内慈祥。程颢则"充养有道,和粹之气,盎于面背"⑦终身无忿厉之容,遇事优为,"坐如泥塑人,然接人浑是一团和气,所谓望之俨然,即之也温"⑧。乃弟颐状其言行,遂曰:"视其色,其接物也如春阳之温;听其言,其入人也如时雨之润。"⑨夫如是,师道尊严之树立,固非专恃科条与威仪,而尚在人格之感化也。

四、求师之道

能自得师者王。故古之圣哲,莫不博学而不厌,无常师,师万物,闻善则从之,见贤思齐焉。其朝乾夕惕,进德修业,聚善积学,日就月将,遂无丑不能,无恶不知。盖能自求师,则能自得之,"自得之,则居之安,居之安,则资之深,资之深,则取之左右逢其源"⑩。夫如是,以之为学,则学方可至于大成;以之为教,教始可期于无教,而臻于教育之极境矣。所谓圣人师万物,文士拜一字师,乃见彼之善,而己效之,故不问其年龄之长幼、地位之尊卑、贤与不肖,苟有善言善行,或一技之长,则欣然从之。以言求师之道,于此有焉。以言为师之道,则道之所存,师之所存。为人师者,当经明行修,不可须臾离道者也。

---

① 字定夫,民元前八六七(北宋仁宗庆历五年〔1045〕)—前七九七(北宋徽宗政和五年〔1115〕)。编校者按:据《年谱》所云,游酢生于仁宗皇祐五年〔1053〕,卒于徽宗宣和五年〔1123〕,见《游廌山集》卷4,文渊阁《四库全书》本。
② 字中立,民元前八五九(北宋仁宗皇祐五年〔1053〕)—前七七七(南宋高宗绍兴五年〔1135〕)。
③ 《二程全书》、《朱子语录》及《宋史·杨时传》。
④ 《宋元学案·伊川学案》。编校者按:原注谓出自《明道学案》,误,径改。
⑤ 《河南程氏遗书》卷15。编校者按:应为程颢语,见《二程遗书》卷15《入关语录(或云明道先生语)》及宋章如愚《山堂考索》续集卷56《圣贤门》。
⑥ 《宋元学案·安定学案》。
⑦ 《宋史·程颢传》。编校者按:原注作《宋史·程颐传》,误,径改。
⑧ 《宋元学案·明道学案》附录。
⑨ 《二程文集·伊川文集·明道先生行状》。——编校者
⑩ 《孟子·离娄〔下〕》。编校者按:"源"一般多作"原"。

主要论著目录

专著

《教师之基本素养三讲》,湖北省教育厅国民教育干部人员"教育学术讲习班"讲稿,1940年湖北省教育厅印行。2009年收入福建教育出版社《二十世纪中国教育名著丛编》,重命名为《教学法三讲》。

《师道征故》,贵阳文通书局1944年版,台湾师大书苑出版社2000年版,2009年作为附文收录于《二十世纪中国教育名著丛编·教学法三讲》之中。

参编

《教育学讲义(初稿)》,华东师范大学1959年版。

论文与讲演稿

《南开周刊与南开学生》,《南开周刊》1923年第57期。

《一知半解的随感录》,《南开周刊》1923年第60、61期。

《民国以来的外交运动》,《南开周刊》1923年第63期。

《交友问题的一个讨论》(第一作者),《南中半月刊》1923年第1卷第1期。

《现代中国青年学生烦闷之原因及其救济之方法》,《南中半月刊》第1卷第3、4期(1923、1924年)。

《分数及记分制度》,《测验》1932年第2期。

《我国中学校长制度之探讨》,《中华教育界》1934年第22卷第2期、第23卷第3期、第25卷第5期。

《成功之教师——在苏女师附小讲》,《江苏省小学教师半月刊》1934年第13期。

《莫礼生教学法》,《陕西教育月刊》1936年第2卷第10期。

《师道及师释名》,《教育通讯》1943年第6卷第19期。

《教学之态度》,《文化先锋》1944年第4卷第8期。

《中外尊师观念之演变》,《教育心理研究》1945年第3卷第1—2期。

《教学原则简释》,《文化先锋》1946年第5卷第3、4期。

《国际教师宪章问题——本志第一次教育问题座谈会纪录》,《教育杂志》1948年第33卷第12期。

《教学法基本概念的检讨——新民主主义下的教学法的新基本概念》,《中华教育界》1949年第3卷第12期。

《教学原则的检讨》,《中华教育界》1950年第4卷第2期。

《苏联专家给我的教育》,《文汇报》1954年11月7日。

《苏联专家娥·芙·杰普莉茨卡娅同志对办理教育学研究班的指导》,《华东师大学报》1956年第3期。

图书在版编目(CIP)数据

大夏教育文存.萧承慎卷/杜成宪主编.—上海:华东师范大学出版社,2017
ISBN 978-7-5675-6158-8

Ⅰ.①大… Ⅱ.①杜… Ⅲ.①教育研究－中国
Ⅳ.①G4

中国版本图书馆 CIP 数据核字(2017)第 046320 号

本书由上海文化发展基金会图书出版专项基金资助出版

大夏教育文存　萧承慎卷

主　　编	杜成宪
本卷主编	王耀祖
策　　划	王　焰
项目编辑	金　勇
文字审读	陈长华
责任校对	孙祖安
装帧设计	高　山
出版发行	华东师范大学出版社
社　　址	上海市中山北路 3663 号　邮编 200062
网　　址	www.ecnupress.com.cn
电　　话	021-60821666　行政传真 021-62572105
客服电话	021-62865537　门市(邮购)电话 021-62869887
地　　址	上海市中山北路 3663 号华东师范大学校内先锋路口
网　　店	http://hdsdcbs.tmall.com
印 刷 者	上海中华商务联合印刷有限公司
开　　本	787×1092　16 开
印　　张	14.5
字　　数	244 千字
版　　次	2018 年 11 月第 1 版
印　　次	2018 年 11 月第 1 次
书　　号	ISBN 978-7-5675-6158-8/G·10130
定　　价	68.00 元
出 版 人	王　焰

(如发现本版图书有印订质量问题,请寄回本社客服中心调换或电话 021-62865537 联系)